A IMAGINAÇÃO
TOTA
LITÁ
RIA

FRANCISCO RAZZO

A IMAGINAÇÃO TOTALITÁRIA

OS PERIGOS DA POLÍTICA COMO ESPERANÇA

EDITORA RECORD
RIO DE JANEIRO • SÃO PAULO
2016

CIP-BRASIL. CATALOGAÇÃO NA PUBLICAÇÃO
SINDICATO NACIONAL DOS EDITORES DE LIVROS, RJ

Razzo, Francisco

R219i   A imaginação totalitária: os perigos da política como esperança / Francisco Razzo. – 1. ed. – Rio de Janeiro: Record, 2016.

Inclui bibliografia
ISBN 978-85-01-07314-3

1. Ciência política – Filosofia. 2. Ciência política – História. 3. Totalitarismo. I. Título.

16-31018

CDD: 320.5
CDU: 32 3.0

Copyright © Francisco Razzo, 2016

Todos os direitos reservados. Proibida a reprodução, armazenamento ou transmissão de partes deste livro, através de quaisquer meios, sem prévia autorização por escrito.

Texto revisado segundo o novo Acordo Ortográfico da Língua Portuguesa.

Direitos exclusivos desta edição reservados pela
EDITORA RECORD LTDA.
Rua Argentina, 171 – Rio de Janeiro, RJ – 20921-380 – Tel.: (21) 2585-2000.

Impresso no Brasil

ISBN 978-85-01-07314-3

Seja um leitor preferencial Record.
Cadastre-se e receba informações sobre nossos lançamentos e nossas promoções.

Atendimento e venda direta ao leitor:
mdireto@record.com.br ou (21) 2585-2002.

Para Raquel, Alice, Davi e Olívia —
minhas eternas esperanças.

*Acontece, Sônia, que matei apenas um piolho —
inútil, nojento e nocivo.*

Raskólnikov, personagem
de *Crime e castigo*, de Dostoievski.

Agradecimentos

Agradeço ao meu editor Carlos Andreazza, sem o qual este livro morreria na imaginação; seu generoso convite e sua corajosa confiança sempre me motivaram. Gustavo Nogy foi responsável por me ajudar a expor minhas próprias ideias da maneira mais lúcida possível. Martim Vasques da Cunha fez críticas pertinentes e muito úteis à primeira versão do texto. Seus comentários e observações sempre enriqueceram meu entendimento deste livro. Agradeço a cada uma das pessoas que sempre me apoiaram, direta e indiretamente: Alex Catharino, Cristiano Rosa de Carvalho, Dionisius Amendola, Gabriel Ferreira, Horácio Neiva, Joel Pinheiro da Fonseca, Júlio Lemos, Marcio Antonio Campos, Márcia Xavier de Brito, Rodrigo Coppe Caldeira, Wilson Campos e, mais do que todos, minha esposa Raquel Razzo. Também não poderia deixar de agradecer a meus alunos e aos leitores que me acompanham desde os primeiros textos publicados na internet.

Se este livro tem algum mérito, devo-o à ajuda de todas essas pessoas. As falhas que houver são de responsabilidade exclusivamente minha.

Sumário

Introdução	13
1. O homem totalitário	25
Distante do homem, mas perto da humanidade	27
Mea culpa — ou os dilemas existenciais de um amontoado de células	54
2. O conhecimento totalitário	85
Tudo é verdadeiro, mas nem toda verdade nos convém	87
Raízes filosóficas da imaginação totalitária	146
3. A política totalitária	191
Nosso reino não é deste mundo	193
A política como esperança	241
Notas	293
Bibliografia	325

Introdução

1.

A política pode ser compreendida de muitas maneiras. A relação entre os conceitos de *política* e *imaginação* pode gerar uma variedade de modos de compreensão e abrir uma série interessante de perspectivas a respeito do seu significado. Quando vinculada à política, toda compreensão corre o risco de se tornar ideológica na medida em que reduz a variedade da compreensão a uma unidade inequívoca, a partir da qual se presume ser a única forma — correta e inegociável — de atividade política. O objetivo deste livro não é ideológico. Ele não apresentará um conjunto de crenças a fim de indicar como deveríamos agir para transformar o mundo em um lugar melhor. Pelo contrário, o problema central gira em torno justamente de como a política *não deveria* ser compreendida.

Nossos riscos são de outra natureza. Trata-se de compreender o fenômeno que doravante chamarei de "imaginação totalitária",[1] um fenômeno de natureza especificamente política à luz da reflexão filosófica. Por conjugar os conceitos de "imaginação" e "política",[2] este ensaio se dedica muito mais ao trabalho de *descrição* de uma *forma mental* do que propriamente de análise de algum *conteúdo histórico* específico. Disso não se pode deduzir que eu deveria abrir mão das minhas próprias perspectivas com relação à descrição de alguns tipos de conteúdo do imaginário político. Assumir que a política pode ser compreendida de muitas maneiras não implica aceitar todas as suas formas. Assim, um autor não pode negligenciar suas convicções em nome da suposta e tão almejada *imparcialidade* teórica. Se este trabalho for ideológico, então deve sê-lo às avessas. Deve ser a expressão de uma *ideologia negativa*.[3]

De qualquer maneira, seria imprudente da minha parte não expor aos leitores os dilemas metodológicos e estilísticos logo de início. Coloco as cartas na mesa: qual seria a melhor abordagem, levando em consideração os riscos ideológicos de toda tentativa de compressão do conceito de política vinculado ao de imaginação, para tratar de um assunto tão delicado? Há muitas abordagens possíveis e disponíveis acerca do totalitarismo. Por que optar por esta? Porém, antes de tudo, uma pergunta crucial se impõe: qual seria a necessidade de se escrever mais uma obra sobre esse assunto? Ao levar em consideração o fato de vivermos em um contexto *relativamente* democrático — e nunca será demais reforçar o aspecto "relativo" da nossa democracia —, já não estaria mais do que na hora de esquecer esse fantasma de um passado, embora não tão remoto, distante o suficiente? Por que reabilitar o termo "totalitário"? Ou, para ser mais preciso: as bibliotecas inteiras dedicadas a esse tema já não foram mais do que suficientes na descrição do fenômeno? Então, pergunta sincera, por que mais um livro sobre totalitarismo?

A IMAGINAÇÃO TOTALITÁRIA

Confesso que decepcionarei todos aqueles leitores interessados em um livro sobre a história dos regimes políticos totalitários. Este, definitivamente, não será um livro de história. O que significa basicamente o seguinte: não tenho a intenção de olhar para o passado e descrever fenômenos históricos que existiram nas formas mais conhecidas como stalinismo, maoismo, fascismo ou nazismo. Não se olhará para um fenômeno político específico, historicamente conhecido como totalitarismo, a fim de buscar a melhor explicação para suas origens, quais as dinâmicas de seu desenvolvimento e fim. Por conseguinte, se este não é um livro de história, segue que não poderá ser um livro de história comparada — tampouco de sociologia ou ciência política. Há muitas boas obras sobre essas abordagens, e não haveria qualquer necessidade de ter a ousadia de escrever mais uma; o que não quer dizer que o assunto esteja esgotado sob esses aspectos.[4]

A compreensão dos fenômenos políticos e históricos conhecidos hoje pelo termo "totalitarismo" não deve e não pode jamais se esgotar. Especificamente nesse caso, a memória histórica cumpre uma função crucial: lembrar-nos sempre de que não fomos apenas capazes de produzir grandes obras e edificar civilizações, mas também *responsáveis* por realizar tragédias — é óbvio que responsabilidade aqui não se refere ao sentido de *culpabilidade*, mas ao sentido de que também fazem parte da história humana não só Dante, Michelangelo, Shakespeare, Mozart e Beethoven, mas Hitler, Mussolini, Lenin, Stalin e Mao; em outras palavras, de que a humanidade não só construiu a Catedral de Estrasburgo, a Nona Sinfonia, a Capela Sistina ou Paris, mas Auschwitz, Dachau e os *gulags*.

Embora este não seja um livro de história, a história certamente estará o tempo todo presente. Não será imperativa, porém não nos deixará despencar no abismo do esquecimento. A história não é só fundamental para a compreensão do político. A história é fundamental para a compreensão de nós mesmos enquanto constantemente imaginamos como tudo poderia ser diferente e melhor no futuro. Em suma, a história cumpre a função de nos fazer lembrar o tempo todo do que fomos e somos capazes. Com os pés firmes no chão da história, temos condições de pensar e repensar melhor nossas esperanças, principalmente aquelas depositadas na política.

Se a compreensão da história requer o minucioso trabalho de reconstrução dos fatos por meio do estudo cuidadoso dos documentos, um leitor mais exigente por dados empíricos sentirá sua falta em um texto declaradamente de teor especulativo. Com efeito, nenhuma compressão histórica pode se furtar de uma criteriosa metodologia teórica para explicar os fenômenos na dinâmica do tempo. A formulação e compreensão de um problema filosófico não trilha, e a princípio nem deve trilhar, por esses caminhos — o que não significa que deverá, por conta dessa fragilidade metódica, sair em busca de atalhos.

Para a filosofia política, a história deve funcionar como uma âncora, a fim de não nos deixar naufragar sob a ilusória segurança de nossas pretensões e crenças: *naufragium sibi quisque facit*.[5] Ou, como ensina o "imperativo" kantiano,[6] sem história a filosofia é cega. Dependemos da história e recorreremos a ela, embora não tenhamos a pretensão de esmiuçar os casos específicos de regimes totalitários tão importantes para o entendimento da ascensão e do declínio de nossa civilização como um todo.

Por conta disso, este livro até poderia servir, e espero que sirva, como uma *breve introdução à filosofia política enquanto filosofia da história*, ao assinalar nossa capacidade de vincular, à experiência do presente, a memória do passado e as nossas expectativas com relação ao futuro, sempre submetidas às esperanças de um mundo mais livre e justo.

São duas capacidades mentais conjugadas: memória e imaginação. A memória consiste na capacidade de *trazer de volta* ao presente as representações construídas no passado. A imaginação, por outro lado, *produz a expectativa de espera*, isto é, tem a capacidade de combinar as representações do passado com os ideais do futuro. Imaginamos como deverá ser o futuro a partir da combinação fornecida pela imaginação. Este livro trata especialmente da imaginação política, não da memória. A imaginação, em suma, desempenha uma função crucial: ordenar e projetar as ideias.

O grande filósofo britânico David Hume (1711-1776) tem uma expressão muito boa para definir essa capacidade: "a imaginação domina todas as suas ideias".[7] O problema da imaginação, portanto, está na sua abertura para a construção de mundos possíveis e, sobretudo, impossíveis. Essa capacidade de ordenar, combinar e sintetizar o conteúdo de nossas experiências passadas com as expectativas futuras gera o conjunto de nossas crenças. Por sua vez, ao promover um sentimento maior de segurança, certeza e convicções mais elevadas com relação à realidade,[8] as crenças motivam as ações que foram antecipadas pelos poderes da imaginação.[9] O problema do ato de imaginar consiste justamente na tentativa de dar vida à própria realidade imaginada. Quando relacionada à política, essa tentativa, como veremos, torna-se bastante problemática.

Retomando a concepção do poeta britânico Samuel Taylor Coleridge (1772-1834) de que a "imaginação é o poder de fundir coisas numa só", no sentido de que seria possível "unificar o que à primeira vista parecia pura heterogeneidade", o filósofo norte-americano Irving Babbitt (1865-1933),[10] ao refletir sobre a faculdade da imaginação mediante a possibilidade de "concepção", aponta para o fato de que "o problema da imaginação fica, então, vinculado de forma íntima ao do Um e do Muitos, e, por conseguinte, ao problema dos padrões", já que seria impossível, insiste ele, "chegar a padrões, pelo menos ao longo de linhas críticas, a menos que se descubra em algum lugar da vida uma unidade permanente com a qual possam ser medidas suas variedades e alterações".

Em suma, o problema está determinado pelo fato de que "a unidade e a realidade absoluta podem sempre nos iludir". Espero demonstrar a importância dessa discussão filosófica acerca da polaridade entre unidade e multiplicidade, estreitamente atrelada ao problema de uma mente totalitária.

2.

Quanto à necessidade de mais um livro sobre totalitarismo, pode-se justificar o seguinte: as experiências políticas totalitárias não se limitam a construções de regimes políticos historicamente determinados. Se fosse assim, bastariam os historiadores e cientistas políticos. Bastaria a memória. No entanto, essas experiências impregnaram e continuam impregnando a mente de expectativas. Por isso, a importância de tratá-las como um problema de imaginação.

O totalitarismo pode ser considerado um fenômeno típico da modernidade. Mesmo que haja toda uma discussão a respeito do *fim* da modernidade, não está claro se o ideal político totalitário se exauriu. Argumentarei que não. Pois mesmo que seja realmente verdadeira a tese de que a modernidade chegou ao limite, precisamos nos perguntar se não herdamos no imaginário uma de suas formas de conceber a política.

Ao levar em consideração esse suposto impasse, nosso objetivo não tem a ver exatamente com a compreensão deste ou daquele fenômeno do passado a fim de conhecer a estrutura permanente dos Estados totalitários.

Na verdade, a pergunta de fundo deve ser outra: qual seria a *condição de possibilidade* para a emergência de um Estado totalitário? Nesse sentido, não há qualquer intenção e nem haveria necessidade de refazer a investigação crítica da origem dos Estados totalitários históricos, muito menos pleitear a análise descritiva do estágio final de uma mente impregnada por uma disposição totalizante.

Neste livro, gostaria de chamar a atenção para outro problema: devemos refletir acerca da *forma mental* que possibilita não o surgimento de um Estado totalitário em particular, mas de todo ato político com *tendências* eminentemente totalitárias — mesmo que vivamos sob o anúncio de que a modernidade tenha acabado. Os Estados totalitários foram produto da imaginação humana, essa capacidade de se lançar para além da própria condição, principalmente histórica.

O que permeará nossas reflexões — ou seja, como *não* deveríamos fazer política — deve ser anunciado nos seguintes termos: com o esvaziamento da experiência religiosa em uma "era secular",[11] um tipo específico de "esperança"[12] vem sendo depositado na política.

Defendo a tese, portanto, de que essa concepção de *política como esperança* consiste no produto fundamental de uma *forma* específica de imaginação com função prática: a imaginação totalitária. Não se trata, entretanto, da exposição de um *tipo de imaginário*, o que seria o conteúdo de um sistema de representação historicamente determinado, mas da *faculdade mental* capaz de produzir tipos distintos de imaginários com tendências totalitárias em diversos contextos históricos diferentes. Se eu estiver correto, a compreensão dessa tendência da forma mental pode ser tomada como uma ferramenta teórica independentemente de qualquer tendência ideológica.

Dessa capacidade mental de imaginação derivam três níveis de problemas determinantes para a manutenção de um problema de fundo.

Esses níveis serão apresentados em três capítulos distintos: no primeiro, mostrarei como a concepção de homem marcado pela perda da noção de "sujeito" direciona e anima performances políticas totalitárias não necessariamente vinculadas ao poder do aparato estatal, ou seja, o interesse são os primeiros estágios da ação totalitária e não a descrição do último; no segundo capítulo argumentarei como a imaginação totalitária produz uma noção equivocada de que a "verdade absoluta" deve ser resolvida exclusivamente pelo ato político; e, no terceiro e último, como o poder político entendido como esperança passa a ser tratado não como *mediação*, mas como *fim último de todas* as expectativas humanas.

A violência será o constante problema de fundo e, por isso, permeará todos os capítulos: chamei a violência produzida pela imaginação totalitária — com objetivo de distingui-la de outras formas de violência, inclusive políticas — de *violência redentora*. Mostrarei que esse tipo de violência não pode ser simplesmente compreendido como um subproduto da imaginação totalitária, mas que está em sua raiz.

A partir dessa exposição, espero demonstrar que o ato político totalitário deriva de um primado prático dado não pela *desordem* da razão, mas por uma capacidade humana específica que tomei a liberdade de chamar de *primado prático da imaginação totalitária.*

3.

As pretensões de um ensaio filosófico sobre o totalitarismo são bem mais modestas, porém não menos importantes, do que a análise histórica e o entendimento científico político, desde que se levem rigorosamente — e de bom grado — em consideração os impasses, o contexto e os motivos reais a partir dos quais um ensaio desta natureza terá sido escrito. As reflexões filosóficas limitam-se à investigação dos conceitos na medida em que eles apresentam a forma constante na variedade dos fenômenos históricos não por mero capricho da curiosidade intelectual, mas pelo desejo sincero de compreender as experiências no presente e não repetir os mesmos erros do passado no futuro.

O que me leva a crer que a capacidade especulativa da reflexão teórica anuncia um problema fundamentalmente prático: comprometer-se em criar condições adequadas a fim de prever, nesse caso, não quando um Estado totalitário surge em um determinado contexto histórico, mas quando a nossa própria disposição mental torna-se a produtora de ideais e, consequentemente, de atos políticos totalitários. Nesse sentido, a reflexão da filosofia política lida com a condição de possibilidade dos fenômenos que precisam ser explicados mediante o trabalho cuidadoso e rigoroso dos conceitos desde que o objetivo da investigação também motive a razão em seu aspecto prático. No caso deste livro, com finalidade *negativa.*

Não há filosofia sem o trabalho de investigar a relação entre o conceito e a complexa variedade da realidade, da mesma forma que não há filosofia sem levar em consideração, com muita honestidade, a experiência vital que motiva alguém a pensar ou a repensar acerca de certos problemas filosóficos.

Justifico a escolha de um ensaio. Era preciso optar pela melhor abordagem filosófica para lidar com a grandeza do nosso problema sem deixar de considerar a fragilidade imposta pelos próprios limites pessoais. Creio que um ensaio filosófico, diferente de um tratado, por exemplo, leva algumas vantagens nessa hora. Destacarei pelo menos duas.

A primeira, e a mais importante, diz respeito ao fato de que um ensaio deve ser medido exclusivamente pela experiência de orientação do próprio autor: suas obsessões, a extensão e o limite de seu conhecimento e os possíveis desvios de seus receios deverão estar o tempo todo presentes na exposição das ideias, na construção dos argumentos e na formulação da conclusão. Não há ensaio, ou seja, não há experiência de reflexão, sem levar em consideração que as experiências são sempre de alguém.

A segunda vantagem, não menos importante, diz respeito a um tipo específico de compromisso que se estabelece com a verdade: o objetivo de um ensaio não é encontrar a fórmula definitiva e unívoca da verdade sobre o assunto. Longe disso. Um ensaio tem a vantagem de suspender os valores dogmáticos de verdade e erro, as fórmulas inflexíveis, a fim de convidar o leitor a pensar e a repensar certos problemas em conjunto com o autor.

A característica principal de um ensaio consiste em sua abertura, ou seja, na experiência reflexiva em detrimento da experiência inflexível a respeito da possibilidade de abertura do próprio tema. Isto é: não fala em nome da Razão, da Verdade, da

História, da Política e da Realidade sem assumir as responsabilidades de falar sempre em nome próprio.

Assim, o autor de um ensaio tem pelo menos uma grande desvantagem: escrever a partir de suas experiências e impressões pessoais. Um ensaio ajuda a compartilhar experiências sobre um tema, mas não deve por isso transferir as suas responsabilidades, mesmo quando o assunto exige objetividade. Espera-se, por meio do convite, um leitor de boa vontade vivendo dilemas históricos, filosóficos e políticos semelhantes aos do autor, não uma entidade abstrata em quem despejar a culpa caso a razão, e nesse caso só a do autor, saia dos próprios trilhos.

Com isso, o autor não está negligenciando as convicções ou se esquivando de ter de responder pelas teses e argumentos expostos ou pelos tropeços de estilo. Pelo contrário, revela uma opção radical — e não a *necessidade* típica do imaginário alarmista: a escolha por fórmulas mais especulativas em detrimento dos juízos inflexíveis e intransigentes, sobretudo no âmbito da discussão de um espinhoso problema político, sempre será, como procurei demonstrar neste livro, a melhor alternativa —, mas ainda assim uma opção.

Estas precauções introdutórias não são meros caprichos ou esquivos. Como espero demonstrar, estão diretamente relacionadas com os problemas do próprio tema. Por conta disso, justifico o método deste livro em chamar atenção para a importância de se propor uma experiência *ideológica negativa*: porque, se o totalitarismo for realmente uma ameaça — e procurei argumentar que ainda é —, então será preciso adotar uma boa dose de ceticismo — inclusive, e principalmente — na forma de estudá-lo, já que o risco de nos tornarmos uma de suas principais *causas* no mundo será sempre a única ameaça realmente significativa. O totalitarismo constituiu, antes de qualquer possibilidade de experiência externa, uma tentação interior.

Dessa forma, o ensaio filosófico não foi uma escolha gratuita. E se o leitor me julgar suficientemente convincente ao longo dos problemas políticos derivados da imaginação totalitária discutidos aqui, estarei seguro de que a sinuosa reflexão filosófica será sempre a melhor maneira de a razão, historicamente localizada, não se perder nos encantos da esperançosa e temerária promessa política.

Eu espero ter sido convincente. Mas a partir daqui o juiz só poderá ser o leitor.

1. O homem totalitário

Todos nós, em algum momento de nossa vida, já travamos contato com pessoas que se consideram rematados "idealistas"; porém, quando testadas, acabam se revelando sonhadores desastrosos.

IRVING BABBITT, *Democracia e liderança*

Distante do homem, mas perto da humanidade

1.

Em 2005, quando eu cursava a graduação em filosofia, conheci um estudante que dizia ter lido boa parte da obra de Karl Marx e se apresentava *esteticamente* como "intelectual marxista": boina, camisa, óculos, cachimbo, vocabulário articulado, frieza nas análises sociais e uma insuportável tendência — quase uma *tentação* — de buscar a objetividade científica no que diz respeito à análise da totalidade das relações humanas. Se o marxismo pretende ser uma *ciência*, ele era o exemplo de que poderia ser também uma *estética*.

Na época eu não me importava muito com assuntos de natureza política. Meus interesses estavam concentrados todos em problemas relacionados à filosofia da arte. Estudava Schelling e Nietzsche. Lia Thomas Mann e Charles Baudelaire. Tinha acabado de descobrir Mahler e Rachmaninoff. Pretendia entender a natureza da obra de arte, do impulso criador e do quanto há de *sagrado* na beleza. E, talvez por esse motivo, o estilo "intelectual engajado" do meu colega de curso tenha me chamado muito mais atenção do que propriamente suas ideias sobre "contradições do capitalismo", "luta de classes", "justiça social", "reforma agrária" e "sociedade igualitária".

Eu pouco me importava com o conteúdo das histórias contadas e dos argumentos defendidos por ele com ardor e estilo, a respeito da importância do "engajamento", da "tomada de consciência" e das "estratégias de libertação do oprimido". Tudo aquilo entrava por um ouvido e saía pelo outro. Sem intervenção da minha consciência, mas com reações estranhas no estômago. Por educação, nunca dei de ombros. Os amigos também servem para essas coisas.

As únicas "revoluções" que eu levava em consideração — e ainda me importam muito — eram poéticas e existenciais. Em vista disso, eu não formulava quaisquer objeções. Ouvia, atento, atraído muito mais pelo estilo "articulado" que se diferenciava do estilo "largado" — ou, mais precisamente, da absoluta falta de estilo — da maioria dos meus colegas de faculdade. Mas o que mais me interessava era quando ele narrava suas experiências como dirigente de movimentos sociais.

Frequentávamos o Café Girondino, esquina da Boa Vista com a São Bento, coração da cidade de São Paulo. O ambiente era ideal para colóquios de filosofia entre amigos. Passávamos horas conversando sobre a importância de resgatar os estudos dos clássicos. Eu estudava grego e tinha interesse pela filosofia platônica. No entanto, ele insistia na importância de "não só interpretar o mundo, mas de transformá-lo" — o sedutor mantra marxista e principal dogma da religião política responsável pelas grandes catástrofes sociais do século XX. Diante do atual estado de coisas, a transformação do mundo se impõe com a força de um apelo intuitivo. Afinal, quem não deseja viver em um mundo melhor e mais justo? Com efeito, um dos principais problemas está no preço que se está disposto a pagar pela radical transformação deste mundo.

Meu amigo participou de movimentos como MST e MTST. Era, como gostava de dizer, "militante revolucionário". Ele tinha desenvolvido uma robusta consciência de classe e imaginava o mundo em guerra entre dois grupos: proletariados, oprimidos e moradores de rua de um lado; burgueses, opressores e a classe média fascista do outro: "dois grandes exércitos surgiram na arena da luta, o exército dos proletários e o exército dos burgueses, e a luta entre esses dois exércitos abrange toda a nossa vida social"[1] — citava de memória, sem conseguir esconder certo orgulho, a máxima de Stalin, um dos principais genocidas do século XX.[2]

Meu amigo era suficientemente culto e demonstrava, mesmo com a pouca idade, conhecer detalhes acerca do que se passava nos bastidores dos movimentos sociais. Não obstante, quando pressionado, desabafava a decepção com os rumos da militância. E, justamente por isso, depois de honesto exame de consciência, resolveu suspender a *"práxis* política"[3] e cursar formalmente uma graduação em filosofia. Era o momento de interpretar o mundo e não mais de querer — pelo menos até aquele momento — transformá-lo.[4] Não deixa de ser significativa a escolha de uma instituição de ensino ligada ao tradicional mosteiro beneditino de São Paulo por um militante marxista declaradamente ateu.

Eu insisti para que ele narrasse os motivos de ter abandonado as questões sociais e o movimento revolucionário, que antes o inquietavam, e buscar a filosofia em uma faculdade católica. Queria, honestamente, entender melhor essa "suspensão do juízo",[5] como se costuma dizer em filosofia. Já que, sejamos honestos, os motivos pessoais sempre revelam o ator despido de suas máscaras.

Justifico a insistência: as experiências pessoais são importantes por não esconderem as pessoas por detrás de suas fachadas ideológicas ou teóricas. São experiências que revelam o homem em carne e osso e não conceitos sustentados por supostas verdades derivadas de abstrações teóricas. Elas revelam aquele caráter tão importante descrito pelo filósofo norte-americano William James (1842-1910): o *temperamento*,[6] ou seja, o caráter pessoal que acompanha todo sistema teórico, o traço vital capaz de fornecer as perspectivas reais da nossa experiência no mundo. A análise da confissão pessoal fornece o critério pelo qual uma visão de mundo é, em última instância, construída.

Sendo assim, por mais que nossas crenças possam ser justificadas de modo intelectualmente sofisticado — e eu sabia o quanto meu amigo era bom em se esconder sob uma irrefutável linha de raciocínio —, o que motiva nossas condutas são os pressupostos produzidos pelo poder de nossa imaginação, imediatamente percebida por uma crença cuja aderência só pode ser revelada e compreendida diante da pessoa e não de uma argumentação lógica e impessoal.

Essa relação direta, de um rosto diante de outro, oferece muito mais significado do que nossa capacidade de sustentar racionalmente as abstrações que nos são caras. A espontaneidade das narrativas pessoais revela os interesses e as expectativas que sustentam a maneira como concebemos o mundo, a sociedade e a nós mesmos. Conhecemos, ao privilegiar esse tipo de narrativa, aquilo que realmente motiva as pessoas e o que torna cada decisão realmente interessante e não um mero exercício de reflexão.

Nas inspiradoras palavras de William James:

A IMAGINAÇÃO TOTALITÁRIA

Para a filosofia, o que é tão importante em cada um de nós não é um preparo técnico, mas a equilibrada compreensão do senso comum acerca daquilo que é uma vida honesta e profundamente significativa. Isso tudo pode ser obtido somente em parte nos livros, já que diz respeito à nossa maneira individual de ver e sentir exatamente a carga total e pressão do cosmos.[7]

A análise do imaginário político[8] — que se apresenta antes de tudo em pequenas narrativas pessoais — fornece as condições de aproximação como se conversássemos com atores preparando seu personagem para uma peça de teatro. Eles nos dão acesso ao exato momento em que algumas máscaras são colocadas, enquanto outras são deixadas de lado. E, a partir disso, aprendemos a distinguir os disfarces do próprio ator. O exercício da imaginação tem o poder de transfigurar o ator no personagem a tal ponto que já não somos capazes de distinguir um do outro. O ator já está diluído em suas máscaras ideológicas. E isso não é um privilégio só da esquerda revolucionária e progressista. Consiste na principal característica de qualquer crença política ser absorvida pela força da imaginação.

Enfim, de todas as histórias narradas por ele, uma tem muito a ver com o objetivo deste livro — investigar a imaginação política responsável não por instaurar, mas por fornecer os elementos germinais da formação mental totalitária. Com pesar, mas sem abrir mão de certos vícios estilísticos de "intelectual engajado", meu colega revelou ter se decepcionado profundamente com a militância depois de tomar consciência, a partir de uma experiência pessoal extremamente significativa, dos limites humanos impostos à "ciência revolucionária" em que tanto acreditava. A concepção científica do mundo traçada pelo método marxista foi incapaz de ajudá-lo em um momento tão crucial: responder a uma simples pergunta feita diretamente a ele por uma senhora de um alojamento do MTST, logo após um agitado dia de reintegração de um terreno ocupado.

Ficara provado para ele, naquele momento, que as experiências fornecidas pelo encontro entre duas pessoas, como veremos, impõem limites reais ao imaginário político. As atitudes políticas derivam muito mais das expectativas produzidas pela força do imaginário do que pelo ordenamento prudente da razão. A imaginação, responsável por realizar a síntese entre os fatos e os valores no âmbito da política, pode ser classificada como ordenada e desordenada. Será ordenada quando injetarmos no produto da imaginação uma boa dose de suspeita, ceticismo e autocrítica.[9]

Por outro lado, a imaginação desordenada está dominada pela força insuspeita da convicção que temos por nós mesmos e, consequentemente, pelo apego emotivo às nossas crenças. Somos os maiores especialistas em nossas próprias opiniões, e a estima nutrida por nós em relação ao que acreditamos nos torna incapazes de levantar a dúvida crítica a respeito da possibilidade, tão certa como frequente, de se estar errado.

O mundo dos fatos políticos, de enfadonho cotidiano, apresenta-se de forma muito mais agradável e faz muito mais sentido quando iluminado por fantasias, grandes esperanças e idealismos utópicos. No entanto, a experiência do *outro* diante de nós persiste e nos revela o quanto nossa concepção de mundo não pode ser o reflexo de nossa própria imagem. Esse tipo de *narcisismo teórico* não acha feio tudo aquilo que não é espelho — na verdade, acha absolutamente inconcebível viver em um mundo que não seja a projeção de sua própria imagem.

A IMAGINAÇÃO TOTALITÁRIA

2.

Era uma manhã tumultuada devido aos rumos da dramática noite anterior. Os dirigentes do movimento estavam deslocando algumas famílias de um terreno para outro a fim de cumprir o mandado de segurança para reintegração de posse. Fazia muito frio. Havia alguns policiais rondando. A tropa de choque já tinha deixado o local, e não houve confronto direto. Mas a tensão era patente. Algumas crianças choravam. Como se não estivessem entendendo muito bem o que se passava, alguns desmontavam os seus barracos enquanto outros recolhiam parte de seus pertences. Em vez do prometido paraíso na terra, encontraram o fundo do poço.

Dois cachorros disputavam um pedaço pão. O cheiro forte de pneus queimados misturado com a umidade da manhã gelada impregnava o ambiente. Havia lixo e lama. Não havia esperança. Nunca foram tão iguais. O trânsito da avenida local era intenso. Com exceção de alguns curiosos, ninguém se importava. O "barulho branco" do helicóptero reforçava o vazio da monotonia. Os curiosos eram só curiosos, indiferentes e distantes.

Despojado de toda aquela frieza típica de um intelectual e falando como uma pessoa disposta a narrar uma experiência significativa de vida, ele revelou sua tragédia: no meio do tumulto, uma senhora, cujo olhar singelo refletia as marcas da idade, e que no entanto ainda trazia no rosto o semblante de esperança, segura-o pelo braço e pergunta, como um enfermo ao expressar suas últimas palavras antes da morte para o irmão mais próximo: "E agora, moço, o que eu faço?!" Mas não se tratava de morte. Era o desespero sincero de uma vida prestes a entregar sua dignidade a um jovem cheio de entusiasmos cientificamente irrelevantes.

Não havia respostas nos livros de Marx ou em qualquer outra cartilha revolucionária para a pergunta lançada com desesperada honestidade por aquela mulher. Era uma *pessoa diante de outra*. Sem mediações teóricas, uma relação que aniquila o sentido de qualquer teoria. Nada de promessas extravagantes ou de justificativas impessoais. Esta era a força coercitiva da evidência de uma verdade pré-lógica, imediatamente dada à consciência de um homem: ele já não era mais o intelectual engajado e ela já não era mais a proletária oprimida. Embora um não soubesse o nome do outro, reconheciam-se mutuamente como *pessoas*. As esperanças, ou a falta delas, eram de outra natureza e, por isso, passaram a ser comungadas no silêncio.

No entanto, como diria Marx, e o meu colega o sabia tão bem, "o ponto de vista do novo materialismo é a sociedade humana, ou a humanidade socializada", e não o desespero metafísico dos "indivíduos isolados na sociedade civil".[10] Quem se importa com desesperos isolados quando se está tomado pelo entusiasmo messiânico da luta pela libertação da humanidade?[11] Portanto, era preciso fingir não se importar com aquele drama momentâneo e demonstrar segurança no domínio das leis que garantem o *inevitável* rumo daquela gente. Sua ação só fazia sentido se ela continuasse a ser a entidade oprimida dentro da dinâmica do mundo descrita por essa teoria.

O fato é que os revolucionários nunca se preocuparam efetivamente com a vida de pessoas reais. Para eles, "a disputa sobre a realidade ou não realidade de um pensamento que se isola da *práxis* — único meio de se alcançar a verdade objetiva dentro da tradição marxista — é uma questão puramente escolástica",[12] isto é, uma total perda de tempo e capricho de metafísicos. Filósofos, segundo essa concepção, são inúteis, e seu empreendimen-

A IMAGINAÇÃO TOTALITÁRIA

to, estéril. Qualquer sentimento de natureza *intersubjetiva* deve ser abandonado e superado, uma vez que demonstra compaixão e, portanto, fraqueza. E isso é notável exatamente quando uma pessoa *real* faz uma pergunta sincera a respeito dos rumos de sua própria vida a um intelectual que assumiu para si a responsabilidade não apenas sobre a vida daquela pessoa, mas de *todas* aquelas pessoas. Ele assumiu para si a tarefa de "transformar o mundo" e "comprovar a verdade objetiva" na *práxis* como realização terrena do pensamento racional, totalizante e revolucionário, não a de olhar as pessoas nos olhos e ver o que elas realmente são. Toma as pessoas como meras entidades dentro de um "esquema", visto que, para o imaginário do intelectual engajado, "a vida social é essencialmente prática", então só lhe resta uma conclusão: a de que "todos os mistérios que seduzem a teoria para o misticismo encontram a sua solução racional na *práxis* humana e no compreender desta *práxis*".[13] O destino da vida daquela senhora consiste nesse mistério sedutor que corrompe a força da teoria: só prostrando-se de joelhos, pois diante daquele olhar desfalecido e singular toda teoria silencia. A partir dali só mergulhando, como fez bem o meu colega, em um universo no qual o fluxo do silêncio revelava que nem tudo que é sólido desmancha no ar.[14]

Muitos teóricos, tomados pelo excessivo e quase demoníaco estado de absoluta certeza, resistem à tirânica beleza dessa tentação em nome do poder redentor da teoria, evocando para si a autoridade e a responsabilidade pelo destino da humanidade, e anulam a presença efetiva da singularidade pessoal do *outro* diante de si. Leszek Kolakowski (1927-2009), filósofo polonês e autor de uma importante obra sobre o marxismo (*Main Currents of Marxism*)[15] ainda não traduzida para o português, explica a lógica que sustenta essa atitude:

[A atitude de um militante revolucionário] é caracterizada pela crença, particularmente forte, na possibilidade de uma salvação total do homem, em oposição absoluta com a sua situação atual de escravidão, de sorte que, entre as duas, não existiria nem continuidade nem mediação; mais ainda, que a salvação total seria o único objetivo verdadeiro da humanidade ao qual todos os outros valores deveriam ser subordinados como meios.[16]

É relativamente fácil imaginar qual há de ser o destino de toda a humanidade até darmos conta de que o que realmente importa não é outra coisa senão o destino que uma pessoa concreta pretende dar à sua própria vida. Mas não temos respostas. E não há respostas de como deverá ser uma sociedade perfeita e o fim da história. Domina-se um conjunto de teorias que descrevem o processo para se chegar lá, mas negligencia-se o horror desse paraíso criado na cabeça de homens tomados de si.

Nesse sentido, a única resposta digna àquela senhora, se restar qualquer vestígio de consciência humana e não de consciência de classe no militante, é o silêncio e a decepção com essas filosofias que até então povoavam o redentor imaginário político deste meu colega em particular, mas também de muitos intelectuais ao longo da tortuosa história dos últimos duzentos anos. Pois o homem é apenas este que respira, indaga, questiona, sente, deseja, sofre e morre, não aquela entidade conceitual que já nasce sem vida na cabeça de intelectuais engajados. As pessoas precedem as abstrações, mas são pessoas reais que pagam o alto preço das consequências lógicas geradas pelo raciocínio. Na articulação conceitual, uma variável pode ser eliminada com a força do raciocínio. No mundo da vida, que é o mundo de pessoas vivas e reais, eliminar variáveis pode significar eliminar pessoas.

A IMAGINAÇÃO TOTALITÁRIA

Para o meu colega, esse foi um ponto de inflexão (*Wendepunkt*) decisivo a partir do qual sua crença na militância revolucionária começou a ser minada com suas ilusórias pretensões de objetividade científica. Em outras palavras, uma verdadeira narrativa de conversão. E eu, por alguma razão, após aquela confissão, comecei a me interessar um pouco mais por filosofia política — sobretudo a compreender que a filosofia política deve lidar fundamentalmente com pessoas reais e não com entidades abstratas.

Gostaria de encerrar este pequeno relato com uma comovente passagem de Primo Levi (1919-1987), escritor italiano sobrevivente de Auschwitz, sobre os limites reais impostos à construção desse eloquente imaginário em busca de realização da felicidade perfeita — a fonte da arrogância profética de muitos pensadores:

> Cedo ou tarde, na vida, cada um de nós se dá conta de que a felicidade completa é irrealizável; poucos, porém, atentaram para a reflexão oposta: que também é irrealizável a infelicidade completa. Os motivos que se opõem à realização de ambos os estados-limite são da mesma natureza; eles vêm de nossa condição humana, que é contra qualquer "infinito". Assim, opõe-se a esta realização o insuficiente conhecimento do futuro, chamado esperança, no primeiro caso, e dúvida quanto ao amanhã, no segundo. Assim, opõe-se a ela a certeza da morte, que fixa um limite a cada alegria, mas também a cada tristeza.[17]

Atravessar a experiência niilista, essa experiência responsável por suspender toda pretensão de deduzir um sentido para o mundo a partir da força de convicção das nossas próprias experiências internas e finitas, é um ataque fulminante a qualquer forma de ingenuidade política. A experiência mental da certeza da morte como experiência da certeza do nada ajuda-nos a encontrar nossos limites intransponíveis. A morte está sempre à espreita. Ela nos impõe um olhar mais cuidadoso sobre a singularidade da vida em detrimento das grandes pretensões do intelecto. A tentação do futuro e a lógica do infinito produzem seus monstros. Em última instância, as pessoas morrem, e, o que é pior, muitas vezes por causa das eloquentes pretensões de homens que acreditam demais nas próprias certezas — o próximo capítulo se dedicará a analisar melhor esse problema.

3.

Essa história é significativa por uma série de razões. Para os propósitos da minha argumentação sobre a formação do imaginário totalitário, ela serve como um conveniente exemplo. Gostaria de destacar apenas duas dessas razões: a primeira diz respeito às concepções de homem pressupostas e em jogo; a segunda diz respeito à própria tomada de consciência que levou o militante revolucionário a se decepcionar a ponto de perder as crenças nos fundamentos de sua teoria política.

As duas concepções de homem são contraditórias — se uma for bem-sucedida e correta, então a outra não o será — e, por isso, bastante reveladoras, como buscarei destacar ao longo deste capítulo. O intelectual engajado tomou consciência, a partir de uma experiência real e não puramente intelectual e de imaginárias pretensões científicas, de que a sua proposta de mundo, retirada de velhas teorias, era insuficiente diante de um dilema sincero formulado por uma pessoa real, cuja experiência de vida

A IMAGINAÇÃO TOTALITÁRIA

ultrapassa e resiste a qualquer tentativa de enquadrá-la nas categorias de um robusto sistema teórico.

No imaginário político de um militante seduzido pela ciência da *práxis* revolucionária, o homem que ele pretende retirar da miséria material produzida pela suposta alienação econômica na qual está imerso — devido a forças ocultas da história que ele não enxerga, e para isso depende do intelectual privilegiado — não existe enquanto pessoa, isto é, não existe enquanto sujeito real capaz de conduzir e responder pela própria vida. Ele lida, pelo contrário, com um homem imaginário, ideal e arquetípico. Em outras palavras, lida com uma *categoria* teórica.

Por esta razão, a morte não passa de mera estatística, e a vida pessoal, um epifenômeno da teoria. Não há certezas inevitáveis que fixam um limite ao imaginário de tão elevadas pretensões. O ímpeto que move e direciona a ação de um intelectual ideologicamente engajado não leva em consideração um homem de carne e osso e os dilemas de sua vida interior, mas uma *ideia geral* de homem. Por isso é mais fácil falar em nome da *humanidade* do que em nome de João, Maria ou José. Não obstante, e isso é um ponto que muitas vezes precisa ser mascarado ou negligenciado por qualquer intelectual, serão sempre os homens concretos a sofrerem as consequências nefastas e os efeitos colaterais desse ideal ilimitado da atividade humana que só pode ser "racionalmente entendida", como afirma Marx, como *"práxis revolucionante"*.[18]

Leszek Kolakowski descreve a estrutura dessa crença e suas consequências quando afirma ser "incontestável a posição privilegiada dos intelectuais, e que aqueles que tenham por ideal uma igualdade absoluta da humanidade, em todos os pontos de vista, devem forçosamente exigir a destruição da cultura",[19] o que implica necessariamente a destruição do homem — da Maria, do

José, do João... O resultado da concepção objetiva do homem é o total aniquilamento da sua subjetividade. O aniquilamento daquela característica fundamental e intransponível para qualquer *tour de force* teórico.

Não se trata da subjetividade como substância, como um "algo",[20] mas, ao contrário, da subjetividade como um limite intransponível e a imposição da nossa singularidade em face de qualquer tentativa de aniquilamento imputado por pretensões teóricas.

4.

O que vem a ser o homem? Essa pergunta fundamental deve ser elaborada sobretudo pela antropologia filosófica. Não cabe só à ciência, que busca encontrar as leis permanentes por detrás da variedade dos fenômenos, respondê-la. A vida humana não é redutível à biologia ou à sociologia. Em geral, a pergunta a respeito do que é o homem levará a dois tipos básicos e completamente distintos de respostas: o primeiro tipo presume ser possível compreender o que o homem realmente é em sua totalidade objetiva. Já o segundo tipo de resposta costuma levar em consideração um limite irredutível da condição do homem no mundo em detrimento da pretensão de objetividade do conhecimento do primeiro tipo.

O primeiro tipo de compreensão do homem presume nada deixar escapar ao método científico. Compreende-se o homem como um *objeto*. Aquilo que escapa à metodologia científica deixa de ser interessante e caracteriza-se como pseudofilosofia ou "metafísica".[21] Enquanto para o segundo tipo, há *algo* no homem que sempre escapa à presunçosa tentativa de torná-lo um objeto de *ciência*, à arrogante pretensão de apreender e, acima de tudo, compreender a "natureza" desse *algo*, e, muitas vezes, até de ultrapassá-lo ou aperfeiçoá-lo.

A vida humana se impõe como uma experiência inegável e imediata. O problema dessa experiência não pode ser resolvido pelas ciências. Em última análise, e defendemos essa concepção, é justamente esse *isto* não objetivável e irredutível ao conhecimento científico o que realmente importa. O que importa no sentido de ser realmente significativo. De uma realidade jamais redutível e de um valor inegociável.

A vida humana, nesse sentido, não se manifesta jamais como objeto. Manifesta-se, pelo contrário, como limite determinado pela própria experiência que cada um tem consigo próprio e com seus semelhantes. Não se trata de evocar um *algo* substancial, uma "essência" permanente disponível à análise lógica, à compreensão filosófica completa ou à explicação experimental das ciências. A experiência de *subjetividade viva* em cada um de nós demarca uma singularidade exclusiva e uma potencialidade intrínseca: a capacidade de experimentar a si mesmo como o sujeito da própria experiência e tomar consciência de que participamos de uma *comunidade viva* de semelhantes.

O filósofo francês Jean-Luc Marion traz uma excelente abordagem dessa concepção de homem à luz de uma análise fenomenológica:

> Não basta pôr os olhos sobre uma face para vislumbrar o outro que se expõe: vê-se a face do escravo sem, no entanto, reconhecer aí alguém de pleno direito; pode-se também mirar, de frente, outro rosto, para friamente matá-lo; pode-se também usar de seu próprio rosto para se dissimular sob uma máscara, traficá-lo sob

uma maquiagem e ocultá-lo da visibilidade; pode-se mesmo não expor seu rosto a não ser como meio para mentir, ferir e destruir. Em resumo, o rosto pode se objetivar, se ocultar — não aparecer.[22]

Desta forma, não se trata de uma visão em busca da *objetividade* redutível a um método de uma ciência específica quando tratamos do *encontro com o outro*, com um semelhante. Trata-se, pelo contrário, de um fenômeno capaz de registrar a força imediata da presença real de uma pessoa diante da outra. Este registro se dá pela experiência de estar diante do outro, sem mistérios, pois, como diz Marion, "o rosto torna-se verdadeiramente o fenômeno de um homem quando faz surgir uma pessoa, essencialmente definida como eixo e a origem de suas relações", ou seja, "se olhar um rosto implica ler aí esse feixe de relações, eu não vejo senão que se experimente aí uma ideia de infinito, a saber, este centro de relações não objetiváveis e irredutíveis a mim". Marion conclui:

> Experimentar o infinito (a presença irredutível) no rosto de outro nada tem de uma fórmula: trata-se de um comportamento verificável pela experiência: diante de um rosto desfigurado (pela pobreza, pela doença, pela dor etc.) ou reduzido às suas formas extremas (a vida pré-natal, o coma, a agonia etc.), posso ou não vê-lo, não reconhecendo mais aí o outro efetivamente para mim; ou "ver" ainda aquilo que, no entanto, eu não vejo mais naturalmente — o fenômeno absoluto de outro centro do mundo, em que habita meu semelhante e cujo olhar sobre mim permite viver graças a ele.[23]

Essa experiência imediata da presença do outro, portanto, revela a base da relação de uma identidade irrestrita consciente

A IMAGINAÇÃO TOTALITÁRIA

de que se é diferente de qualquer outra coisa não humana. De que se é, na verdade, humano em sua plena insuficiência objetiva. Diferente de qualquer outro algo. Nisso consiste o modo radical como cada um de nós vivencia e compreende a si mesmo como *sujeito*. Nunca como um *objeto* disponível para um método de instrumentalização e aperfeiçoamento. Nunca um instrumento funcional dentro de uma engrenagem disponível para uso e desuso. Nunca um meio, mas sempre um fim. O que chamamos comumente de "subjetividade" ou "eu" refere-se, em última análise, ao limite instransponível para qualquer ciência possível, já que se trata de um reconhecimento fundamental entre pessoas.

Sabemos que há outros seres humanos assim porque comunicamos e comungamos, por meio da linguagem, a nossa identidade pessoal, as nossas expectativas e os nossos destinos.

Chamarei o primeiro tipo de concepção *redutível de homem* e o segundo de concepção *irredutível de homem*. Mais adiante abordarei melhor o fundamento filosófico dessas concepções.

Na narrativa que fiz, meu colega tinha, enquanto intelectual ideologicamente comprometido com um sistema teórico, uma visão *redutível* de homem, e era a partir dessa concepção que ele imaginava como deveria ser a vida não de uma pessoa, mas de toda a humanidade. Para ele, o método marxista, motivado pelos *insights* de sua própria interpretação, oferecia efetivas condições de compreender o homem como um *objeto para um método científico* rigoroso, de compreender a "própria atividade humana como atividade objetiva" e não subjetiva, em sua singularidade irredutível, que impõe limites a uma categoria metodológica.

O marxismo tem a pretensão de ser uma ciência da história. O homem se reduz às categorias de compreensão da história. Não interessa a experiência da singularidade individual. Uma vez compreendidas as leis responsáveis por reger a dinâmica da história, então é possível prever, cientificamente, o destino humano. Se os homens singulares não se adaptam a este fim, pior para os homens. O que importa é o fim da humanidade inevitavelmente previsto pelo método.

A concepção redutível de homem significa justamente a crença segundo a qual *o homem* pode ser reduzido a um objeto de compreensão e, consequentemente, de manipulação e controle. Essa é uma forma eficiente — para quem presume a eficácia do próprio método — de demarcar e diferenciar aquilo que será científico e objetivo daquilo que deverá ser desprezado como subjetivo e pessoal, como pseudofilosofia e metafísica. Esse tipo de esquema teórico deverá ser usado para diferenciar e demarcar o objeto de interesse daquilo que não importa para a teoria. E se o que realmente importa é a teoria, então pouco importa a vida subjetiva de um homem. Eliminam-se os homens a fim de se garantir a veracidade da teoria.

Como descreveu o filósofo francês Michel Henry (1922-2002) em seu livro *A barbárie*:

> O marxismo é uma das duas grandes ideologias do século XX
> A despeito do esquecimento de teses que se tornaram ao mesmo
> tempo catecismo político e doutrina de Estado, ele traz em si e
> conduz as suas consequências as principais taras do projeto gali-
> leano: a depreciação da vida, da subjetividade, da afetividade, da
> individualidade e, de maneira geral, de todas as determinações
> ontológicas que constituem sua própria essência. A realidade e
> a verdade não se encontram, portanto, na vida, mas além dela,
> em um mundo oculto, em suas grandes massas transcenden-
> tes, que são a História, a Economia, a Sociedade, e nos diversos

A IMAGINAÇÃO TOTALITÁRIA

modos de estruturação que elas revestem sucessivamente e que lhes conferem a cada vez sua forma concreta. Com a hipótese dessas totalidades objetivas que reivindicam para si o título de Ser, ocorre uma singular reviravolta na ordem das coisas: não é porque existem indivíduos vivos que há uma História, mas é porque há uma História, é em função de seus ritmos, do caráter de cada uma dessas "épocas", que esses indivíduos existem, que eles são o que são, em todo caso, fazendo o que fazem e pensando o que pensam.[24]

É evidente que, a partir dessa concepção de homem, da realidade e da história, meu colega jamais saberia dar uma resposta sincera para aquela senhora. O método objetivo de certezas científicas se cala diante do que não pode compreender como *objeto*. E uma senhora, no meio de uma tumultuada mobilização social promovida por dirigentes autodeclarados e sacramentados como os guias do destino da história — pelo menos naquele microcosmo —, ao perguntar pelos rumos de sua própria vida singular e pessoal, jamais poderá ser objeto de previsão da ciência da história ou de qualquer outra ciência.

Não há lei científica ou lei da história que determine, em última análise, as experiências e as escolhas de alguém nessas ou em qualquer outra condição. A teoria se cala diante da singularidade das escolhas pessoais. A experiência da subjetividade é o limite tácito, para usar uma expressão do filósofo húngaro-britânico Michael Polanyi (1891-1976) um pouco fora de contexto, cuja transposição tem um preço elevadíssimo: a própria vida em sua condição pessoal e singular.

O dirigente do movimento só conhece os rumos da humanidade. Busca na imaginação utópica um meio para "a transformação radical da situação econômica como um *todo*",[25] como assegurava Rosa Luxemburgo (1871-1919) em um panfleto nada científico de 1918. A vida pessoal e singular nunca poderá ser compreendida dentro de um sistema *totalizante*. As contingências, as idiossincrasias e a espontaneidade das escolhas pessoais são colocadas de lado quando se está tomado pela visão abstrata do todo.

A redução dessa vida pessoal a um sistema teórico que promete um final feliz em uma sociedade igualitária exerce uma força extremamente atraente ao imaginário. Afinal, é muito cativante imaginar um mundo sem opressores e oprimidos, um mundo em que "todas as riquezas sociais, o solo com todos os tesouros que abriga no interior e na superfície, todas as fábricas e empresas" são "propriedades comuns do povo" e não de gananciosos empresários isolados. A promessa de um projeto dessa envergadura cativa o mais pio dos profetas.

Nesse tipo "radical de situação econômica", exemplo da concepção redutível de homem, não se concluirá outra coisa senão o fato de que "*tudo* isso precisa ser diferente". O empresário, enquanto homem real, desaparece como pessoa e emerge como objeto no interior de um esquema. As noções de riqueza e de pobreza desaparecem das relações humanas reais e da história. Em nome da "sociedade igualitária", as experiências individuais de trabalho, criatividade, autonomia e conquista são suprimidas das relações humanas em nome da coletividade, já que, numa visão de conjunto oferecida pela teoria das leis da história, as escolhas humanas são reduzidas a meios de satisfazer *todas* as necessidades. Tudo precisa ser diferente para a salvação total da sociedade.

O historiador britânico Archie Brown, autor de *Ascensão e queda do comunismo*, explica com clareza essa lógica baseada nas crenças de seus patronos:

Marx deixou claro que os comunistas defendiam um tipo revolucionário do socialismo, e que rejeitava os socialistas utópicos e os "comunistas" anteriores, que não enxergavam o que ele e Engels acreditavam ser não apenas uma necessidade, mas uma inevitabilidade: uma revolução do proletariado. Em uma de suas frases de maior repercussão em sua obra amplamente lida, o *Manifesto comunista*, Marx e Engels escreveram: "A história de todas as sociedades até agora existentes é a história da luta de classes" Quatro anos depois da publicação do *Manifesto*, Marx explicou em uma carta o que ele achava original em sua obra: "O que eu fiz de novo foi provar 1) que a existência de classes está apenas associada a fases particulares da história do desenvolvimento da produção; 2) que a luta de classes leva necessariamente à ditadura do proletariado; e 3) que essa ditadura em si constitui apenas a transição para a abolição de todas as classes e para uma sociedade sem classes."[26]

O interessante do raciocínio de Marx: postular a *existência de classes* para concluir que elas serão abolidas. No entanto, essa ciência nunca foi capaz de descrever *como será a sociedade sem classes*. Mas, para chegar lá, a lógica pode ser simples e intuitiva: há sempre um empresário ganancioso no meio do caminho acumulando riqueza, oprimindo a realização dos humildes de coração e explorando os mais fracos.

O primeiro passo dessa objetividade teórica só poderá ser a "arrogância fatal"[27] — para lembrar uma expressão de Friedrich Hayek (1899-1992), expoente da Escola Austríaca de Economia e ganhador do Prêmio Nobel — da *práxis* transformadora e revolucionária. O passo final para a realização desse novo mundo nada mais é do que ter de "desaparecer com o empresário privado". Essa é a única previsão de tão rigorosa ciência.

O problema desse mito marxista travestido de ciência está no pressuposto equivocado de que a dinâmica da história é determinada pela luta entre classes e pode ser *objeto* de uma ciência rigorosa. Nesse sentido, no contexto dessa pretensiosa concepção científica do homem, tanto o opressor como o oprimido não passam de categorias impessoais. Qual o problema de fazer as contas e eliminar as variáveis que atrapalham a realização desse projeto que dá certo no papel? A concepção redutível de homem está na base desses sistemas cujo final nunca é feliz para o homem irredutível. O intelectual se regozija enquanto a conta estará sempre sendo paga com a vida dos outros.

5.

Quando o homem é reduzido a um *objeto de ciência*, despreza-se o caráter *subjetivo* e *pessoal* que o acompanha e lhe confere dignidade por toda vida desde a concepção até a derradeira hora da morte. Por outro lado, a compreensão do homem como um ser irredutível leva em consideração justamente o caráter subjetivo e pessoal como barreira intransponível à racionalização científica e, por isso, cria uma resistência à força ilusória do primado prático da imaginação totalitária. Disso não segue uma crítica à abordagem científica como um todo. Física, química, biologia, psicologia, sociologia não devem ser menosprezadas, pois cada uma dessas áreas deve garantir sua importância na medida em que compreendem os limites de suas abordagens, métodos e conclusões. Todas essas investigações são importantes precisamente por reconhecerem os limites estabelecidos pelos seus respectivos

A IMAGINAÇÃO TOTALITÁRIA

recortes e pelos métodos empregados na compreensão de seus objetos de estudo.

A questão, neste contexto, consiste em chamar atenção para o problema de que, quando mal compreendida, a abordagem científica povoa o imaginário de um homem cheio de boas intenções. Em geral, bons cientistas reconhecem os limites impostos e bem demarcados de suas abordagens e não se metem a falar de áreas que não dizem respeito a suas especialidades. Mas este livro não trata dos bons cientistas nem de ciência. Pelo contrário, o objetivo é mostrar o mau uso do imaginário em política. Inclusive o mau uso do imaginário tomado por certezas *aparentemente* científicas.

Deste modo, vou argumentar sobre como o conhecimento científico se deteriora na mente de pessoas sem limite, sem pudor e que se proclamaram detentoras de uma autoridade científica. Pessoas que sem qualquer conhecimento de ciência resolveram fazer política e dar conselhos éticos, seduzidas pela tentação da própria imaginação. Não é uma crítica à ciência, mas uma crítica ao fanatismo epistemológico[28] como produto de um incondicional apego a certas verdades tidas como incondicionais.

Neste caso, defino a concepção irredutível como aquela visão filosófica, e não restrita à ciência, que defende um *algo não substancial* e impossível de ser tomado como um *objeto* de compreensão metodológica e, consequentemente, de controle e manipulação. Em outras palavras: um *alguém*. No que diz respeito às pessoas, nunca estamos diante de *algo*, mas sempre de *alguém*. Essa expressão qualifica não um objeto, mas um sujeito. A existência subjetiva do homem, a força da sua experiência interior, não está disponível ao ímpeto igualmente humano de compreensão total.

O homem não é a medida de todas as coisas, mas o limite de todas as pretensões. É o fato radical e originário cuio valor não pode jamais ser dissociado. Ninguém tem autoridade para decretar que neste fato, dado à consciência de um sujeito, não há um valor intrínseco, pois, na experiência da nossa singularidade pessoal, o fato de nos compreendermos como algo coincide com o valor de sermos alguém antes de tudo para nós mesmos. Não há autoridade externa ao homem para decretar o contrário.

A visão redutível de homem é tão somente uma forma presunçosa de se pretender decretar a possibilidade de dissociação entre este fato e o valor dado à experiência humana. A visão redutível compreende o homem como um objeto, e um objeto *para* uma metodologia científica. Então podemos dizer que há tantas formas de redução quanto há formas de conhecimento científico. Há muitas formas de reduzir o homem a um mero objeto. Eu gostaria de elencar pelo menos duas: a redução sócio-histórica e a redução biológica.

A visão irredutível defendida neste livro busca resistir a isso e, por conseguinte, a todos os riscos políticos e éticos derivados desse tipo de concepção. O que interessa, neste contexto, não é o debate científico sobre a constituição sócio-histórica ou físico--biológica do homem, mas o quanto concepções derivadas acriticamente das ciências particulares fornecem o pano de fundo para a formação do primado da imaginação prática totalizante. A visão irredutível marca o reconhecimento de um humanismo insuficiente, que leva em consideração a noção de que o homem nunca poderá ser determinado por uma única ciência.

De fato, consideramos que todas as tentativas de definir a "essência humana" são insuficientes. Um animal racional, político, social? Ou seja, a despeito de todas as respostas possíveis, uma coisa sempre marcará a condição humana: a decisiva incompreensão do homem acerca de si mesmo, uma ignorância que, quando reconhecida, revela esse grande paradoxo socrático: o homem é o ser que, em última instância, *sabe que não sabe*. Ou aquilo que o filósofo renascentista Nicolau de Cusa chamou de "a douta ignorância": o conhecimento que reconhece os limites do próprio conhecimento. Um conhecimento, portanto, que não deriva da ignorância pura e simplesmente, mas do conhecimento fundamental.[29] A analogia usada por Nicolau de Cusa para explicar a profundidade desse postulado, embora escrita há mais de seis séculos, ainda mantém o brilho e a força da simplicidade do argumento de um grande filósofo:

> O intelecto humano, que não é a verdade, jamais compreende a verdade tão exatamente que ela não possa ser compreendida infinitamente com exatidão. O intelecto está para a verdade como o polígono inscrito num círculo. Quanto mais ângulos tiver, tanto mais semelhante há de ser ao círculo. Contudo, nunca será igual, embora se multipliquem os ângulos ao infinito, a não ser que se resolva na identidade com o círculo. É evidente, pois, que acerca do verdadeiro nós não sabemos outra coisa a não ser que não é compreensível com exatidão tal como ele é.[30]

Para encerrar: no mundo da conduta, o homem deve ser desde sempre um *alguém* e não um *algo*. Jamais um "objeto", jamais um aspecto encerrado por uma concepção teórica e pretensiosamente verdadeira. E neste *alguém*, fato e valor não coincidem por força do acaso e de decretos, mas por força da própria *experiência humana*. Em suma, caracteriza-se pela capacidade de reconhecer em si mesmo uma expectativa, um valor, um limite e um destino.

No caso do homem, a relação entre valor e fato não pode ser concedida por acordos e pela força do consenso. Nenhum homem ou grupo tem autoridade para decretar o contrário. Toda vez que essa decisão ficou a cargo de consensos — filosóficos, científicos ou políticos —, o resultado foi desastroso.

As histórias dos genocídios não escondem as consequências dessa diabólica e presunçosa redução. A *pessoa* é o valor que está lá naquele *fato* — físico-biológico, histórico, social e acima de tudo existencial — desde o primeiro instante da concepção até a morte, desde os dramas vividos no campo, na cidade, na bolsa de valores, na fábrica ou na periferia. Ser *alguém* não é atributo dado ou tirado por decretos, a *pessoa* é o valor permanente em cada ser humano

A força dessa experiência não pode ser alienável a uma compreensão do tipo científica, teórica ou reduzida a novas expectativas de engajamento social. A dignidade do homem singular deve permanecer um valor não derivado de qualquer construção teórica ou imagética

* * *

A narrativa acima foi só um caso exemplar de como se tenta decretar que esse *alguém irredutível* não importa para a imaginação de um revolucionário tomado pelas suas certezas. O que importa para a imaginação política deturpada é o bem indescritível da espécie humana como um todo, o mito do *fim da história* e a *sociedade igualitária*. Como o mito do fim da história passou de mito para conto de fadas, o debate agora se concentra todo no problema *emergencial* do sofrimento e da solidariedade em relação aos excluídos.

Porém, o bem factível de alguém singular e pessoal continua colocado de lado. Nega-se o valor da singularidade em nome dos

A IMAGINAÇÃO TOTALITÁRIA

resultados morais das grandes abstrações e pretensões morais: *o corpo social que sofre*. O antigo proletário da fábrica é o novo morador da periferia cuja sorte ainda está lançada por *novos* intelectuais engajados. Só que, em vez do partido político, esse novo intelectual forma os diversos coletivos. A *luta de classes* é substituída hoje pela *luta pelos direitos* das minorias como luta utópica e revolucionária em novos termos e modos de atuação. Em vez dos piquetes de rua, o engajamento se dá na dispersão militante das redes sociais. Entretanto, a imaginação totalitária continua intacta: reapossar-se de uma perspectiva política mais potente e absolutamente transgressora em sua rebeldia como insurgência para a situação delicada do presente emergencial de um futuro que se tornou inevitavelmente o agora. A experiência do dinamismo mutante dos coletivos dispersos em uma variedade disforme desse novo ativismo permanece vítima — e algoz — do imaginário da suposta *guerra total* a ser travada em nome da *paz perpétua*: não basta atacar ou degradar moralmente o inimigo, será preciso transfigurá-lo na entidade que precisa ser definitivamente aniquilada.

Anos depois, vim a saber que meu amigo havia deixado de lado os delírios da revolução histórica e se convertido ao budismo em busca de uma revolução *interior*.

Mea culpa — ou os dilemas existenciais de um amontoado de células

1

Juliana tinha 16 anos quando engravidou de Eduardo. Eram meus amigos e acompanhei de perto seu drama. A família dela aprovava o namoro; a dele não se importava. Os pais de Juliana nunca imaginaram a possibilidade da gravidez da filha adolescente — pais nunca imaginam. Acreditam que "ela sempre será uma ótima menina e lhe trará boas surpresas". Todos os pais querem acreditar no final feliz dos filhos. Esperam o melhor e são incapazes de enxergar o que se passa realmente no mundo dos adolescentes.

Os pais de Juliana eram católicos. Frequentavam missa aos domingos, mas não eram fervorosos. Como a esmagadora maioria de católicos secularizados — isto é, devotos, mas *nem tanto* —, relaxaram na formação moral e, consequentemente, sexual dos filhos. Deixaram-nos aos cuidados da educação sexual fornecida pelas escolas. Mesmo assim, acreditaram na responsabilidade do jovem casal. "É importante confiar nos filhos", declaravam sem esconder certo orgulho.

A IMAGINAÇÃO TOTALITÁRIA

Hoje em dia, todo pai tem uma inclinação rousseauniana[31] em relação à educação dos filhos, e está sempre disposto a acreditar na "bondade natural" dos seus relacionamentos amorosos. Serão sempre "crianças inocentes". Ninguém imagina sequer a possibilidade de qualquer atitude inconsequente. Protegemos nossos filhos dos outros, porém os nossos jamais estarão errados.

O raciocínio é atraente:

> Todo filho é naturalmente bom, mas a sociedade o corrompe. Em família, nós fornecemos uma educação excelente e protegemos, assim, nossos filhos da sociedade. Portanto, continuarão bons. Se fracassarmos, ora, óbvio que a culpa verdadeira só poderá ser da sociedade. Afinal, para dar de tudo e do melhor para os filhos, trabalhamos muito e não tivemos tempo de cuidar deles como gostaríamos.

Os pais fazem de tudo para os filhos sempre levarem vantagens nessa vida. Mesmo para as famílias católicas que desafortunadamente deixaram de acreditar no "pecado original", a culpa em última instância será sempre dos outros. "Nossa? Jamais! Dos meus filhos? Nem pensar!"

Eventualmente, eu almoçava aos domingos com a família de Juliana. Os pais gostavam de narrar como "no tempo deles" a adolescência era boa. Viveram a adolescência no final da década de 1960 e início da de 1970. "Naquele tempo", sem esconder a nostalgia, o pai fantasiava, "sabíamos aproveitar a vida. Havia paixão. Havia motivos. Hoje, não. Vocês não têm uma 'causa', uma preocupação para 'lutar'. Éramos rebeldes. Ouvíamos música de qualidade." O pai falava com paixão da era de ouro da revolução cultural, mas nunca meditou a fundo que essa suposta libertação, promovida pelo "imaginário idílico"[32] dos anos 1970, para usar a expressão do filósofo norte-americano Irving Babbitt, fez emergir uma prisão: tornamo-nos escravos da nossa pureza moral.

Eu e meus amigos éramos os filhos desse imaginário puritano. Não acreditávamos em culpa, não nos importávamos com consequências, não pensávamos na sacralidade da família, da vida, do trabalho ou em qualquer vestígio de transcendência. Só havia uma causa: não ter causa nenhuma.

Por conta dessa crença, não há nada mais careta e *reacionário* do que ter qualquer preocupação em relação à sexualidade dos filhos. A medíocre estabilidade econômica dos nossos pais revelou a profunda caretice deles. Mas moralizar o sexo está ultrapassado. Teologizar o corpo é pouco mais que fundamentalismo religioso. O pecado, um conto de fadas sem final feliz. A educação religiosa já não traz qualquer ganho para a consciência pessoal e, nesse sentido, ninguém se importa. E quando encontramos uma pessoa que tenha esse tipo de cuidado e preocupação, ela logo vira motivo de chacota entre os colegas — o que de fato pode ser de responsabilidade dela própria, devido, sobretudo, à precária formação intelectual e moral dos catequistas em particular e dos religiosos em geral.

Se os católicos não eram influenciados pela Teologia da Libertação, então logo demonstravam eufórica inclinação para o movimento da Renovação Carismática. A Igreja se limitava a isso, politização da fé ou tolice sentimentalista. A década de 1960 produziu frutos em todas as dimensões da existência, principalmente no que diz respeito à fé.

Conscientemente ou não, eu fazia parte de todo esse sistema de representação do final dos anos 1990. De uma geração que lia José Saramago e ouvia Chico Buarque como sinal de erudição crítica das mais refinadas. Mas, para os menos refinados, MTV, Madonna e Kurt Cobain representavam o que havia de mais sofisticado em termos de revolução.

Por isso, eu ouvia as histórias do pai de Juliana nos almoços de domingo como expressões de hipocrisia de uma típica família de classe média ressentida com o golpe sofrido com o Plano Collor. Mas, apesar da ressaca, agora essas famílias estavam cheias de esperança com a força da nova moeda, o real e, principalmente, com a possibilidade de mimar os filhos.

Tudo isso são as minhas impressões de pais que eram capazes de amar incondicionalmente os filhos, trabalhar o dia todo para dar a eles tudo de bom e do melhor em termos de conforto material. Porém, eles não sonhavam com a sujeira que os filhos eram capazes de esconder no próprio quarto.

O que mais me incomoda, olhando o passado da minha geração, não é um problema relacionado à economia ou à política do país. O problema será sempre de fundo moral. Adolescentes não se importam com economia. Sobretudo adolescentes que não precisam tirar um centavo do bolso para sobreviver. O mais importante, portanto, era a incapacidade dos nossos pais de produzir um horizonte significativo de sentido para nossas vidas.

Aquele sinal de esperança econômica vivenciada em meados dos anos 1990 não será capaz de alertar-nos para os problemas realmente verdadeiros que serão vivenciados pela minha geração: uma vida completamente sem significado, uma vida sem qualquer horizonte moral, uma vida permissível, uma vida, enfim, que também será capaz de produzir seus monstros.

Era assim que eu compreendia e vivenciava a mim mesmo e a minha geração:

Não estou pensando em nada
E essa coisa central, que é coisa nenhuma,
É-me agradável como o ar da noite,
Fresco em contraste com o verão quente do dia,
Não estou pensando em nada, e que bom![33]

Na época éramos apenas adolescentes. E tudo iria muito bem para nossa consciência se nos portássemos, hoje, apenas como as vítimas dos exagerados mimos dos nossos pais. Mas não fomos somente vítimas; nossas ideias também nos transformaram em algozes. Nosso imaginário também foi capaz de realizar uma maquete do totalitarismo. Nossa pequena tirania custará caro para nossa consciência.

2.

Pensadas sob certa perspectiva filosófica, as concepções de *pecado original* e *bondade natural* estão enraizadas na nossa cultura. São concepções conflituosas e dividirão opiniões. Elas são formas contraditórias de conceber o homem e estão enraizadas em uma longa tradição no imaginário ocidental. A visão cristã tradicional — não a imagem vulgar criada a respeito do cristianismo nos últimos anos, sentimentalista, excessivamente teatral, vazia de perspectiva — reconhece uma disfunção congênita na própria condição humana. A visão da bondade natural parte da concepção de *funcionalidade*.

O pecado simboliza a nossa insuficiência. Na adolescência eu não sonhava com a possibilidade de compreender isso. Optei, involuntariamente, por uma suposta visão científica do mundo, ma-

A IMAGINAÇÃO TOTALITÁRIA

terialista e oca. Ou seja, por uma visão *funcionalista*. O niilismo da minha geração abria espaço para o imaginário reducionista e paradoxalmente totalitário se alojar com força e sedução desconcertantes. Eu não tinha consciência disso, obviamente. Nunca havia feito qualquer autoexame de consciência para chegar a tais conclusões mediante o rigor de um raciocínio bem construído. Era um adolescente vivendo em plenitude o dogma da religião secular de que o "homem é, para o homem, o ser supremo".[34]

Eu era incapaz de compreender que o homem consiste em um ser insuficiente e, por isso, incapaz de desenvolver a partir da sua própria realidade os principais dilemas de sua vida. Acreditava piamente no contrário. O homem é tão somente matéria, nada além disso. E não há grandes razões para se preocupar demasiadamente com dilemas morais. O tema da *imperfectibilidade humana*, que está na raiz da visão deficitária de homem marcado pela insuficiência de sua realidade, não fazia parte do nosso vocabulário. A Legião Urbana fazia parte do nosso vocabulário. E o mito do pecado original não passava de invenção dos tolos interessados em controlar e subjugar os ignorantes. Seguíamos à risca, como disse Theodore Dalrymple, a gratificante notícia de que somos todos bons por natureza e, por conseguinte, "de que todas as nossas culpas não nos pertencem sob nenhum aspecto, devendo todas ser atribuídas a algo externo a nós".[35]

Por conta disso, pensávamos, no que diz respeito à possibilidade de escolha, que o homem não é nem "bom" nem "mau". Na verdade, o homem é, em essência, capaz de maldade e bondade. Ele traz em sua realidade mais profunda uma condição fundamental: a de agir livremente ("O homem está *condenado* à liberdade", dizia um Sartre radicalmente existencialista, antes de se render ao dogmatismo comunista).

Éramos livres, é o que importa.

Eu, no auge da minha adolescência, deduzia dessa equação um resultado muito atraente para um jovem sem quaisquer compromissos morais: se o homem está condenado a ser livre, então vamos nos livrar de qualquer responsabilidade que dê à liberdade demasiado peso moral. Ficava com o imperativo categórico da crítica da religião de Marx que pretendia "derrubar todas as condições em que o homem surge como um ser humilhado, escravizado, abandonado, desprezível".

Pode parecer uma interpretação pobre. Porém, uma interpretação possível e, cá entre nós, bastante sofisticada para um jovem da minha geração: ora, se minha liberdade é autorreferente, então a única preocupação da minha consciência implica agir segundo a minha própria condição de ser livre de qualquer mecanismo de influência moral. Noutras palavras, não há qualquer necessidade de satisfazer a não ser a própria liberdade da consciência.

O homem se põe a si mesmo como sujeito absoluto e autocriador. A interiorização como resultado da necessidade de relacionar tudo consigo mesmo revela um passo decisivo no processo de descoberta da maturidade e autonomia. Essa interiorização do sujeito como única raiz de si mesmo revela o quanto valores como "bem" ou "mal" não passam de produtos de uma liberdade radical, isto é, nada mais são do que *perspectivas* valorativas determinadas pela escolha de um conjunto de valores. "Bem" ou "mal" são meras expressões da projeção dessa autonomia niilista. Nada além disso, nada mais do que isso. Éramos, e levávamos isso muito a sério, pequenos deuses de nós mesmos.

Para uma visão como essa, o homem encontra em sua natureza o paradigma e a medida da própria determinação. A medida do "bem" e do "mal", a medida da própria vida boa. A raiz de si mesmo. Trata-se de uma imaginação poderosa. E está no extremo oposto, por exemplo, da visão cristã do pecado original. Essa interiorização radical do sujeito em si mesmo, como diz Jean-François Mattéi, filósofo francês especialista em filosofia antiga e autor de *Barbárie interior*,

> é, com efeito, a dissolução conjunta da tradição grega e da tradição cristã; quer dizer, das concepções que davam ao homem, junto com uma natureza, um fim, e, por isso, o situavam no horizonte substancial do sentido. A autoprodução do sujeito moderno é a autoprodução de regras virtuais que não dependem mais, no exterior, de uma realidade universal, e sim de um encadeamento de procedimentos formais privados de finalidade e de significação. Que dignidade outorgar então a um ser reduzido a um jogo de construção ou a seu modo de usar, e que, por se ter completamente instrumentalizado — o sujeito contemporâneo já não pensa e já não *age*, ele *funciona* —, não conserva no fundo, em vez de um suplemento, um simples coto de alma?[36]

Essa passagem pode ser resumida nos seguintes termos: a consequência lógica da tese da autoprodução do sujeito é a redução à funcionalidade do homem, ou seja, a dignidade não está em qualquer outro lugar a não ser na redução do "modo de usar" e da "instrumentalização". O que é o homem? O homem nada mais é do aquilo que *funciona* para si mesmo. Adolescente algum era capaz de compreender as consequências desse raciocínio. Agíamos, portanto, em busca do que funcionava para nossa própria realização, para os nossos próprios desejos. O pai de Juliana estava certo: não tínhamos *causas*. Éramos *as causas* de nós mesmos.

O que é um completo absurdo para a concepção de homem da tradição ocidental cristã. Ser indivíduo não significa *ser absoluto*. Deus é o absoluto, não o homem.

> A novidade absoluta do sujeito moderno reside na indiferença radical por ele manifestada em relação a qualquer forma de exterioridade, quer seja divina, mundana, quer seja social. O sujeito torna-se estranho a tudo que não é ele, como se os olhos se tivessem virado nas órbitas para olharem apenas suas próprias cavidades.[37]

No extremo oposto está o homem insuficiente da tradição cristã. De autonomia relativa.

A concepção de homem baseada no mito cristão do pecado simboliza, em termos antropológicos, a insuficiência e a incapacidade de derivar de si mesmo a própria realização. O "bem" e o "mal" são possibilidades reais. Simone Weil (1909-1943), filósofa francesa, escreveu palavras precisas sobre a possibilidade de barbárie no interior do homem. A barbárie, diz ela, é um "caráter permanente e universal da natureza humana, que se desenvolve mais ou menos segundo o fato de as circunstâncias lhe darem mais ou menos oportunidades",[38] já que "o que em nós está embaixo vá para baixo a fim de que o que está no alto possa ir para cima. Pois estamos revirados. Nós nascemos assim".[39]

O "bem" e o "mal", na verdade, são resultados diretos das nossas escolhas. Não se trata simplesmente de projeções da liberdade da consciência sem qualquer ponto de apoio a não ser si mesma, sem um fim que direciona o sentido. O mal é uma possibilidade concreta em nós, e a nossa liberdade não implica a qualidade de sermos autorreferentes. Implica nossa possível ruína. O tema exige uma compreensão da *relatividade* da perfeição do homem *para a* perfeição *absoluta* de Deus. Uma visão pouco atraente para um jovem interessado apenas em extrair sem compromissos o máximo de proveito das circunstâncias da vida, perpétuo *enquanto dure* aqui e agora. Em geral, adolescentes não sabem lidar com a fragilidade da existência e muito menos com horizontes mais distantes de significado.

O nosso código genético indica o que somos enquanto espécie biologicamente determinada, mas não nos fornece o código de como devemos agir para sermos plenamente felizes como pessoas. Por isso, a narrativa do pecado ajudava-nos a compreender melhor nossa fragilidade, a relatividade da nossa autonomia e perfeição, o abandono e o sofrimento como dados *fundamentais* da nossa vida humana e estritamente pessoal, e não como espécie cientificamente determinada.

Essa visão, hoje, colide com a opinião amplamente difundida, cuja influência nebulosa remonta ao hedonismo em sua acepção mais vulgar, segundo a qual a experiência da vida humana tem de trazer algum benefício *funcional* relacionado ao prazer. Dor? Nem pensar! No entanto, numa perspectiva antropológica que leva em consideração esse humanismo insuficiente, a premissa básica da existência humana é a realidade do sofrimento, da falta de sentido, da tensão existencial, da dúvida em relação a si mesmo.[40] Em última instância, de que responsabilidades reais serão exigidas de cada uma de nossas escolhas. E mesmo para um ateu radicalmente descrente da existência de Deus, não há como postular a tese de que cada homem seria ao mesmo tempo sujeito e objeto da sua própria condição de existir. Por isso, para o descrente, o que sobra é o abandono e o exílio na própria existência.

Essa é uma ideia muito cara à tradição cristã anti-humanista e foi muito bem resumida pelo professor de filosofia Franklin Leopoldo e Silva em seu artigo "O mediador e a solidão", publicado na revista *Cult* em 2013: "Não há maior abandono do que estar exilado de sua própria essência. Que seja por um momento, viver esta situação é passar pela experiência de uma excentricidade radical e marcada pela exterioridade do sujeito a si mesmo":[41]

O abandono de si, a perda da integridade íntima e a ausência de referência interna configuram a pura fragmentação existencial, o absurdo de um existir que não participa do ser, como alguém atirado a uma distância infinita daquilo que o faria existir. O limite do exílio não está no esgotamento das possibilidades de deixar um lugar ou de partir para outro lugar, mas sim na impossibilidade do movimento: o exílio na modalidade do ser e não no significado acidental da mudança. O que resta para aquele que foi degredado de si mesmo? Que perdeu os limites referenciais do que é propriamente ele e, portanto, já não conta também com o impulso próprio para aspirar àquilo que o transcenda? Tudo isto pode ser resumido numa única pergunta: É possível conceber uma situação em que o desamparo ultrapasse os limites da própria solidão — quando o desamparo de si não permite que se conte sequer consigo mesmo, já que não se pode dizer que se está verdadeiramente em si?[42]

Essa visão do abandono e do exílio, expressão máxima da fragilidade e da imperfectibilidade humana, da autonomia relativa, está fora de moda, porém continua extremamente significativa, já que expressa uma realidade permanente. Por outro lado, a concepção antropológica da bondade natural, da perfectibilidade, da autonomia absoluta, por oposição àquela, traz um homem intrinsecamente suficiente, autossuficiente e autorreferente. Dito de outro modo, postula a tese segundo a qual o homem consiste no único critério da sua realização, da autodescoberta e autodeterminação da própria felicidade.

Essa concepção tem origem histórica nos esforços de Rousseau em descrever o *estado de natureza* do homem enquanto "liberdade, igualdade e piedade fraternal". Todas as virtudes estão contidas no homem como um dado originário. E não importa se essa interpretação não está correta, o fato é que ela povoa a imaginação dos pais, dos educadores, das apresentadoras de programas infantis. Eu acreditei nela quando era jovem, meus amigos acreditaram, meus vizinhos acreditaram, os pais dos amigos, meus pais, a professora do primário etc.

Nessa premissa está explícita a crença na *perfectibilidade* do homem. Ou seja, a ideia de que o homem é, *em essência*, um ser perfectível por meios naturais. Não depende de nada a não ser de *si* para ser o que deseja ser. Nesse sentido, não há nada — à parte os impedimentos sociais — que impossibilite o homem de alcançar, mediante os seus esforços, sua plena realização. Essa concepção foi descrita pelo filósofo australiano John Passmore (1914-2004) em seu livro *A perfectibilidade do homem*:

> Todo e qualquer homem pode ser treinado de modo a ser tecnicamente perfeito em alguma coisa. E já que o homem como tal constitui uma mera abstração, e que a humanidade é composta de indivíduos, demonstrar que todo homem é perfectível equivale a demonstrar que o homem é perfeito.[43]

E também nos remete à definição que Michael Oakeshott (1901-1990), filósofo e teórico político inglês do século XX, deu à "política de fé"[44] como aquele tipo de atividade política que busca a perfeição da humanidade pelo próprio esforço humano:

> Na política de fé, a perfeição humana é procurada precisamente porque não está presente [como um dom]; e mais, não precisamos e não devemos depender do trabalho da providência divina para a salvação da humanidade. A perfeição humana deve ser alcançada pelo próprio esforço humano, e a confiança no desaparecimento da imperfeição surge da fé no poder humano e não da confiança na providência divina.[45]

Segundo Oakeshott, portanto, essa seria uma maneira de atualizar o pelagianismo[46] sustentado pela crença na política de fé de que a perfeição moral não só é desejável como possível na forma de um dever exclusivo por meio dos esforços puramente humanos. A perfectibilidade impõe-se ao homem como dever moral a partir de um compulsivo, constante e inegociável desejo de certeza.[47]

A antropologia cristã, por sua vez, que leva em consideração a noção do pecado original — sendo assim uma visão que poderíamos chamar, com algumas ressalvas, de pessimista em detrimento do otimismo dessa política da fé —, ainda tem muito a nos ensinar a respeito da relação que estabelecemos com nós mesmos. Mesmo para o descrente em Deus, visto que, e será sempre necessário lembrar, essa visão de homem esteve na base da nossa civilização por muito tempo e não é possível ver-se livre dela com um simples grito de revolta ou mero desdém.

Há muitos autores sem qualquer compromisso com o cristianismo que reconhecem o valor dessa concepção antropológica cristã para a história do Ocidente, sobretudo no que diz respei-

A IMAGINAÇÃO TOTALITÁRIA

to à emergência da noção de indivíduo livre e responsável como traço característico da antropologia moderna. Reconhecimento feito pelo próprio Friedrich Hayek:

> [...] o individualismo, que a partir de elementos fornecidos pelo cristianismo e pela filosofia da antiguidade clássica pôde se desenvolver pela primeira vez em sua forma plena durante a Renascença e desde então evoluiu e penetrou na chamada civilização ocidental, tem como características essenciais o respeito pelo indivíduo como ser humano, isto é, o reconhecimento da supremacia de suas preferências e opiniões na esfera individual, por mais limitada que esta possa ser, e a convicção de que é desejável que os indivíduos desenvolvam dotes e inclinações pessoais.[48]

Um autor mais recente, o filósofo norte-americano Larry Siedentop, escreveu uma obra que já deveria ser considerada clássica, *Inventing the Individual: The Origins of Western Liberalism*, publicada em 2014. Nela, ele diz claramente que devemos agradecer o cristianismo quando pensamos nos nossos conceitos de liberdade e individualidade, e formula uma pergunta decisiva: "Se nós, no Ocidente, não entendemos a profundidade moral de nossa própria tradição, então como podemos esperar para delinear a conversa sobre a humanidade?"[49]

Nesse sentido foi fundamental a "descoberta" de Paulo da "vontade" e "igualdade" da natureza humana, o que ainda não era tão óbvio para a tradição greco-romana.

Como explica Larry Siedentop, "Paulo, na verdade, combina o potencial de abstração da filosofia helenística tardia — as suas especulações sobre a natureza universal ou 'humana' — com a preocupação do judaísmo no que diz respeito à conformidade com uma vontade superior ou divina" e ao abandono da "ideia de vontade como agente externo coercitivo".

> A morte de Cristo fornece o símbolo e os meios de uma crucificação interior no sentido de que se deixa para trás a vida de "carne" para a vida do "espírito", isto é, as inclinações e desejos que vão morrer com a carne. "Morrer em Cristo" significa a aquisição de uma vontade propriamente dita. É uma libertação ou, como Paulo muitas vezes chama, o início de uma "nova criação". O ato de fé requerido é um ato individual, um evento interno. Paulo derruba a hipótese de desigualdade natural, criando uma ligação interna entre a vontade divina e a ação humana. Ele concebe a ideia de que as duas podem, pelo menos potencialmente, ser fundidas dentro de cada pessoa, justificando assim o pressuposto da igualdade moral dos seres humanos. Essa fusão é o que o Cristo oferece à humanidade. É o que Paulo quer dizer quando fala de seres humanos tornarem-se "um em Cristo". Essa fusão marca o nascimento de uma vontade "verdadeiramente" individual, através da criação da consciência.[50]

Por outro lado, a visão da bondade natural, que está na base do pensamento progressista moderno, apresenta muitos desafios, já que ao manter a nossa força de vontade retira a noção de "pecado" e "unidade em Cristo". Muitos autores, hoje em dia, têm questionado as consequências dessa crença otimista para o desenvolvimento do homem em sociedade, sobretudo depois da trágica história do século XX. Dentre eles, gostaria de citar Jacob L. Talmon (1916-1980), filósofo judeu do século XX, autor da obra *The Origins of Totalitarian Democracy*. Talmon busca em Rous-

A IMAGINAÇÃO TOTALITÁRIA

seau a origem do "temperamento totalitário" e, historicamente, a origem das democracias totalitárias do século XX.

Suas palavras são precisas:

> Foi de vital importância para Rousseau salvar a ideia de liberdade, ao mesmo tempo que insistia na disciplina. Era muito orgulhoso e trazia um profundo sentido do heroico. O pensamento de Rousseau está deste modo dominado por uma ambiguidade altamente frutífera; mas, ao mesmo tempo, perigosa.[51]

O sentido profundo do heroico dá a esse tipo de ambiguidade entre liberdade e disciplina um aspecto altamente explosivo. Faz brotar na cabeça dos homens a condição de possibilidade de se autocompreenderem como paradigmas de uma verdade que combina a ordem da vontade interior com o senso de dever da vontade exterior:

> Por um lado, diz que o indivíduo sozinho obedece a sua própria vontade, e, por outro lado, está impulsionado a se adaptar a algum critério objetivo. A contradição se resolve alegando que este critério externo é para ele o melhor, o maior e mais autêntico, a voz do homem interior, como chama Rousseau. Assim, se está obrigado a obedecer ao modelo externo, o homem não pode queixar-se de estar coagido; porque, de fato, foi criado, principalmente, para obedecer a seu próprio e verdadeiro eu. Assim ainda é livre; sem dúvida mais livre do que antes. Porque a liberdade é o triunfo do espírito sobre a natureza, o instinto elementar. A aceitação da obrigação moral descansa no contrato social, marca o nascimento da personalidade humana e sua iniciação na liberdade. Cada exercício da vontade geral constitui uma reafirmação da liberdade do homem.[52]

O problema da bondade natural em Rousseau não foi só o de ter retirado o fundo teológico da culpa. O problema foi ter colocado na vontade geral essa qualidade absurda de se tornar uma verdade infalível.

O mito da *Queda* foi importante por despertar a consciência da fragilidade e corrupção da vontade humana. Por isso, o problema posto por Rousseau foi a consequência da solução dada para a presença da *vontade individual* contida na *vontade geral*. No cristianismo, a retidão da vontade não deriva só do uso adequado da razão, mas depende da relação com a vontade do criador, cuja expressão é a graça. A somatória das vontades individuais não garante a retidão da vontade geral se essas vontades individuais estiverem em *estado de desgraça*.

No entanto, historicamente, a religião cristã, devido ao secularismo, vem perdendo terreno pedagógico e confiança no debate público. As ideias de "queda" e "salvação" se tornaram parte de um mito antiquado e foram substituídas pela irresistível crença na "autossuficiência" e na "realização". Depois de Rousseau e seu mito da "bondade natural", a vontade geral será o único paradigma do exercício da vontade individual, um paradigma sustentado paradoxalmente pela própria experiência do indivíduo. Sem Deus e, portanto, sem qualquer necessidade da *graça*, o homem será o único paradigma de sua salvação.

Para o novo homem, um animal suficientemente capaz de produzir a própria felicidade, o sensualismo erótico, que deve ser explorado desde a mais tenra idade, marca um estágio da nossa condição: a necessidade de satisfazer os desejos como expressão acabada da nossa própria bondade natural. Nada de culpa. Nada de moralismo. Nada de impor limites ultrapassados à pureza dos pequenos. O último passo da vontade foi libertar os prazeres do corpo. Quando o assunto é satisfazer os prazeres, cada um é dono do próprio corpo. O corpo é a medida de todas as coisas. E ele faz exigências imperativas.

O imperativo moral desse tipo vulgar de egoísmo utilitarista é só um: "não reprima os desejos". Liberte-se, mas seja responsável — não obstante o critério de responsabilidade permaneça totalmente vago e submisso ao imperativo prático do politicamente correto. Eis o corolário da bondade natural: o que não poderá ser jamais admitido contra essa concepção de liberdade do corpo só pode ser coisa de gente conservadora inibindo o desenvolvimento "normal" da pureza sexual dos jovens.

A noção de que o homem se identifica única e exclusivamente com o seu corpo era uma consequência direta do mito da autonomia absoluta do sujeito. Essa noção gera muitos equívocos e constitui uma das principais fontes de produção de um imaginário deturpado. Em geral, concebe-se o homem como uma entidade material que pode ser compreendida pelas ciências da natureza. Isto é, o corpo humano tratado como uma entidade físico-biológica não é nada além de matéria orgânica classificada por critérios científicos. Uma espécie animal, dentre outras, sem qualquer propósito. Nada de exclusivo. Nada de intrinsecamente *pessoal*. Nada além de uma entidade viva motivada a agir por interesses de sobrevivência, fuga da dor e satisfação dos desejos. Uma entidade que *funciona*. Uma entidade que *deve funcionar*, acima de tudo. E, caso atrapalhe, não pense duas vezes em descartá-la.

Não há novidade nas reflexões acima. Minha geração, pobre e niilista, acreditou no mito da bondade natural como algo extraordinariamente revolucionário. Tudo o que contrariava essa crença era negligenciado por pais, professores, pedagogos, apresentadoras de TV. Caímos no conto da carochinha, produziremos as nossas pequenas desgraças.

Voltamos ao início. Voltamos à gravidez da adolescente.

3.

Conheci Eduardo e Juliana no curso técnico, em que estudávamos química em período integral. Eu e Eduardo éramos ateus e tínhamos uma visão pretensiosamente científica da natureza, do mundo e do homem. Naturalistas amadores, dois hedonistas muito orgulhosos por terem desenvolvido essa consciência de liberdade. Tínhamos propostas avançadas acerca da construção de um mundo melhor para garotos da nossa idade. Éramos engajados e militávamos em prol do aperfeiçoamento moral do homem pela ciência e, claro, pelos prazeres.

Como qualquer crente fervoroso, acreditávamos piamente no mito do progresso da humanidade e na realização material da espécie humana. Portanto, acreditávamos na libertação sexual, na pílula do dia seguinte e na MTV. Verdadeiros humanistas. E, como humanistas, repudiávamos qualquer vestígio da religião revelada, lutávamos contra tudo aquilo que para nós escravizava o pensamento. Consequentemente, defendíamos a tese da liberdade radical em relação ao nosso corpo. O cristianismo — exemplo máximo desse tipo de mentalidade que saiu dos armários empoeirados da cultura — não passava de um conto do vigário criado por gente velha, poderosa e ignorante. Só crianças com medo do escuro ou ingênuas poderiam acreditar em tanta balela.

Quando Eduardo me contou que Juliana estava grávida, não hesitei em sugerir o aborto. Foi uma conversa franca entre verda-

A IMAGINAÇÃO TOTALITÁRIA

deiros e confidentes amigos. Eu tinha boas razões e apresentava, com rigor científico, as justificativas. Ele concordava comigo: perder o precioso tempo da adolescência para cuidar de um filho, abrir mão dos sonhos de fazer faculdade e viajar pelo mundo — "Um filho!", eu sugeria na época, "nessa idade? Não dá! Pensa bem. Isso só gera despesas e amarras, um compromisso sério. Antes pegar uma doença do que ter um filho. Pelo menos, com uma doença, a responsabilidade recai apenas sobre nós. Agora, pense bem, com um filho, nessas condições. Sem chance!".

A conversa travada com Eduardo na mesa do refeitório do colégio brilha intensa na minha memória como se tivesse acontecido ontem. Por isso carrego essa lembrança pungente, como alguém que carregasse no rosto, à vista de todos, sua cicatriz.

Era uma manhã de outono. Fazia sol, mas o dia estava gelado. Tenso, Eduardo disse ter algo muito sério para conversar comigo. Desabafou. E como se fosse uma criança frustrada, não conseguiu conter as lágrimas.

Ao terminar, perguntei em tom retórico: "O que é um embrião?" Eu já sabia a resposta: "Nada além de um punhado de células. Não sinta culpa. Não há culpa. Culpa é invenção de hipócritas. Damos muito valor à vida. Um valor desnecessário, convenhamos! E valor, aliás, derivado de crenças ultrapassadas. Que valor tem o homem? Somos os critérios dos nossos próprios valores".

Ele insistiu: "Mas é meu filho!"

Concordei.

No entanto, prossegui confiante na minha preleção: "A vida vale o que determinamos que vale. Nem mais, nem menos. Não há nenhuma constatação científica de algum valor intrínseco. No limite, somos todos miseráveis e indignos, como qualquer outro animal. E um embrião nada mais é do que um amontoado de células semelhante ao suco de laranja neste copo. Você dá muito valor. Este fato, por si só, não traz qualquer valor nele embutido, você sabe disso. Por que vacila?"

Na época, eu expressava bem o que acreditava ter aprendido com meus professores de ciência, com Carl Sagan e revistas de divulgação. Achava-me um erudito. Não obstante, apenas reproduzia a opinião de alguns geneticistas famosos e médicos palpiteiros. Tive bons professores. Certamente eles ficariam orgulhosos com a minha descrição físico-química daquele pedaço de matéria provocando o dilema moral de um amigo dilacerado.

4.

O pressuposto naturalista da dissociação entre *fato* e *valor* é um dogma fácil de ser reproduzido acriticamente. Porém, sustentá-lo criticamente é outra história. E o que interessa, no contexto deste livro, é como os postulados da imaginação, fundamentalmente prática, são derivados desse tipo vulgar de crença. Demorei anos para compreender meu erro teórico. Precisei, primeiro, passar pelos dramas das consequências práticas.

Hoje aprendi a lidar com os dramas teóricos. Li de um aplicado estudante de genética o seguinte raciocínio a respeito do estatuto do embrião, que denuncia precisamente a falta de compreensão filosófica a respeito do problema:

> O embrião é um ser vivo. O que se precisa fazer é parar de igualar ser vivo a pessoa. É preciso lembrar que ser um ser vivo é mais banal do que parece para muita gente: leveduras são seres

A IMAGINAÇÃO TOTALITÁRIA

vivos, raízes de cabelo arrancadas rotineiramente também são.
As últimas, inclusive, podem ser chamadas de vida humana, se
sua definição de "vida humana" contém genoma da espécie *Homo
sapiens*. A vida não é importante, é apenas um processo biológico
observável até em alfaces, e "vida humana" seria menos ainda, já
que é igual à vida de qualquer outro ser vivo. O que importa é a
consciência. Só um ser consciente pode valorar positiva ou negativamente coisas que o afetam. Um embrião não tem consciência,
por isso é "algo", não "alguém", portanto matar um embrião seria como matar uma alface, e não seria agressão [...].

Quando um biólogo afirma, por meio da análise dos processos
biológicos, que "a vida não é importante", ele incorre em uma
falácia naturalista. Esse raciocínio falacioso busca deduzir da observação científica de um *fato* um *dever*. Da observação dos processos biológicos não há possibilidade de julgar a importância ou
não importância da vida em termos de experiências de valores
morais, expectativas das tradições culturais e das linguagens em
que os homens, seres normativos, estão inseridos. O fato biológico "vida" não apresenta à metodologia científica qualquer compreensão do valor da dignidade do homem ou de qualquer outro
valor possivelmente atribuído à vida de outros "reinos", que in-
clua, em última instância, a vida de outros animais, vegetais e por
que não a "vida" do nosso planeta como um todo.

Como diz Michel Henry acertadamente, "o que é a vida a
ciência não tem nenhuma ideia a respeito, ela não se preocupa
em absoluto com isso, não tem nenhuma relação com ela e jamais
terá".[53] Evidentemente, ele está falando em vida não como *objeto*
da ciência, mas "antes é o todo mundo sabe, sendo aquilo que somos", ou seja, "a vida que se sente e se experimenta a si mesma,

de modo que não há nada nela que ela não experimente e não sinta".[54]

A discussão sobre a morte pode nos ajudar. É uma discussão que pode ser tomada em duas frentes: trata-se da constatação de um fato biológico ou de um julgamento filosófico? Critérios médicos são adotados para determinar a morte. Parada respiratória ou da circulação sanguínea, ou morte cerebral. Enfim, mesmo morto, o defunto continua um organismo biológico, só que em decomposição. Mesmo morta, a pessoa permanece na memória. A dignidade de sua presença não nos abandona. É difícil determinar esse limite. Na verdade, é uma linha sombria cuja intuição da experiência de ausência radical expressa os limites da compreensão humana e revela a fragilidade da nossa condição.

No caso do surgimento da vida, o escândalo é ainda maior. Constatamos um fato biológico ou um julgamento filosófico: eis a vida do homem. Eis a vida cercada por esses dois grandes abismos. O certo é que o limite da realidade, essa grande incógnita, estabelece resistentes fronteiras contra nossa possibilidade de arrogância fatal. Esse tipo de defesa do aborto é expressão acabada da arrogância fatal do naturalismo cientificista. Portanto, "é somente quando o domínio da ciência é compreendido como único domínio de ser realmente existente, e se vê disposto a rejeitar para o campo do não ser ou à aparência da ilusão aquele em que se mantêm a vida e sua cultura, que o filósofo tem o dever de intervir".[55]

O raciocínio descrito acima procura derivar dessa ciência específica, a biologia, a legitimidade moral do aborto: "Deve-se ou não abortar?" Ora, a biologia, enquanto ciência rigorosa, não tem condições de responder a essa pergunta. Confunde-se claramente o que é da ordem determinada pelos *processos* biológicos com o campo das *decisões* e *expectativas* humanas. O assunto em questão diz respeito à bioética, uma área restrita à metodologia filosófica engajada na reflexão acerca do fenômeno "vida" a partir da experiência possível dos valores, cujos eixos temáticos podem variar entre os aspectos "ecológico", portanto mais abrangente no que se refere ao termo "vida", e "antropológico", restringindo à reflexão o estatuto da *dignidade do homem.*

O filósofo australiano David Chalmers, nascido em 1966 e atualmente dedicado ao estudo da filosofia da mente, tem uma passagem muito interessante sobre essa dificuldade — embora ele não esteja se referindo ao estatuto dos valores, mas à noção de consciência:

> Nenhuma explicação dada totalmente em termos físicos pode explicar o surgimento da experiência consciente. Ela acabará por ser dada em termos de propriedades estruturais e dinâmicas dos processos físicos. E não importa a sua sofisticação, pois irá produzir apenas mais explicação sobre estrutura e dinâmica. Enquanto isso é suficiente para lidar com a maioria dos fenômenos naturais, o problema da consciência vai além de qualquer problema acerca da explicação da estrutura e função, de modo que é necessário um novo tipo de explicação.[56]

O problema da vida humana enquanto "valor" passa pelo mesmo tipo de dificuldade. A descrição em termos físicos e biológicos pode explicar como o ser humano *funciona* em termos físicos e biológicos. Mas não basta para explicar o que o ser humano *é*. E pela maneira como experimentamos a nós mesmos, podemos concluir que, no que diz respeito ao *ser*, está implícito um *valor*.

Por isso o atributo importante no que diz respeito à "vida" não tem um sentido biológico, mas normativo, e com a finalidade de resolver o seguinte dilema moral: "Nessa situação, o que eu devo fazer?" Ora, "deve-se abortar, a vida (de um embrião) não é importante!". Todavia, a ciência biológica só "enxerga", isto é, só visa compreender, como vimos, os "processos biológicos", e não as normas de conduta derivadas das experiências morais. Não é à toa que, no âmbito da análise desses processos, pode-se comparar uma alface com uma vida humana.

Quando o biólogo afirma que a vida humana seria "igual à vida de qualquer outro ser vivo", há claramente uma confusão entre o que diz respeito à análise e compreensão de processos biológicos com o que diz respeito à esfera das experiências humanas relacionadas aos valores e expectativas. Confunde-se, obviamente, biologia com bioética. A primeira, uma ciência da natureza; a segunda, um ramo da ética filosófica.

Portanto, há nitidamente uma confusão nos termos. Uma das raízes dessa confusão é de origem semântica: quando nos referimos à "vida humana" ou à "pessoa humana", o termo "vida" não está sendo concebido em termos biológicos, mas antropológicos. O conceito de "vida humana" diz respeito a uma realidade e um valor estudados e fundamentados pela antropologia filosófica e pela ética filosófica. A expressão "apenas um processo biológico observável" não fornece as condições de possibilidade de investigação da ética e da antropologia. Processos biológicos explicam o *Homo sapiens* enquanto espécie dentro de um horizonte abrangente de classificação taxonômica capaz de descrever uma espécie em vista de outras como organismos biológicos.

Porém, no que se refere à experiência humana subjetiva, de singularidade, consciência, liberdade e responsabilidade, dependemos de outros critérios e princípios. Critérios de compreensão que não dizem respeito à observação dos processos biológicos,

A IMAGINAÇÃO TOTALITÁRIA 79

já que essas observações não fornecem respostas para perguntas do tipo "o que eu devo fazer", "o que me é permitido esperar?", "o que eu posso conhecer?" e, consequentemente, "o que é o homem?" — para lembrar o programa filosófico kantiano. Portanto, nesse sentido, há um reducionismo pressuposto e não declarado neste tipo de discurso: o de que toda discussão acerca da humanidade do homem se reduz à biologia.

Esse tipo de reducionismo fica explícito na seguinte sentença: "o que importa é a consciência". Como vimos, a "consciência" não é objeto de estudo da biologia. E essa passagem demonstra uma série de confusões: "a vida — como processo biológico observável — não importa. O que importa é a consciência". Como se chega à conclusão moral de que o importante é a consciência e não a vida por meio de uma análise biológica? Não se chega. Essa "importância" não foi, evidentemente, justificada pelos processos biológicos observáveis, já que esses processos não têm importância alguma. Pois à luz da observação dos processos biológicos, a "vida do homem está no mesmo patamar da vida de uma alface".

Sendo assim, o critério da consciência como paradigma normativo do valor da vida do homem não pode ser extraído da observação empírica de processos biológicos, no que se refere ao organismo, e físico-químicos, no que se refere à matéria. Em vista disso, julgar que um embrião não tem consciência e, por isso, não vale como homem, é incorrer numa contradição, já que o estatuto da dignidade do homem não pode ser fundamentado na observação dos processos empiricamente analisados.

"Só um ser consciente pode valorar positiva ou negativamente coisas que o afetam. Um embrião não tem consciência, por isso é 'algo', não 'alguém'." O homem adulto é um ser consciente, um embrião é um ser não consciente. O homem adulto tem valor e, por isso, é alguém. O embrião não tem valor por não ter consciência, por isso é uma coisa. Excelente raciocínio. Na verdade, é como jogar problemas para debaixo do tapete. Eu sei exatamente, por experiência própria, o que significa reproduzir ideias simplistas.

A passagem da vida embrionária para a vida adulta é marcada por um complexo desenvolvimento biológico observável, mas desse processo só é possível observar a gênese biológica da consciência, não a consciência enquanto valor normativo da dignidade do homem, isto é, seu fundamento antropológico. Nesse caso, confunde-se a gênese de um processo empiricamente observável com o fundamento de um valor filosoficamente compreendido, e David Chalmers chama a atenção justamente para esta dificuldade. Da observação da origem não segue o fundamento da norma.

O fato é que quando eu experimento diretamente a mim mesmo, num concreto ato de autoconsciência, não tenho como ter a experiência minha sob o ponto de vista biológico, físico–químico ou como objeto de uma ciência empírica. Não me refiro jamais a mim mesmo como uma classe de fenômenos biológicos ou físico-químicos, pois não vivencio minha identidade como uma espécie biológica ou físico-quimicamente determinada. Vivencio, pelo contrário, de forma concreta, minha identidade como pessoa. Ou seja: vivencio concretamente uma experiência de valor em *primeira pessoa*.

Neste fato concreto dado a mim mesmo encontro um valor irredutível. O fenômeno biológico, por exemplo, será sempre um fenômeno em terceira pessoa. Um objeto de estudo para um método científico. Por isso, chamamos essa experiência pessoal de experiência subjetiva. Não há nada de abstrato e insignificante

A IMAGINAÇÃO TOTALITÁRIA

nisso. Pelo contrário, este é o centro de gravidade de toda minha relação pessoal *no* e *com* o mundo. Da minha relação com o outro emana o valor inegociável de ser uma pessoa.

Quando leio de um defensor do aborto que o "ser humano é uma abstração criada por nós para referenciar uma classe de fenômenos biológicos, e não um status ou propriedade que alguns seres inescapavelmente terão" e que, em vista disso, "entender o embrião como ser humano é biologicamente correto, mas não é filosoficamente significativo", fico de fato preocupado com a facilidade desse pessoal em fazer de si mesmo um mero experimento insignificante e achar que todos devem ser assim.

A noção de que um embrião vale menos do que um homem adulto por não ter desenvolvido a consciência não pode ser fundamentada na observação dos processos biológicos. Em última instância, o *alguém* (a pessoa humana) nunca será um tema da biologia, mas tão somente da antropologia filosófica. A opinião de um geneticista sobre o estatuto do valor de um ser humano vale tanto quanto a opinião de um açougueiro sobre o valor de um suculento pedaço de carne. Quando um biólogo diz que a consciência importa, ele já não fala mais como biólogo, pois precisaria definir antes o que *é* a consciência humana, um tema que foge às fronteiras teóricas da biologia.

Por fim, em vista disso, não é por meio da observação dos processos biológicos que se poderá concluir o dilema moral do aborto. "Valor humano" não diz respeito ao método da ciência biológica. Para um homem, aquela coisa observada chamada "embrião", "feto", "bebê", "criança", "adolescente", "adulto" e "velho" será sempre diferente de uma pedra, de um vegetal e de qualquer outro animal, pois não seria um ser humano se já não o fosse desde o início da sua concepção. O processo biológico não "transforma" o estatuto ontológico[57] e moral de nenhuma "coisa" se ela, de alguma forma, já não possui essa estrutura.

A ciência também cria suas superstições e ilusões, como explica Michel Henry:

> A pretensão da ciência de reduzir o mundo da vida a um mundo de idealidades e abstrações físico-matemáticas repousa sobre a ilusão prévia de que as propriedades sensíveis deste mundo são precisamente as suas e lhe pertencem propriamente e que, uma vez que a cor está na natureza e não na alma, se pode apreender o ser natural, e isso mediante uma análise mais fina do que a da percepção, por meio da análise física.[58]

O erro dessa crença está no *reducionismo*. Paradoxalmente, a imaginação totalitária fundamenta-se numa compreensão reducionista da realidade do homem, da natureza e, consequentemente, da política. Hoje, a agenda abortista caracteriza-se como uma das maiores expressões desse imaginário. Na minha época de adolescente era apenas parte do meu microcosmo. Um microcosmo capaz de legitimar, sem qualquer perda de qualidade perante um genocida, igualmente uma atrocidade.

5.

Em 1998, eu nutria a presunçosa crença de que justificar em bases científicas uma opinião era uma atitude excepcional para alguém da minha idade. Eu me orgulhava dessa suposta habilidade. Adolescentes só pensavam em sexo, vestibular, maconha e festinhas. Todavia, sentir-se acima da maioria dos mortais por pensar

A IMAGINAÇÃO TOTALITÁRIA

cientificamente é uma constante no que concerne ao mundo das fantasias ideológicas.

O primado prático da imaginação totalitária ajuda-nos a formar uma poderosa visão de nós mesmos e agir em nome disso. Nada como se achar o porta-voz de uma verdade cientificamente inquestionável.

A força retórica com a qual reproduzimos algumas de nossas crenças mais elementares nos dá a impressão — e, sejamos honestos, uma impressão exclusiva e muito atraente para nós mesmos — de que estamos isentos, para a garantia da nossa própria autoestima, de ter de prová-las. Consiste, na verdade, em uma mistura explosiva quando essa presunçosa crença tem apoio em postulados de natureza científica. Presume-se que a ciência se alimenta exclusivamente dos fatos, da prova empírica.

Mas nem sempre foi assim. Uma constante na história humana mostra que a ciência também se nutre da imaginação.

O problema da imaginação alimentada por postulados científicos implica uma arrogante divisão do mundo em duas grandes categorias: entre os que estão em posse da razão científica e os que estão iludidos com crendices. Sendo assim, nesse caso, atribuir algum tipo de valor humano a um embrião revela crendices das mais estúpidas.

* * *

Juliana resolveu não levar adiante a gravidez. Fui eloquente. Dois meses depois, ela e Eduardo sentiram o peso da culpa e terminaram o namoro. Os pais nunca desconfiaram de nada. (Os pais nunca desconfiam de nada.) Não obstante católicos, às vezes até consideravam algumas atitudes da Igreja um tanto quanto retrógradas e *medievais* no que diz respeito à sexualidade e ao aborto. Aos domingos, depois da missa, gostavam de assistir às reportagens de médicos prometendo acabar com os males do mundo.

Em 2004, mudei de opinião. Nunca me senti totalmente culpado pelo que fizeram. Mas não posso negligenciar um problema sério: minha imaginação totalitária produziu seus frutos. Minha alma compreendeu a natureza da tirania nela mesma. Ela colocou indevidamente a experiência irredutível da pluralidade da natureza humana sob o jugo da *unidade* dos meus próprios esquemas mentais.

Não sei exatamente quando deixei de acreditar demais em mim mesmo e comecei a desconfiar desse pretensioso alcance da minha concepção do método científico em relação à natureza humana. De lá para cá, passei a ser radicalmente contrário ao aborto. Além disso, compreendi melhor o lugar da religião na vida da cultura. Não tive mais contato com esses amigos da época do colégio. Talvez por algum tipo de remorso, nunca mais os procurei.

Considero esse pequeno episódio autobiográfico um exemplo típico do imperativo da imaginação totalitária em estado de crisálida. Ninguém está imune à tentação, nem às suas consequências.

2. O conhecimento totalitário

Camaradas, urgiu um agitador de massas, se não conseguimos um naco de pão da maneira justa, então façamos tudo para seguir em frente e resolver nosso problema à força... Camaradas, armem-se com o que for possível — cavilhas, parafusos e pedras — e saiam da fábrica, e comecem a quebrar as primeiras lojas que encontrarem.

ORLANDO FIGES, *A tragédia de um povo*

Tudo é verdadeiro, mas nem toda verdade nos convém

1.

No que diz respeito à defesa de verdades, nem sempre somos modestos e tolerantes para com o próximo. Platão até pode ser amigo, como diria Aristóteles, mas o irresistível apego a certas verdades muitas vezes justifica alguns dos piores insultos.

Usei "verdades" deliberadamente no plural. Não que não devamos acreditar na *Verdade* com um majestático "v" maiúsculo: única, inequívoca, absoluta e universal. O mistério último, horizonte final para o qual toda vida humana tende e espera encontrar repouso, continuará sendo mistério. E não temos qualquer intenção de resolver mistérios e muito menos prever qual será o fim dessa história. Deixemos os mistérios para os astrólogos e as cartomantes.

Se devemos propor a verdade como um destino certo e inequívoco, que seja em outro momento e não em uma reflexão sobre a fragilidade do imaginário político. Pretendo ser bem mais modesto, e reconheço os limites das minhas pretensões. Sendo assim, não se trata de propor uma discussão sobre *a verdade*. Trata-se, por outro lado, de investigar as condições do pretensioso desejo de tomar certos tipos de verdades ideológicas como o único caminho possível — e, o que é pior, inevitável — para as nossas ações políticas.

Nesse sentido, penso que vale a pena colocar de lado — "suspender o juízo", no sentido dos céticos — qualquer tipo de esperança com relação à possibilidade de encontrar a verdade última. E importa fazer isso justamente com o objetivo de compreender quais os limites e as fragilidades dessas nossas pretensões quando são tomadas de assalto pelas mais diversas formas de aprisionamento ideológico. A grande verdade deve ficar reservada com exclusividade para os poetas, profetas, compositores e teólogos.

A relação entre política e verdade é perigosa, como tem demonstrado a história nos últimos séculos. E como bem lembrou o filósofo político alemão Ralf Dahrendorf (1929-2009), em *Reflexões sobre a revolução na Europa*:

> Não há maior perigo para a liberdade humana do que o dogma político, o monopólio de um único grupo, de uma ideologia, de um sistema [...]. Se queremos seguir em frente, melhorar a nós mesmos e às condições em que homens e mulheres vivem neste planeta, temos que aceitar a perspectiva desorganizadora, antagonista, incômoda, mas orgulhosa e estimulante de horizontes abertos.[1]

Portanto, a política e a grande verdade não combinam a não ser por meio dos poderes da imaginação e de uma imaginação dogmática, monopolizadora, sistemática e totalizante. Qual a origem filosófica desse tipo de imaginação que força o encontro entre verdade e política, e como ela motiva nossas condutas, são os tópicos que pretendo analisar neste capítulo.

Se a grande verdade existe, se faz sentido buscá-la, para os propósitos dessa reflexão isso não tem qualquer importância. O importante, antes de tudo, será refletir a respeito do que somos e do que estamos dispostos a fazer com as nossas pequenas pretensões de verdades, refletir como relacionamos essas crenças com as nossas expectativas imaginárias a fim de construir um mundo melhor, mais justo e digno de ser vivido, e como são colocados os riscos de instituírem ações políticas tomadas por expectativas emergências ou futuras, a curto ou a longo prazos.

Por isso, a opção pelo contingente, pelo antagônico, incomensurável e incerto. Ou seja, por aquilo que o filósofo libanês Nassim Nicholas Taleb chamou recentemente de "antifrágil", um espírito contrário ao *racionalista ingênuo* apaixonado pela *ilusão soviética de Harvard*. Em outras palavras, como ele afirma, aquele espírito que tem "a ilusão de que o mundo funciona graças ao planejamento, às pesquisas universitárias e ao financiamento burocrático", mesmo havendo "provas convincentes — bastante convincentes — de que tudo isso não passa de uma ilusão", batizada por ele de "ilusão de ensinar pássaros a voar".[2]

Muito próximo daquilo que já afirmara o filósofo Isaiah Berlin (1909-1997) anos antes, e noutros termos: "O próprio desejo de garantias de que nossos valores sejam eternos e seguros em algum paraíso objetivo é talvez apenas uma ânsia pelas certezas da infância ou os valores absolutos de nosso passado primitivo",[3] marcando, a partir desse reconhecimento, a distinção entre o homem civilizado e o bárbaro:

Perceber a validade relativa de nossas convicções, disse um escritor admirável de nosso tempo, e ainda assim defendê-la sem pestanejar é o que distingue um homem civilizado de um bárbaro. Exigir mais do que isso é talvez uma necessidade metafísica profunda e incurável; mas permitir que isso determine a prática de cada um é um sintoma de uma igualmente profunda, e mais perigosa, imaturidade moral e política.[*]

A experiência pessoal do forte sentimento de verdade, da convicção inabalável, da experiência radical de que vale muito a pena lutar — e até matar e morrer — por algo maior do que nossa miséria política, muitas vezes faz com que transgridamos o âmbito dessa experiência pessoal para nos lançarmos firmemente em uma expectativa de caráter totalizante e de exclusão de tudo aquilo que atrapalha a realização no nosso projeto mental no mundo. Pode até dar a impressão de um caráter heroico e maduro, mas pode também revelar nossas piores e profundas fraquezas. De todo modo, uma coisa é certa: esse tipo de dogmatismo não escolhe ideologias. Na verdade, diz respeito ao *tipo de homem* que somos e como estamos dispostos a lidar com a variedade dos fatos, com as surpresas do acaso e a dinâmica dos eventos espontâneos e circunstanciais.

Um dado notório, e dificilmente contestável, diz respeito ao fato de que os totalitarismos históricos passaram, antes de se efetivarem como desgraças no mundo, pelo crivo dos experimentos mentais totalizantes deste tipo: uma forte e inabalável "convicção de que o mundo, ou a natureza, era um todo único, sujeito a um único conjunto de leis, em princípio passíveis de serem descobertas pela inteligência do homem". Uma convicção sem qualquer margem de suspeita de "que as leis que governam a natureza inanimada eram

A IMAGINAÇÃO TOTALITÁRIA

em princípio as mesmas que governam plantas, animais e seres sencientes" e, principalmente, de que "o homem era capaz de aperfeiçoamento". Os planejadores têm uma forte convicção de que a realidade vai se adequar aos seus planos *a qualquer custo.*

Para a imaginação dessa envergadura não há — e não pode haver — qualquer sombra de dúvida "de que existem certos objetivos humanos precisamente reconhecíveis, e de que todos os homens, corretamente descritos", podem buscar e alcançar, mediante o esforço da razão, coisas como "felicidade, justiça, conhecimento e liberdade". E, o mais curioso, como constata ainda Berlin, é que a miséria humana, o vício e a futilidade têm sua origem na ignorância:

> Ignorância devida por sua vez ao conhecimento insuficiente das leis da natureza [...]. Consequentemente, a descoberta de leis gerais que governam o comportamento humano, sua clara e lógica integração em sistemas científicos — da psicologia, sociologia, economia, ciência política e congêneres — e a determinação de seu lugar adequado no grande corpo de conhecimento que cobria todos os fatos passíveis de descoberta, iria substituindo o amálgama caótico de adivinhação, tradição, superstição, preconceito, dogma, fantasia e "erro interessado", que até então servia como conhecimento e sabedoria humana (e dos quais de longe a principal protetora e instigadora era a Igreja); criar uma nova, sadia, racional, feliz e autoperpetuadora sociedade humana, que, tendo chegado ao ápice da perfeição alcançável, se preservaria contra todas as influências hostis, com exceção talvez da natureza.[5]

Da habilidade de construirmos imagens de um mundo perfeito, todo acabado, sem arestas, harmonioso, justo e livre a partir do material mental disponível e construído pela nossa consciência sonhadora, podemos ser capazes de forçar a realidade a se adaptar a qualquer custo a esse produto mental. É a insistente tática de pensar *tudo* por *categorias*, por *esquemas*, por *formas* redutoras.

O que se coloca aqui, de fato, é a crença de que a plasticidade do mundo, muitas vezes, parece ser compatível com a plasticidade da matéria-prima mental. Mas acontece que não é. Essa foi a irresistível crença no mito positivista da razão humana, da qual ainda somos — querendo ou não, gostando ou não — herdeiros.

2.

Há muitos mitos para além da experiência religiosa. Temos essa necessidade irrecuperável de ter de deixar a experiência imediata do mundo sensível, tal como se apresenta para nós em sua crueza mais bruta, para mergulhar, ou supor que mergulhamos, em sua intimidade mais radical e racional, da vida em comunidade. Buscamos lidar com o mundo circundante no sentido de superar qualquer experiência de distanciamento. Temos a necessidade de controle, de autonomia, de nos sentir parte integrante da dinâmica da história. Não nos contentamos com a experiência imediata, com a frieza dos fatos, com a brutalidade vazia e indiferente da natureza material. Não nos contentamos porque não somos determinados por essa experiência imediata. Esperamos estabelecer uma relação de familiaridade com o mundo.

Por conta disso, por meio da imaginação, somos capazes de nos afastar de tudo aquilo que nos aborrece, de tudo que nos causa medo, desconforto, insegurança, tédio e conflitos. Tudo aquilo que o mundo na maioria das vezes representa: hostilidade.

A IMAGINAÇÃO TOTALITÁRIA

Nossa capacidade imaginativa tem a função de dar à nossa experiência de presença real e imediata um significado. Construímos narrativas como alternativa ao que o mundo natural, sem esperança, nos oferece. A imaginação consiste na condição de possibilidade dessa fuga. A nossa capacidade de produzir um mundo *diferente* nesse monismo opaco da matéria inerte: mais digno, mais justo, menos violento, mais harmonioso, onde todos, de certa forma, poderão ser felizes, ou onde a infelicidade possa, pelo menos em algum momento desse drama histórico, ser redimida. A dimensão utópica da imaginação seria a última consequência dessa estrutura imaginativa.

Deste modo, as narrativas políticas são poderosas. Elas conseguem vincular-nos com a esperança dos outros seres humanos. Essas narrativas são dadas, justamente, como experiência de unidade e reconciliação retiradas de reservas *gnósticas*. Por meio da força imagética, construímos expectativas capazes de serem comungadas no interior da vida em comunidade, com um grupo, com a nação e, por que não?, com a humanidade inteira. Coincidimos os nossos anseios com os anseios dos outros e do todo. Mergulhamos no drama da história humana e, de seres *alheios* ao mundo, participamos de uma tragédia coletiva anunciada.

Um dos mais poderosos mitos políticos, uma das mais fascinantes construções da imaginação humana, é a crença de que caberia, então, a um *outro* ser, absoluto e soberano, o poder e a manutenção dessa grande verdade que nos retira, e nos redime com esperança, da brutalidade sem esperança do mundo em *crise*. São as velhas *narrativas apocalípticas*. "As ideias se difundem como as epidemias", escreve o historiador Paolo Rossi em seu livro *Esperanças*, "circulam de maneira misteriosa, amiúde chegam a lugares totalmente imprevisíveis, penetrando nos cérebros [...] muito devagar (eliminando aos poucos as camadas de preconceitos)". Tais ideias, com o tempo, resume ele de forma precisa, "com frequência se transformam em modos de pensar, suscitam comportamentos, podem até se tornar pedras e, por vezes, balas de chumbo".[6]

Por conta desse anúncio, depositamos a esperança em um ser que ultrapasse nossas fraquezas identificadas e comungadas por nossos iguais. Construímos mundos mentais com a mesma facilidade com que transportamos as responsabilidades de combate às grandes ameaças nesse *outro* ser que não pode ser *todo idêntico* a cada um de nós: Deus, Estado, Tradição, Vontade Geral do Povo, Coletivo, Mercado etc. Essa diferenciação relativa de natureza apresenta-se como sendo a nossa possibilidade de encontrar esperança e redenção, repouso e saída, para além de cada ato individual egoísta.

O resíduo mental gnóstico aponta uma saída da condição de exílio do homem no mundo, do seu estado existencial de alheamento profundo: a política como ato de reconciliação radical contra tudo o que se apresenta como oposições irreconciliáveis em relação à natureza, ao mundo, à história e ao próprio cosmos. Em suma, o ato político como um ato de revolta e retorno à unidade perdida e, agora, *recuperada*. As narrativas políticas em estado de crise não conseguem esconder o mito do retorno gnóstico ao Um. Cada homem representa essa centelha de um deus em exílio — para usar a expressão da historiadora Marilia Fiorillo, especialista em gnosticismo.[7]

Há quem anuncie crises como sinal dos tempos. No entanto, toda experiência de crise também pode indicar a necessidade de atualizar o início primordial dos tempos. Um possível evangelho gnóstico, afirma Marilia Fiorillo, certamente começaria assim: "No início era a Crise." E, segundo ela, "já que no início foi a Crise, e não o Verbo, o mundo corpóreo é o produto terminal deste épico do declínio". Nesse caso, pode concluir que "o drama, num só ato, de Criação e Queda, requer protagonistas à altura: exorbitantes, impulsivos, expressivos, barulhentos".[8]

A brincadeira de imaginar mundos impossíveis a partir do material bruto da nossa própria condição exilada na crise seria a de se apropriar dessas velhas narrativas gnósticas capazes de legitimar os piores atos de destruição, aniquilação e violência como atos redentores de reconciliação profunda de unidade como fusão idílica.[9]

Por outro lado, havia o Deus da tradição cristã, da religião revelada na história, e não oculta. Era o *Outro* não exilado. Era o "Verbo que se fez carne". No cristianismo, Deus não se exila do homem. Encarnado, vive a experiência humana em sua plenitude. É julgado, morto e crucificado.

Nesse sentido, nenhuma religião foi mais humana do que o cristianismo. Deus, despojado de Sua Sublime Majestade, habitou entre nós como homem: nasceu, amou, sorriu, chorou, viveu e morreu como homem. Não há religião cujo núcleo central de fé passe por essa ideia tão significativa: O "logos" se fez carne. Não a Crise. O escândalo da Cruz revelava o escândalo de toda miséria e grandeza humana. A reconciliação cristã não poderia jamais ser resolvida em um ato político de revolta, pois não poderia ser resolvida em *qualquer* ato político.

Por isso, o Deus da religião cristã foi compreendido como um *Ser* cuja principal qualidade é, precisamente, não se sujeitar em nada ao homem, à história, ao mundo, na medida em que "o mundo e o homem atestam que não têm em si mesmos nem seu princípio primeiro nem seu fim último, mas que *participam*, em uma relação de dependência e não de identidade, do Ser em si, que é sem origem e sem fim". Deus é de plena autossuficiência enquanto o mundo e o homem são contingentes e insuficientes. Deus é Sujeito e Objeto de Si próprio. É o governo do mundo, dos homens e da história, porém *não deste mundo, não deste homem* e *não desta história*, mas que *habitou essa história e este mundo como homem.*

A distância radical que separava Deus dos homens era nossa garantia radical de esperança na reconciliação que se dava não por um ato de revolta contra si mesmo e contra toda criação, mas de Amor entre Deus e os homens, cuja iniciativa parte, sobretudo, do próprio Deus. Essa realidade impunha a compreensão de uma liberdade relativa limitada à nossa própria condição e compreensão de insuficiência e fragilidade das nossas pretensões em um mundo imperfeito, porém não *abandonado* como o deus dos gnósticos.

Em suma, a partir dessa concepção não poderíamos compreender, em última instância, a *realidade total*, já que Deus era "o ser do qual não é possível pensar nada maior"[10] e "grande demais para que possamos conhecê-Lo", mas que nos convida a não perder as esperanças e tentar preservá-la com prudência e sobriedade a cada dia. Nesse sentido, Deus era antes de tudo um *limite*, e um limite à pretensão de que o ato revolucionário revelaria o novo homem em um novo mundo. A realidade *total* nos escapava em sua *essência* e não poderia ser jamais transfigurada por um ato de revolta do homem contra sua própria natureza.

Essas discussões teológicas perderam sua força histórica em um mundo secularizado. Esvaziaram-se de sentido e expectativa. A experiência religiosa, tanto do indivíduo quanto da comunidade, perdeu qualquer sentido teológico profundo a ponto de não passar de uma mera convenção social: casar na Igreja porque a cerimônia é "bonita", ir ao batizado das crianças para não desagradar os avós, comemorar o Natal porque, afinal de contas, ninguém é de ferro.

A IMAGINAÇÃO TOTALITÁRIA

O historiador e filósofo da religião Mircea Eliade (1907-1986) descreve a situação do homem secular, e será de extrema importância para compreendermos a emergência de uma verdade totalitária: "É somente nas sociedades ocidentais modernas que o homem *arreligioso* floresceu plenamente. O homem moderno *arreligioso* assume uma nova situação existencial", ou seja, uma situação que abre espaço para a produção de um imaginário redentor no próprio ato de se fechar para a transcendência.

Nesse dramático gesto de recusa e revolta revolucionária existencial, o homem moderno:

> Não aceita nenhum modelo de humanidade de fora da condição humana, tal como ela se deixa decifrar nas diversas situações históricas. O homem se faz a si mesmo e somente se realiza plenamente na medida em que se dessacraliza e dessacraliza o mundo. O sagrado é o obstáculo por excelência diante de sua liberdade. Ele não será ele mesmo a não ser no momento em que for radicalmente desmistificado. Não será verdadeiramente livre a não ser no momento em que tiver *matado o último deus* (grifo meu).[11]

Em uma perspectiva semelhante, George Steiner, em *Nostalgia do absoluto*, descreve o quanto a experiência religiosa "tornou-se uma espécie de cortesia, um conjunto de reflexos ocasionais ou superficiais", quando hoje, "para a maioria dos homens e mulheres pensantes — mesmo que continuassem a frequentar a igreja — as fontes de vida teológica, de uma convicção doutrinária sistemática", secaram. E, com precisão, conclui:

> Essa secagem, que afeta o próprio centro da moral e intelectualidade ocidentais, deixou atrás de si um enorme vazio. Onde existe

vácuo, manifestam-se novas energias e substitutos. [...] A história política e filosófica do Ocidente ao longo dos últimos 150 anos
poderá ser vista como uma série de tentativas — mais ou menos
conscientes, mais ou menos sistemáticas, mais ou menos violentas — de preenchimento do vazio central deixado pela erosão
da teologia. Esta lacuna, esta escuridão central, era a "morte de
Deus" (não esquecer o tom irônico e trágico que Nietzsche dava
ao uso dessa famosa expressão, que tem sido muitas vezes mal
compreendida). Mas acho que podemos exprimi-la em termos
mais exatos: a decadência de uma doutrina cristã abrangente deixou em desordem, ou em branco, percepções essenciais de justiça
social, do significado da história humana, das relações entre mente e corpo, da posição do conhecimento na nossa conduta moral.[12]

Para concluir, o imaginário totalitário tem a pretensão de resolver o problema da estiagem espiritual na qual se encontra o
homem em uma era secular.[13]

Os conceitos de Estado, História, Tradição, Vontade Geral,
Luta de Classes, Coletivos, Mercado, Minorias etc. são todos con-
correntes diretos, inclusive entre si, do abismo deixado por Deus.
A imaginação totalitária preenche esse vazio sem qualquer esforço, porque o homem tem a necessidade existencial de preencher.
E, sem dúvida, todos os substitutos da religião secular na história
do século XX provam a nossa necessidade de criar *mitos sociais*.

3

Nem sempre somos capazes de perceber que as atitudes dogmá-
ticas emergem do excesso de crença em nós mesmos, ou seja,

emergem justamente da crença de que nossas ideias são dignas da construção dos melhores mundos possíveis. Nunca nos damos conta de um pequeno detalhe: o problema da instauração de regimes totalitários, que seria o ponto extremo da realização de ideias totalizantes, não está só na força opressora e na coerção do Estado agindo de cima para baixo. Muito antes, a força de submissão está na cabeça das pessoas — ou na cabeça de cada membro dos grupos que domesticam a experiência totalitária — suscetíveis a crer nas promessas desse tipo de sistema político. Isto é: o autoritarismo totalitário, diferente de outros tipos de autoritarismo político, emerge de um complexo sistema de crenças que se pretende expressão acabada da realidade política, e não da realidade política que impõe os parâmetros inequívocos para nossas crenças. Nesse sentido, a linha que distingue consentimento de coerção não é tão nítida quanto muitas vezes supomos.

Antes de analisar as funções práticas do imaginário, que está na base das tendências que dão suporte a esses tipos de coerção — a coerção opressora e coerção consentida —, vale a pena descrever com mais detalhes algumas das principais diferenças entre *totalitarismo* e *autoritarismo*.[14]

Diferente do totalitarismo, o autoritarismo pode ser compreendido como um sistema político com grau razoável de pluralismo, porém não totalmente responsável e certamente limitado. Do ponto de vista da economia, o autoritarismo permite pluralismo econômico e social com uma margem de amplitude considerável. Um pluralismo que já existia na sociedade civil antes da instauração ou tomada do poder do regime se mantém, muito embora encontre focos de existência: certa liberdade do ensino, cadeiras universitárias, controle dos meios de comunicação etc

O autoritarismo, a despeito do que geralmente se está acostumado a acreditar, não traz um sistema de crenças incisivo e complexo, tal como no caso dos sistemas de crenças totalitárias. É bem mais "relaxado" quanto a esse aspecto. No entanto, o líder (ou grupo) conduzindo ou governando exerce com punhos de ferro o poder dentro dos limites *formalmente* não tão bem definidos.

De qualquer maneira, as normas jurídicas e governamentais em um regime autoritário tendem a ser bem previsíveis. Com relação à sociedade civil, tenta-se um canal de estreitamento com elites tradicionais, não obstante conceda-se autonomia para certas carreiras estatais e militares.

Há forte coerção social, e a violência é realmente opressora. Raramente, o autoritarismo representa os anseios da sociedade civil. São focos difusos que justificam sua realização no poder. O que marca um tipo de dualismo instransponível entre sociedade civil e comunidade política.

Por sua vez, o totalitarismo não admite qualquer tipo de pluralismo, econômico ou político, dentro do complexo sistema de representação de suas crenças, da atuação política e do estabelecimento da hierarquia de poder. O partido oficial tem o monopólio absoluto do poder *dado por direito* e *não tomado à força* ou por meio da violência opressora. O partido totalitário precisou eliminar, aos poucos, praticamente todo pluralismo que existia antes de alcançar o poder, por meio da propaganda, da militância insistente e da violência — nesse caso, uma violência com profundo significado redentor. Distingue-se, assim, a *violência opressora* da mentalidade autoritária com a *violência redentora* dos totalitários,[15] não havendo, a despeito dos sistemas econômicos, qualquer possibilidade de uma segunda economia ou sociedades de valores plurais coexistindo paralelamente ao regime.

A IMAGINAÇÃO TOTALITÁRIA

Do ponto de vista ideológico, os sistemas de representação de crenças são extremamente complexos e com origens as mais distintas no seio da cultura e da tradição que dizem representar. No totalitarismo, tenta-se de toda maneira articular a realização de uma utopia alcançável e inevitável segundo a própria compreensão da dinâmica da história. Os líderes totalitários, mediante o apoio das massas, retiram seu profundo senso de missão e comprometimento com a realização da utopia, sua legitimidade salvífica e toda articulação de ações políticas e até pedagógicas específicas de um *comprometimento extremamente sério* com uma concepção holística de toda a humanidade e da história. Um totalitário acredita piamente no que está realizando para o benefício de todos. Não se trata de um mero oportunista que chega ao poder para benefício próprio ou do seu grupo. Trata-se de um crente verdadeiramente apaixonado por suas ideias de salvação.

Toda mobilização política de uma mente totalitária se pretende extensiva diante de um amplo espectro político com excessiva ênfase no ativismo e na militância de sua rede de ideias. A mobilização voluntária sempre vem regida de um entusiasmo catastrófico emergencial mediante o anúncio de resolução messiânica. A consequência desse entusiasmo implica o esvaziamento radical do valor da vida privada. Por isso, o governo totalitário não tem quaisquer limites definidos. Podem acontecer mudanças imprevisíveis, mas justificadas pelo carisma do líder, o que tende a anular qualquer distinção entre a sociedade civil e comunidade política. Como num organismo vivo, cada parte é vital para a existência do todo, ou seja, cada parte é a própria expressão da totalidade.

Por conta dessas distinções, pode-se afirmar que o consentimento social no totalitarismo, diferente do que acontece no autoritarismo, fornece sentido da unidade vital entre indivíduos.

Ou seja, a coerção consentida vem justificada por meio dos mais nobres sentimentos de verdades. São verdades imaginárias. Todas elas. Uma vez que "nem a autoridade, nem a justiça, nem o trabalho poderiam encontrar seu lugar na sociedade se não estivessem, em um grau ou em outro, tecidos no imaginário"[16] holístico da legitimação do regime.

Michael Oakeshott descreve com precisão a lógica que sustenta uma mente devota e obediente no interior de um regime impregnado da "política de fé":

> Eles podem estar autorizados por regras, podem estar envolvidos na execução das regras, e qualquer obrigação existente pode estar conectada por regras; mas eles não são eles próprios a proclamação das regras. E mais, as escolhas nas quais a associação empreendedora é constituída não são elas mesmas regras, embora possam reconhecer regras; são escolhas de propósitos comuns. E as decisões "gerenciais" nas quais um propósito comum de uma associação é buscado não são elas mesmas proclamações de regras; são ofertas para satisfazer vontades, e não são diferentes de escolhas contingentes nas quais os indivíduos respondem a suas próprias situações.[17]

Desta maneira, a imaginação tem uma função prática social fundamental: manter a crença de que a grande verdade não só é possível como deve ser realizável exclusivamente pelo esforço humano.

Há várias funções da imaginação. Por exemplo, com a imaginação, pode-se dotar os homens de memória, fornecendo-lhes relatos que sintetizam e reconstroem o passado e justificam o presente (falaremos mais detalhadamente sobre isso no próximo capítulo). Não há uma cidade, um grupo social, uma festa de quermesse, uma feijoada de domingo com os amigos e familiares que não tenham sido inspiradas e motivadas pela força da imaginação. Os encontros humanos são inseparáveis das narrativas que os animam. A verdade totalitária tende a reduzir a complexidade *irredutível da realidade* por meio do esforço mais radical da imaginação. Óbvio que não consegue, mas o problema do processo de tomada da liberdade seria, justamente, a miséria de mundo que instaura.

A imaginação fixa um destino comum, legitima as nossas histórias, arma-nos "de esperança, de expectativa, de dinamismo para organizar ou contestar, em suma, para encetar ações que fazem a própria vida dos corpos sociais", já que, "sem a mediação do imaginário, as sociedades podem não passar de organizações estáveis e funcionais comparáveis a formigueiros".[18]

Só que, diferentemente do que se acredita, o totalitarismo não espera tornar os homens autômatos de um grande formigueiro. Essa metáfora, embora poderosa, não é capaz de descrever com precisão o caráter intencional da escolha motivada por uma mente com fortes tendências totalitárias, que promete a realização do homem na plenitude — equivocada — de sua humanidade.

Exatamente por essa necessidade de encontrar uma unidade vital que nos anime enquanto homens e não enquanto formigas, que forneça o sentido último de participação no destino da história, é que podemos falar em coerção consentida e na violência redentora dos regimes totalitários.

Nenhum regime histórico totalitário poupou despesas com propaganda e militância ideológicas para anunciar, como um novo evangelho, o destino salvífico dos homens nessa terra transfigurada. Trata-se, aliás, como demonstraram Carl J. Friedrich e

Zbigniew K. Brzezinski em *Totalitarismo e autocracia*, de uma de suas principais características.

Todas as ditaduras totalitárias históricas possuíram "um monopólio quase total, tecnologicamente condicionado, nas mãos do partido de seus funcionários subservientes, do controle de *todos os meios efetivos de comunicação de massa*, tais como imprensa, o rádio e o cinema".[19]

Uma das mais famosas mentes totalitárias do século XX escreveu a respeito do uso da propaganda em seu programa revolucionário, bem antes de a Revolução Russa estourar e bem antes da instauração definitiva do totalitarismo do tipo soviético. Em sua *Carta a um camarada*, Lenin escreve:

> A propaganda deverá ser feita de forma uníssona por todo o comitê, a quem corresponde centralizá-la rigorosamente. Por isso imagino que deverá ser assim: o comitê atribui a alguns de seus membros a organização de um grupo de propagandistas [...] Este grupo, utilizando por razões conspirativas os serviços dos grupos distritais, deverá efetuar a propaganda em toda a cidade, em toda a localidade que está "sob a direção" do comitê. Se necessário, esse grupo poderá criar subgrupos, transferir a outros as suas funções, mas tudo isso sob condição de que tais medidas sejam ratificadas pelo comitê, o qual deverá ter sempre, incondicionalmente, o direito de enviar um delegado seu a cada grupo, subgrupo ou círculo que de um modo ou de outro participe do movimento.[20]

E não para por aí, pois, "com relação ao tipo de atribuições, as seções filiais ou de organismos do comitê deverão organizar também"

A IMAGINAÇÃO TOTALITÁRIA

Todos os diversos grupos que servem ao movimento, grupos de estudantes e grupos de secundaristas, assim como grupos de funcionários auxiliares, os grupos de transporte, de imprensa, os dedicados à organização de aparelhos, grupos de contraespionagem, grupos de militares, de fornecimento de armas e aqueles criados para organizar "empresas financeiras rentáveis" etc. Toda a arte de uma organização conspirativa consiste em saber utilizar tudo e todos, em *dar trabalho a todos e a cada um*", conservando ao mesmo tempo a direção de todo o movimento, e isto, entenda-se, não pela força do poder, mas pela força da autoridade, por energia, maior experiência, amplidão de cultura, habilidade (grifo meu).[21]

A coerção consentida das mentes totalitárias implica muito mais essa experiência voluntária de tentar envolver "tudo e todos", e de entrega voluntária e pessoal a uma verdade cujo regime político único e inequívoco representa e realiza, do que a experiência de fragilidade de quem está submetido a esse tipo de regime.

Segundo aponta o historiador inglês Orlando Figes, em *Sussurros*, a base da crença bolchevique no fundo era identificar "uma vanguarda moral e também política, cuja noção messiânica de liderança exigia que os membros provassem ser dignos de pertencer àquela elite"; e, "como um dos eleitos, cada membro era obrigado a demonstrar que sua conduta e suas convicções privadas estavam de acordo com os interesses do Partido".[22] Essa experiência voluntária não dependia de um puro ato de amor, era preciso demonstrar o fundamento de sua crença e o grau de devoção de sua consciência moral e política:

Ele precisa acreditar verdadeiramente no comunismo, que possuía uma consciência moral e política mais elevada do que a massa da população, que era honesto, disciplinado, trabalhador e abnegadamente devoto à causa. O que existia não era um sistema moral no sentido convencional. Os bolcheviques rejeitavam a ideia de uma moralidade abstrata ou cristã por serem formas de "opressão burguesa". Na verdade, era um sistema no qual todas as questões morais estavam subordinadas às necessidades da Revolução.[23]

A análise da devoção e da fidelidade demonstra que a qualidade principal do sistema de crença totalitário deriva dessa disposição em abraçar de modo radical uma causa.

Na Alemanha nazista de Hitler, também não foi diferente. Para usar a expressão do historiador Saul Friedländer, autor da obra em dois volumes *A Alemanha nazista e os judeus*, "a fé no Führer" possuía uma dinâmica que teria levado, "de forma bastante natural, à necessidade de que o Estado e os órgãos do partido atuassem de acordo com as diretrizes gerais estabelecidas por Hitler, sem a constante necessidade de ordens específicas da parte dele".[24] Essa relação de obediência descreve o caráter de uma obediência consentida de um povo entusiasmado com os rumos da sua história enquanto povo. Para confirmar essa "dinâmica de interação entre base e comando", Friedländer se apoia em um estudo do historiador britânico Ian Kershaw, biógrafo de Hitler.[25] Vale a pena ler com atenção para entender como a mente totalitária pode ser "habilmente capturada nos sentimentos expressos em um discurso de rotina de um funcionário nazista, em 1934":

Todos os que têm oportunidade de observar sabem que o Führer dificilmente poderia impor de cima tudo o que ele pretende realizar mais cedo ou mais tarde. Muito ao contrário, até agora, todos os que têm posto na nova Alemanha trabalharam melhor quando trabalharam, por assim dizer, voltados para o Führer. É verdade que, muitas vezes e em muitas esferas, o que aconteceu — também em anos anteriores — foi que *os indivíduos simplesmente ficavam esperando por ordens e instruções.*[26]

Essa seria a disposição para obedecer e estava fortemente ligada às promessas gerais do regime, ou seja, por mais precária que pudesse ser qualquer uma das diretrizes pontuais, em curto prazo, ligadas à especificidade quanto a algum problema técnico, tudo precisava estar imageticamente vinculado a expectativas maiores em relação ao destino último. Era uma verdadeira entrega amorosa à verdade. Explica Saul Friedländer:

> Os objetivos finais do regime, as diretrizes para as políticas de longo prazo, eram definidos em termos gerais e as medidas concretas para sua implementação não eram expressas com clareza. Contudo, essas metas de longo prazo vagamente formuladas eram essenciais não apenas como diretrizes precárias, mas também como indicadores de ambições e expectativas ilimitadas: elas eram objeto de verdadeira crença para Hitler e seu círculo; elas mobilizaram as energias do partido e de vários setores da população; e eram expressões de fé na justeza do caminho.[27]

Além disso, há outra disposição: a de aniquilar de modo radical tudo aquilo que não se encaixa nesse sistema de crenças. Nessa estrutura mental, aparecem os *social outsiders*,[28] para usar a expressão de Robert Gellately, outro importante estudioso do nazismo, não mais como *humanos*, mas rebaixados à categoria de estorvos, verdadeiros piolhos sociais, em suma, uma pedra no caminho da felicidade total.

Um "marginal social" no mundo dominado pelo imaginário totalitário, mesmo em pequena escala, será excluído na imaginação muito antes de ser eliminado na realidade, despido de sua humanidade e rebaixado à categoria de mera coisa atrapalhando a realização da verdade. Por isso, nunca espere que uma mente com tendências totalitárias possa um dia vir a se arrepender do mal que provocou a alguém. Ela, na verdade, só estava *cumprindo com seu dever.* Como descreveu Hannah Arendt em *Eichmann em Jerusalém,* a fórmula do imperativo categórico do Terceiro Reich inscrita por Hans Frank na consciência de cada servidor do Estado era: "Aja de tal modo que o Führer, se souber de sua atitude, a aprove!"[29]

A imaginação totalitária já eliminou na mente o que atrapalhava sua realização. O primeiro passo, o passo mais importante, já foi dado: o desejo mental de purificar e aniquilar. Sendo assim, a noção de marginal social, nesse contexto, deve ser compreendida como a expressão do elemento *diferente,* portanto uma categoria formal, que não permite a realização da *unidade da totalidade.*

Deve-se compreender essa categoria de "marginal social" partindo do princípio de que está inserida em um determinado esquema mental. Hoje o discurso radical de defesa das "minorias" se tornou um dos paradigmas mais emblemáticos da mentalidade com forte tendência totalitária. Os totalitários adotam "pautas" e se organizam em "coletivos", com perfil de uma agenda de lutas sociais, a fim de serem "aceitos" como integrados ao todo da sociedade desde que a estrutura dessa mesma sociedade seja radicalmente modificada ou, em casos extremos, destruída.

Por mais paradoxal que possa parecer, a ditadura do consenso[30] de um Estado totalitário é querida, almejada e justificada pela própria imaginação de uma minoria ansiosa pela realização

A IMAGINAÇÃO TOTALITÁRIA

de suas verdades absolutas. Nesse sentido, a ditadura do consenso é distinta da ditadura autoritária, pois os totalitários desejam ser a expressão final de uma sociedade logicamente coerente e acabada. E não importa se essa verdade não corresponde aos fatos. O importante está no quanto um sistema de crenças pode ser alimentado pelos poderes práticos da imaginação. Segundo o filósofo francês Jean-Jacques Wunenburger, autor de *O imaginário*, "os indivíduos e os povos encontram nos imaginários de seus sonhos objetivos para suas ações presentes e futuras. Os mitos do futuro fascinam, galvanizam energias, permitem fomentar planos de realização para mudar o presente".[31] Muitos autores viram no imaginário a explicação decisiva para construções coletivas dessa natureza.

No imaginário, a defesa das "minorias" de hoje com relação aos grandes movimentos revolucionários históricos se diferencia basicamente pelo caráter descentralizado de sua agenda. No entanto, em micro ou macroescala, nacional ou internacional, não importa, o objetivo será sempre o mesmo: expurgar o *diferente*.

A violência torna-se um ato de purificação, beatificação, santificação, quando motivada pela verdade em sua forma de expressão totalitária. A chegada ao poder não será realizada por homens maus e mentirosos. Pelo contrário, o poder será tomado por homens com os mais nobres sentimentos de verdade e dever moral.

São os sistemas de representações simbólicas produzidos por essa tendência imagética os responsáveis pelo passo político decisivo. A cristalização em atitudes reais é justificada por meio de um conjunto de referências mentais compreendido como a mais pura verdade, uma verdade que não pode ser outra senão a mais radical, e que faz "tábula rasa" a fim de cortar todo mal pela raiz.[32]

110   FRANCISCO RAZZO

Esses sistemas de representação dão significado ao cotidiano das ações políticas, fomentam cada um dos envolvidos, enchem-lhes a cabeça e o coração de esperanças e são a sagração dos atos de violência redentora. Em última análise, sublimam cada olhar dirigido para realização da sociedade utópica.

Em *Crer e destruir*, livro do historiador francês Christian Ingrao que trata da relação dos intelectuais na "máquina de guerra da SS nazista", há um relato de um jovem professor, muito antes de o regime nazista tomar o poder, que exemplifica bem esse tipo de esperança extraída da imaginação purificadora, nesse caso específico de uma imaginação bélica messiânica.

O jovem, um professor de liceu e veterano dos movimentos de juventude, escreve uma carta à mãe em 1915, relatando suas impressões sobre a guerra:

Querida mãe, sinto-me na obrigação de escrever uma carta toda especial e tentar exprimir o que eu gostaria de dizer. Como uma espécie de consolação, já que [...] Erich também se tornou um daqueles que ajudaram a construir o futuro de uma grande Alemanha com o sangue e a força de seu coração.

A guerra nos mostrou com toda a força que a nossa vida tinha um sentido completamente diferente do que o que acontece nos caminhos normais de uma vida familiar e burguesa. Ela pertence ao âmbito de um objetivo grandioso e sagrado. Esse objetivo, não o conhecemos. Ele foi implantado em nós desde a eternidade e nos conduz para alguma coisa grandiosa e eterna. Pressentimos isso.

Neste momento Deus traça gloriosos caminhos para a história mundial, e nós somos os eleitos, o instrumento eleito. Devemos realmente, verdadeiramente, ficar felizes por isso? À minha

A IMAGINAÇÃO TOTALITÁRIA

volta tudo vicejou e floriu, e os pássaros estão exuberantes de alegria na luz. Como será mais bela e mais grandiosa a grandiosa primavera pós-guerra![33]

Constata-se o poder da imaginação de romper com qualquer determinismo do tipo materialista, com a indiferença do mundo físico e com qualquer forma de dualismo especulativo referente à experiência da nossa presença na comunidade social, histórica e nacional. Mesmo na guerra, a expectativa é de estar vivendo algo grandioso, redentor, onde participam a família, a nação, a história e o próprio Deus.

O comentário de Christian Ingrao é preciso na descrição do que impulsiona a imaginação desse jovem: "A imanência da esperança e o imaginário milenarista aqui sugerido revelam-se com mais força ainda na medida em que Walther I é oriundo da *Bildungsbürgertum* (burguesia culta), que acompanhou o consentimento das sociedades europeias ao conflito"; este jovem teria militado "naqueles movimentos de juventude que exprimiam antes da guerra um desejo de renovação social e intelectual", marcando, assim, que "nessa luta gigantesca contra um inimigo impiedoso — uma vez que, pelo menos em parte, marcado pelo selo da barbárie e da bestialidade —, jogava-se o destino da nação".[34]

Em microescala, poderíamos dizer praticamente a mesma coisa e ainda assim não perderíamos o sentido, nos seguintes termos: "naqueles movimentos de juventude que exprimem em seus coletivos um desejo de inovação e aceitação social e intelectual das minorias integradas. Nessa luta gigantesca contra um inimigo y impiedoso, joga-se o destino de x". Substitua o x por qualquer "minoria" que se sente oprimida por y.

Por conta dessa experiência radical de unidade no destino da história da nação, ou de qualquer célula política com nobres intenções, os focos de resistência, quaisquer que sejam e de onde quer que venham — do interior e do exterior à nação e do grupo —, deverão ser brutalmente rechaçados com a justificativa legitimadora de não participarem ou até, o que é pior, ameaçarem a estabilidade da unidade dessa experiência política imagética, fomentada pelo apego a ideias totalizantes.

Poderíamos, então, perguntar: como identificar uma mente totalitária? Ora, a resposta é fácil: cada homem individual tem a potencialidade para desenvolver uma tendência desse tipo. O problema mais importante não é ter ferramentas para identificar um tal perfil, mas saber conter em si mesmo a tentação a essa disposição.

4.

Estados totalitários são construídos a partir do imaginário da sociedade civil. Este, por sua vez, legitima o consentimento da própria população ou do seu grupo em tentar realizar um regime dessa natureza. Devido à resistência da realidade, pode-se dizer que um regime nunca foi totalitário em sua integralidade Porém, foi totalizante tanto quanto possível. E essa possibilidade deriva do fato de que há, antes de tudo, um sistema de crenças totalitárias.

É relativamente fácil sujeitar-se a uma espécie voluntária de servidão e justificar as piores tiranias em nome do todo abstrato: unidade da nação, destino da história, a grande vontade do povo, a libertação dos oprimidos etc. Entretanto, antes de serem tirâ-

A IMAGINAÇÃO TOTALITÁRIA

nicos, esses complexos sistemas de crenças são vivenciados como a expressão da mais completa verdade.

As tiranias imaginárias fazem sentido em sua plenitude redentora, pois são ideais supostamente extraídos da razão, de uma objetividade científica fascinante, de um cuidadoso sistema de crenças justificado como a mais pura expressão da verdade. No entanto, quando analisados de perto, não importa se são ou não coerentes com a razão, o fato é que as pessoas realmente acreditam nisso. Acreditam porque a imaginação legitima essas crenças, já que não faz sentido falar nos valores lógicos de "verdade" e "falsidade" de uma ideia ou num conjunto de representações construído na imaginação. A força de veracidade do imaginário distingue-se da justificação de verdade dos argumentos lógicos e proposições científicas. Os argumentos lógicos e científicos legitimam "verdade" e "falsidade" com base em princípios lógicos e a experiência dos fatos. O que, obviamente, não diz respeito à experiência do conhecimento fundamentado pela imaginação.

No imaginário, portanto, todas as nossas representações são sentidas como verdadeiras. O que importa para a imaginação é a qualidade de sentido promovido por tais ideias, o quanto são queridas e o quanto de expectativa são capazes de construir. O valor da verdade do imaginário resolve pelo grau de "significação" que aquelas ideias são capazes de promover. Se são muito significativas, então serão tomadas como verdadeiras.

No que diz respeito à imaginação totalitária, a matéria-prima pode ser considerada o sentimento de certeza inabalável tão forte que não sobra qualquer espaço para incertezas, negociações e riscos. A estética da violência, o culto das virtudes guerreiras e o próprio espaço vital voltado para a guerra sempre ocuparam uma parte significativa da mente totalitária, precisamente por serem a

FRANCISCO RAZZO

força motriz capaz de eliminar na realidade o que já foi excluído muito antes na ideia. A experiência da guerra total será o ápice da experiência de redenção da verdade totalitária.

Para o historiador norte-americano David A. Bell, autor do livro *Primeira guerra total*,[35] "o conceito de 'guerra total' merece uma explicação. Sua ressonância é enorme", já que se trata de "um daqueles conceitos que ficam mais confusos à medida que dele nos aproximamos".

> "Guerra total" é frequentemente definida como aquela que envolve a mobilização completa dos recursos de uma sociedade para atingir a destruição absoluta de um inimigo, apaga-se qualquer distinção entre combatentes e não combatentes. [...]. Creio que 'guerra total' continua a ser um termo útil, mas apenas quando aplicado à guerra em um contexto político e cultural amplo. O que marcou os conflitos iniciados em 1792 não foi simplesmente seu escopo e sua intensidade radicalmente novos, mas também a dinâmica política que conduziu de modo inexorável os participantes em direção ao engajamento total e ao abandono dos limites.[36]

Contudo, só a consciência de um homem realmente livre desse tipo de sentimentalismo epistemológico é capaz de resistir à força dessa tentação. O problema fundamental consiste em como se libertar de falsos ideais coloridos com as mais nobres das intenções. Nesse tipo de imaginação, temos a certeza de que os errados e maus são sempre os outros, e de que são sempre eles a verdadeira ameaça à nossa estabilidade, liberdade e felicidade.

Os totalitarismos políticos históricos não foram experiências reais, não se tornaram instituições concretas e não chegaram ao

A IMAGINAÇÃO TOTALITÁRIA

poder antes de passarem por experiências imaginárias sedutoras. Essa é a função prática da imaginação totalitária — creditada sem qualquer sombra de dúvida como verdade bem fundamentada e articulada pela própria razão — de cada indivíduo concreto gritando seu grande "sim" para toda eternidade.

A construção da imaginação precede a construção do dogma político, quando fornece seus motivos e inspiração. O totalitarismo constitui uma possibilidade constante da construção de formas e ações políticas derivadas, em última instância, de concepções filosóficas equivocadas. Nenhum regime totalitário emergiu na história sem a poderosa força do consentimento servil das massas. No entanto, as massas foram seduzidas pela retórica ideológica dos totalitaristas. Eles são bons nisso.

O que faz um regime político com essa tendência peculiar ser algo tão atraente para o estudioso — cujo intento é motivado não pelo capricho da curiosidade, mas pela sincera intenção de evitar ser um dia porta-voz desse tipo de loucura — não diz tanto respeito à violência opressora do núcleo autoritário de poder, mas ao consentimento servil daqueles que já não conseguem mais viver como se estivessem excluídos de todas aquelas promessas. O que faz do totalitarismo um fenômeno mental importante é essa legitimação da violência redentora — falarei mais a esse respeito no último capítulo sobre a política totalitária.

Ninguém quer se sentir excluído da poderosa sensação imagética de participar de uma comunidade harmoniosa, saudável e politicamente compromissada com a realização da grande verdade e do destino da história. E ninguém pode se furtar do fato de que "o imaginário suscita uma fascinação irreprimível, formas de idolatria que conduzem ao delírio"[37] religioso, mas cuja representação efetiva na sociedade é delírio político.

Nosso grande desafio está na capacidade de resistir a este tipo de tentação e ingenuidade: invocar a salvação com uma das mãos, enquanto com a outra, sem qualquer pudor, ao acreditar estar defendendo a verdade e a vida, justificar e consentir com o sangue dos inimigos derramado. Esses são os perigos da adesão a certos tipos de conteúdo da imaginação. Conteúdos que dizem respeito aos resultados de experiência de ideias puras e os mais nobres sentimentos. Esse será sempre o grande problema do entusiasmo messiânico e redentor da imaginação política. Mas esse já é um estágio avançado da questão, será preciso ir à raiz mental dessas ideias antes que se tornem um problema político real, determinado como movimento ou instituição oficial. O partido totalitário não apareceu do nada no poder. Ele chegou lá. Muitas vezes, aliás, foi entregue de coração aberto. Pessoas reais deram o primeiro passo para colocar seus sistemas de representações no poder.

Contudo, não estamos aqui interessados nos meios, nas causas instrumentais, nas estratégias ou no *como* essas ideias se tornaram socialmente e politicamente aceitas. Nosso interesse recai, antes, na própria natureza *totalizante* dessas ideias, de quais tipos elas são e quais são suas origens filosóficas.

Nesse sentido, defendo a tese de que a imaginação totalitária, no que diz respeito à experiência da verdade, antes de se tornar experiência social e política, se dá por meio da consagração da fórmula: "não basta ser verdade para mim, precisa ser verdade para todos". É uma fórmula simples. Poderosa pela beleza de sua simplicidade. Essa fórmula tende a ser transfigurada em instituições políticas, cujo ponto máximo não seria outro senão o Estado, defensor positivo de verdades absolutas, o grande realizador dessas verdades. O próprio Estado enquanto representação absoluta e autossuficiente de toda redenção do povo

A IMAGINAÇÃO TOTALITÁRIA

Os passos que vão da experiência de imaginação à instauração do Estado totalitário são largos e historicamente tortuosos, mas não podemos prescindir do fato de que para dar o último passo foi preciso dar o primeiro. E cruzar essa linha já é um feito e tanto sob o ponto de vista ideológico.

Em vez de ser concebido como a instituição limitadora dessas loucuras da verdade absoluta, o Estado, na forma máxima de diluição de representação total da sociedade, será almejado como a entidade soberana de uma vontade universalizada e infalível. Um Estado assim, não podemos esquecer, foi concebido como ideal político que antes brotou na cabeça de alguém, ou de um grupo, bem concreto. Nada pode ser pior do que certas ideias conseguirem moldar a própria concepção de poder. E o problema é que elas moldam. Parafraseando Lord Acton: "Se o poder absoluto corrompe absolutamente, então o poder absoluto sob a tutela do sentimento da verdade absoluta corrompe totalitariamente."

A formulação desse sentimento pode ser resumida assim: como pode algo tão óbvio, claro e bom para mim ainda não ter se tornado tão óbvio, claro e bom para todos? Não, eu não posso estar errado. O que eu descobri não pode ser errado. E se não deu certo ainda, se eu não me realizei, se meu grupo não se realizou completamente, a culpa será sempre da ameaça externa, da traição interna, do outro. O proletariado não se realiza por culpa da ameaça burguesa. As mulheres não são felizes por conta do machismo. O pobre não consegue entrar na universidade por conta do rico mais capacitado. Os exemplos são abundantes. Mas o núcleo será sempre esse: a necessidade de garantir o meu direito político de não poder estar jamais errado, de não precisar jamais ser o responsável pelas minhas infelicidades. Por conta justamente disso, faz-se necessário chegar ao poder a fim de garantir que o fundamentalismo alheio jamais chegue ao poder. Aliás, o fundamentalista alheio é tudo aquilo que precisa ser aniquilado.

A expressão desse grande lamento só prova uma coisa: o filósofo Jean-Paul Sartre errou ao afirmar que "o inferno são os outros". Pois o inferno somos nós. Ou, como diria acertadamente Wittgenstein, "o inferno é você mesmo". Não vejo nada mais diabólico do que esse sentimento de que a nossa verdade absoluta tem de ser *politicamente* uma verdade absoluta para todos, a qualquer custo.

O esforço de deduzir do complexo de ideias totalizantes a possibilidade política de realização da suposta verdade absoluta é proporcional à possibilidade de realização do mal radical. O mal radical produzido pelos regimes totalitários foi expressão de uma verdade igualmente radical e que se pretendia absoluta — principalmente para quem o realizava, pois acreditava piamente estar realizando a mais nobre das verdades, ser o porta-voz dessa verdade. O otimismo epistemológico, nesse caso, caracteriza-se como uma das raízes desse tipo de regime, já que o esforço de autopreservação narcisista da verdade vivenciada como absoluta aniquila tudo aquilo que não se parece com ela. Quando equivocadas, as crenças literalmente destroem.

O historiador inglês Timothy Snyder, em seu livro *Terras de sangue*, fornece-nos uma pequena amostra da realização desse pesadelo no mundo em nome do triunfo da verdade — é um caso extremo, porém muito significativo:

> Como um exército invasor, os militantes do partido viviam da terra apanhando tudo o que podiam e comendo até se fartarem, encontrando à sua frente apenas miséria e morte no entusiasmo de sua missão. Talvez devido aos sentimentos de culpa, talvez

aos sentimentos de triunfo, eles humilhavam camponeses por onde passavam. Urinavam nos barris de alimentos em conserva, ordenavam os famintos camponeses a se esmurrarem uns aos outros para que se divertissem, faziam-nos ficar de quatro e latir como cachorros, eles os forçavam a se ajoelhar na lama e rezar. As mulheres surpreendidas roubando numa fazenda coletiva eram despidas, espancadas e arrastadas nuas pela aldeia. Numa dessas aldeais, a brigada se embriagou na casa de um camponês e sua filha foi vítima de um estupro coletivo. As mulheres que viviam sozinhas eram rotineiramente estupradas à noite, sob pretexto de confisco de grãos — e após terem violentados seus corpos, roubavam-lhes todos os mantimentos. Era este o triunfo da lei de Stalin e do Estado stalinista.[38]

Encheríamos bibliotecas com narrativas desse tipo. Mas prefiro poupar a sensibilidade gástrica do leitor com tanto absurdo.

5.

Contra os entusiastas missionários, vale o prudente esforço mental de imaginar tragédias possíveis. Trata-se de um método heurístico: conduzir as fantasias utópicas, expressão acabada do otimismo totalitário, às suas últimas consequências com o objetivo de substituí-las pela consciência da fragilidade e da contingência das nossas experiências humanas reais.

Pensar num futuro trágico hipotético tem a vantagem de não precisarmos viver realmente a tragédia efetiva. Não se trata de pessimismo. Trata-se apenas do reconhecimento de que nem toda experiência do que se apresenta como absolutamente verdadeiro para mim deve ser vivenciada política e absolutamente como verdadeira para o outro. Quantos debates inúteis, quantos insultos desnecessários, quantas tragédias reais e quantas vidas não teriam sido poupadas se limitássemos o poder de nossas crenças ao exercício pessoal de imaginá-las como limitadas, como frágeis e, em última instância, como perigosas? Porém, o orgulho ressentido declara: maus são os outros.

Penso sempre nisso como o primeiro passo de resistência à realização da verdade como tragédia. Muitos movimentos dessa natureza não puderam ser contidos em seu estado de crisálida por falta da experiência histórica. O otimismo político progressista, herdeiro indireto do Iluminismo radical,[39] por meio da crença na ilimitada capacidade da ciência em desvendar as leis da natureza e as leis do progresso da história, foi capaz de prever muitas coisas, só não contava com o desastre que crescia em seu próprio ventre: regimes totalitários são embriões no ventre de todo otimismo político.

Hoje não temos desculpas: temos os registros históricos; temos a experiência da possibilidade de realização desses movimentos totalizantes, cujos responsáveis se imaginaram porta-vozes de verdades radicais, mas se tornaram a razão dos piores tormentos; temos os museus das vítimas desses regimes, o que sobrou dos seus pertences pessoais, a foto em preto e branco daquela criança enterrada numa vala como um estorvo logístico; temos o que sobrou de todas as esperanças; temos, enfim, a constrangedora constatação do que cada um de nós é capaz de fazer quando está tomado por incontestáveis certezas.

Nesse sentido, portanto, a pergunta mais importante a ser formulada como exercício sincero de ceticismo político é: como escapar de uma tragédia que se apresenta com a força da sedução e a sutileza de uma grande promessa para nossa própria consciên-

A IMAGINAÇÃO TOTALITÁRIA

cia política? Ou, para ser mais direto, como escapar da sedutora tentação?

Desde que comecei a pensar em política, não vi solução melhor do que esse exercício de ceticismo como instrumento decisivo para frear a presunçosa esperança gerada pelos nossos mais nobres sentimentos de certezas. A única resposta possível ao otimismo apocalíptico, seja lá de qual ideologia for, só pode ser um moderado ceticismo com capacidade de nos fazer acordar do constante sono dogmático. Ajuda-nos a preservar o senso de humor ao colocar uma barreira contra o arrebatamento da *hybris* política.

Para muita gente, não faz sentido refletir a não ser a partir desta chave: "a verdade existe. Eu sei o que é e o que ela exige. E eu desejo que todos vocês também saibam. Afinal, o mundo jamais será melhor, mais justo e digno se não for à luz dessa verdade que eu acabei de descobrir. O mundo está um caos. É questão de urgência nos insurgirmos já contra esse estado de coisas. A partir de agora, serei seu porta-voz". Essa experiência vem sempre acompanhada de um exercício de humildade: "Modesta e sinceramente, não descobri a verdade, fui descoberto por ela. Não falo por mim, falo sempre em nome dela". Esse é um esquema bem simples, porém muito significativo, do profundo *sentimento de verdade* produzido pela imaginação totalitária. O sentimento, por exemplo, que substitui o sentimento da graça religiosa e preenche o vazio deixado por Deus.

É por esse viés que as ideologias políticas são vivenciadas quase como uma nova forma de experiência religiosa. Assim como no mito, a política parece não conseguir resistir em não ter de resolver por definitivo o nosso destino. Ernst Cassirer expressa de forma lapidar:

Em todos os momentos críticos da vida social do homem, as forças racionais que resistem ao surto das velhas concepções míticas já não estão mais seguras de si próprias. É o momento em que o mito regressa. Porque o mito não foi realmente vencido e subjugado. Está lá sempre, espreitando no escuro e esperando sua hora. Essa hora chega quando outras forças unificadoras da vida social do homem, por uma razão ou outra, perdem a sua força e já não são capazes de lutar contra a força demoníaca do mito. [...] Os nossos políticos modernos sabem muito bem que as grandes massas se movem mais facilmente pela força da imaginação do que pela força física. E fizeram amplo uso desse conhecimento. O político tornou-se uma espécie de adivinho. A profecia é um elemento essencial na nova técnica de domínio. Fazem-se as promessas mais improváveis e até as que são impossíveis: o milênio é pronunciado vezes e mais vezes.[40]

A experiência radical de estar certo e desejar que todos estejam igualmente certos a partir dessas nossas crenças radicalizadas constitui a chave de compreensão das sangrentas catástrofes políticas — o último estágio das grandes certezas ideológicas, a exclusão completa de todo aquele que atrapalha efetivamente nossas realizações. Antes de se tornar um movimento, antes de virar um partido, antes de tomar o poder, a mente imaginou, alimentou o desejo, seduziu o corpo e conduziu o grupo a essa ideia tentadora. Toda violência redentora se justifica pela beleza e entusiasmo promovidos pelo *sentimento religioso* de verdade totalitária. Antes de se tornar hábito revolucionário, o espírito cultivou a ideia com a força de uma revolução interior.

Nenhum massacre ou genocídio, nenhuma ação terrorista, nenhum berro literalmente desnudo de uma feminista do Femen

A IMAGINAÇÃO TOTALITÁRIA

foi inspirado na incerteza, na insegurança de suas convicções, na suspensão dos juízos ou na dúvida sincera lançada sobre suas crenças radicais.

O fato é que nenhum terrorista, por exemplo, nutre algum sentimento de dúvida acerca de suas mais nobres convicções. Todos, sem exceção, partiram, pelo menos no nível do apego sentimental a uma crença, da experiência de que valeria muito a pena lutar e, acima de tudo, matar e morrer por uma grande verdade. Essa convicção profunda sacraliza o ato de violência como o mais sublime processo de resíduo gnóstico de reconciliação. Como diz o próprio Marx: "a dialética materialista assume, sem particular alegria, que até agora nenhum sujeito político foi capaz de chegar à eternidade da verdade que estava desenvolvendo sem momentos de terror".[41]

A diferença histórica é que em um Estado totalitário a prática do terror é adotada por um sistema de controle policial terrorista, como demonstram Carl J. Friedrich e Zbigniew K. Brzezinski em *Totalitarismo e autocracia*.

A verdade é que o terror nunca foi um fim em si mesmo, uma concepção absoluta da realização do mal, mas sempre um meio, para alguns até desagradável, de se realizar o dogma da grande verdade transfigurada em virtude. Para Robespierre, um dos líderes da Revolução Francesa, o terror se caracteriza, essencialmente, como uma *emanação da virtude política*:

Se a força moral do governo popular na paz é a virtude, a força moral do governo popular em revolução é ao mesmo tempo virtude e terror: a virtude, sem a qual o terror é funesto; o terror, sem o qual a virtude é impotente. O terror nada mais é que a justiça imediata, severa, inflexível; ele é, portanto, uma emanação da virtude. Mais que um princípio particular, é uma consequência do princípio geral da democracia aplicado às mais prementes necessidades da pátria.[42]

O problema são as novas formas de terrorismo, tratadas justamente como virtudes de resistência e rebeldia pela esquerda emergencial que substitui a lógica da "revolução" pela lógica da "urgência".[43] O terror gnóstico da reconciliação revolucionária se legitima hoje no terror insurgente. A violência redentora de cada ato político da esquerda radical, hoje em dia, não visa mais realizar a utopia em algum momento da história, mas necessita realizá-la *imediatamente agora — custe o que custar.*

6.

Este livro procurou tomar o devido cuidado de não tratar de mais um capítulo da história da filosofia sobre o problema da *verdade*. O objetivo era descrever um tipo de verdade legitimada pela imaginação política, investigar a estrutura formal de como as nossas pretensões de conhecimento podem perder os limites e até certo ponto se tornar perigosas, sobretudo quando tomadas como fonte de inspiração das nossas condutas políticas — a justificativa do terrorismo apresentada acima por um caso exemplar.

Por isso, vou sugerir a inversão dos termos: e se por um momento deixássemos a busca da "grande verdade" de lado e passássemos a examinar como nossas pequenas verdades podem se tornar perigosas pretensões políticas? Essa pergunta tem a vantagem de se apresentar como força heurística, já que não trata de um exercício lógico. Por outro lado, trata-se de um exercício de

A IMAGINAÇÃO TOTALITÁRIA

ceticismo e não da presunçosa declaração do relativismo triunfante — em que tudo parece ser permitido. A defesa prudente do falibilismo político e do pluralismo objetivo (para lembrar o filósofo político Isaiah Berlin) deverá passar bem longe de qualquer postulado fatalista do tipo "vale tudo" relativista. Negar o poder político da verdade absoluta não significa cair de amores diante do relativismo. Isso seria uma leitura precipitada da tese deste capítulo.

O falibilismo político consiste numa atitude totalmente oposta à força da imaginação totalitária. Por isso, assumir a perspectiva de que a verdade absoluta não deveria ter qualquer função na política é lembrar-se do caráter fundamentalmente *provisório* da nossa experiência política no mundo. De que a principal característica das nossas verdades políticas só tem *validade provisória*. A fraqueza epistemológica da experiência de verdades em política implica a seguinte concepção: *a política é, em seu fundamento, toda decisão a respeito do que será visto sempre como negociável.*

Tal concepção de política está em total desacordo com o que Vladimir Safatle, professor de filosofia da USP, diz em seu livro *A esquerda que não teme dizer seu nome*: "essa reflexão sobre as posições que caracterizam a esquerda pode nos mostrar como *a política é, em seu fundamento, a decisão a respeito do que será visto como inegociável*". Ele conclui: "[a política] não é simplesmente a arte da negociação e do consenso, mas a afirmação taxativa daquilo que não estamos dispostos a colocar na balança".[44] Ora, penso que a política consiste justamente em colocar também na balança aquilo que nem sempre estamos dispostos. Caso contrário, a política não estaria submetida à justiça — tão bem representada como cega e portando uma balança —, mas a justiça à política. Invertem-se os termos. Em suma, justiça é medida de distribuição do bem comum, isto é, partilha. Portanto, o problema está no *critério* dessa medida de distribuição, no que essa medida deverá ser fundamentada. No limite, defender a política como afirmação taxativa do que não estamos dispostos a colocar na balança implica uma espécie de crença infalível do próprio poder político, tendo como resultado prático a legitimação da violência redentora.

Há coisas que são realmente admiráveis e vitais para cada um de nós, e sabemos o quanto elas são facilmente destruídas. No entanto, como vai argumentar Roger Scruton em seu livro *Como ser um conservador*, a ordem das coisas inegociáveis está vinculada à religião e, "para expor a questão de modo sucinto: é sagrado o que não tem preço. E a preocupação com o inestimável e com o inegociável é exatamente o que define" não uma visão da esquerda que não tem medo de dizer seu nome, mas "a visão conservadora".[45] E o problema de Safatle, e da esquerda radical, é justamente presumir que a política deverá lidar com a ordem do inegociável.

Assumir a fraqueza epistemológica em política, ou seja, o *falibilismo político*, a propósito, está em pleno acordo com a crítica que Michael Oakeshott fazia quando descrevia o ímpeto da juventude mergulhada em seu mundo de sonhos:

Os tempos de juventude de toda a gente são um sonho, uma loucura deliciosa, um doce solipsismo. Nesses tempos, nada tem uma forma fixa, um preço fixo; tudo é possível e vive-se numa felicidade a crédito. Não há obrigações a respeitar, não há contas a fazer. Nada há que se especifique de antemão; cada coisa é o que se pode fazer dela. O mundo é um espelho em que procuramos o reflexo dos nossos próprios desejos. A tentação das emoções vio-

A IMAGINAÇÃO TOTALITÁRIA

lentas é irresistível. Quando somos jovens, não estamos dispostos a fazer concessões ao mundo; nunca sentimos o contrapeso de algo nas nossas mãos — a menos que seja um bastão de críquete. Não sabemos distinguir aquilo de que gostamos daquilo que valorizamos verdadeiramente.[46]

Independentemente da existência da verdade última, absoluta, necessária e única, é preciso primeiro saber lidar com as pequenas, isto é, com as verdades diárias, o conteúdo fatídico como fonte de inspiração das nossas atitudes mais básicas e banais no mundo. As pequenas pretensões expressas em doses diárias de verdades banais revelam a fórmula paradoxal da imagem concreta que temos do mundo: o desejo de construir uma cosmovisão completa e abrangente esbarra na miserável e falível experiência particular de viver em um mundo complexo e irredutível ao ambicioso desejo humano de estar absolutamente certo o tempo todo.

Michael Oakeshott descreve isso com precisão quando afirma que "a tentação das emoções violentas é irresistível"; e é contra essa tentação das emoções violentas misturadas, paradoxalmente, com o racionalismo utópico que devemos ficar atentos. Em outras palavras, com o cuidado de não colocar na conta da justiça, acima da possibilidade de encontrar algum consenso, as "afirmações taxativas".

As perguntas acerca de como lidamos com nossas pequenas pretensões, como lidamos com o vestígio de sonho às vezes demasiadamente juvenil e como agimos quando estamos tomados pela crença de que são as nossas certezas imediatas, nossas maiores verdades — esses devem ser os dilemas sinceros colocados por quem assume que a forma política do mundo não é a sua forma última. A política nunca será o fim da realização do homem. Portanto, significa acima de tudo buscar compreender como viver em um mundo, como dirá ainda Michael Oakeshott, "habitado por outros para além de nós mesmos, por outros que não podem ser reduzidos a simples reflexos das nossas próprias emoções":[47]

> Para a maioria de nós, existe aquilo a que Conrad chamava de "linha de sombra": quando a ultrapassamos, descobrimos um mundo sólido de coisas, cada uma com uma forma fixa, cada uma com o seu próprio ponto de equilíbrio, cada uma com o seu preço; um mundo de fatos, não uma imagem poética, um mundo em que o que é gasto numa coisa não pode ser gasto noutra; um mundo habitado por outros para além de nós mesmos, por outros que não podem ser reduzidos a simples reflexos das nossas próprias emoções. Fazer deste mundo comum a nossa casa qualifica-nos (como nenhum conhecimento em "ciência política" pode fazer) para participar — se possuirmos inclinação para tal e não tivermos nada melhor em que pensar — para aquilo a que a pessoa de atitude conservadora entende que é a atividade política.[48]

O fato de refletirmos a respeito das nossas pretensões de verdades não significa negar a possibilidade do conhecimento como verdadeiro e universal. É preciso encontrar nossa própria "linha de sombra", esse mundo que se abre para além de nós mesmos, isto é, um mundo de fatos para além do irresistível mundo da imaginação solipsista. É difícil encontrar os fatos. Todos desejam ser porta-vozes da realidade. Por isso, a primeira bandeira de todo ideólogo será apontar para a realidade como um gesto definitivo. Todos esbravejam: "Eu vejo o mundo como ele realmente é! Eu vejo o mundo como ele realmente é!" Encontrar a realida-

A IMAGINAÇÃO TOTALITÁRIA

de significa, antes de tudo, a colisão radical com os outros, tão cheios de pretensões quanto nós, e aí reside o primeiro problema da experiência real de um mundo possível.

Assumir para si o pretensioso discurso de se estar falando em nome da realidade em oposição ao discurso ideológico, e esquecer que nossa experiência política imediata consiste na percepção de que habitamos um mundo povoado por gente que sente exatamente a mesma coisa a respeito das próprias convicções, conduz-nos precisamente ao mesmo erro de quem pretendemos criticar. Nada mais constrangedor do que nos tornarmos um reflexo exato do que abominamos.

Rejeitar a ideia de verdade absoluta em política — que para muitos significa a correspondência exata com a realidade — não significa rejeitar a grande verdade. Significa, pelo contrário, tomar consciência dos limites humanos impostos às crenças políticas, isto é, tomar consciência de que a política não deveria se preocupar com a manutenção de *verdades absolutas inegociáveis*. Não cabe ao Estado ou a qualquer governante a tarefa de conduzir os indivíduos para fora do círculo das opiniões mundanas. O Estado é mundano. A verdade absoluta, pelo contrário, não.

A parceria do poder político com a pretensão de verdade absoluta produz a "religião política" — essa estranha quimera fruto da modernidade. A religião política descreve bem a arrogância do homem em querer buscar um espaço sentimental de expectativa para *racionalizar* e fazer emergir o "novo homem" e a "nova sociedade" em todos os âmbitos de sua existência por meio do ato político redentor.

Para o historiador britânico Michael Burleigh, autor de um estudo pormenorizado sobre a relação entre religião e política na Europa moderna, as "formas mais convincentes e mais generalizadas de analisar as ditaduras do século XX têm sido denominá-las 'totalitarismos' ou 'religiões políticas'". Ele rebate os críticos dizendo o seguinte: essas "críticas não levam em consideração o fato de que o comunismo, o fascismo e o nazismo aspiraram a níveis de controle sem precedentes nas tiranias autocráticas da história", e apesar das diferenças históricas específicas de cada um desses regimes, eles se assemelham no fato de que partilham de "fenômenos familiares ao mundo das religiões com seus interesses pelas mentes e pelos rituais, e com isso fantasiaram sobre seus níveis de controle".[49]

7.

Muitos autores, inclusive críticos do totalitarismo, infelizmente, viram em Platão a grande fonte de inspiração dos regimes totalitários desenvolvidos no século XX. Estão equivocados por não terem lido e compreendido o objetivo principal da obra platônica. Contudo, uma compreensão mais atenta deverá nos apresentar uma das mais poderosas e importantes referências contra qualquer mentalidade totalitária. Se a filosofia de Platão nos legou algo que precisa ser preservado, então seria justamente isto: a medida interior da alma como resistência a toda possibilidade de tirania política.

A mais famosa acusação à obra de Platão como totalitária veio do filósofo austríaco Karl Popper (1902-1994) em seu livro *A sociedade aberta e seus inimigos*, de 1945, e em um inflamado panfleto publicado em 1957, *A miséria do historicismo*. Karl Popper foi um grande combatente dos regimes políticos totalitários de sua época e sua contribuição foi de extrema relevância para o debate da

A IMAGINAÇÃO TOTALITÁRIA 131

formação de uma ordem política no pós-guerra. Hoje é considerado pelos liberais um ícone desse combate e uma referência ao modelo liberal da sociedade, considerada por eles como "aberta".

Há muitos pontos de suas críticas que coincidem com os problemas levantados nesse livro (o falibilismo e a crítica ao historicismo são os mais relevantes), mas isso não significa que não haja boas razões para nos opormos às suas soluções políticas, sobretudo no que diz respeito ao papel intervencionista do governo. Popper reconhece na atividade política a possibilidade de aperfeiçoamento da vida social no âmbito de uma política como esperança. Nossa posição é justamente contrária, ou seja, buscar esvaziar totalmente da política qualquer traço de esperança. Popper, de fato, combate a pretensão de certezas no âmbito político, mas deixa aberto o espaço para uma excessiva fé: "necessitamos de esperança [...] não necessitamos de certeza".[50]

O ponto central da crítica de Popper ao totalitarismo fundamenta-se em dois pressupostos: o primeiro diz respeito ao fato de que o historicismo reserva um postulado messiânico do povo eleito inspirado em doutrinas religiosas; o segundo pressuposto estabelece que sua crítica ao historicismo não pode ser desvinculada de suas concepções filosóficas acerca do que ele chamou de *racionalismo crítico*, uma posição contrária ao *racionalismo dogmático*.

O racionalismo crítico de Popper, muito mais do que uma teoria, deve ser compreendido como uma *atitude*: "o racionalismo é uma atitude de disposição a ouvir argumentos críticos e a aprender da experiência. É fundamentalmente uma atitude de admitir que 'eu posso estar errado e vós podeis estar certos, e, por um esforço, poderemos aproximar-nos da verdade'".

É uma atitude que não abandona facilmente a esperança de que por meios tais como a argumentação e a observação cuidadosa se possa alcançar alguma espécie de acordo sobre muitos problemas de importância, e que, mesmo onde as exigências e os interesses se chocam, é muitas vezes possível discutir a respeito das diversas exigências e propostas e alcançar — talvez por arbitramento — um entendimento que, em consequência de sua equidade, seja aceitável para a maioria, senão para todos. Em suma, a atitude racionalista ou, como talvez possa rotulá-la, "a atitude da razoabilidade", é muito semelhante à atitude científica, à crença de que na busca da verdade precisamos de cooperação e de que, com a ajuda da argumentação, poderemos a tempo atingir algo como a objetividade.

O ponto central da filosofia de Popper consiste em derivar sua visão política do racionalismo crítico e fundamentar a concepção de que "o aprendizado por tentativa e erro nas questões sociais é de *responsabilidade do governo*", muito mais do que da sociedade civil. Por conta disso, os "políticos e os servidores públicos diagnosticariam nossos problemas, oferecendo soluções. A política democrática é considerada como um mecanismo pelo qual políticos e servidores públicos poderiam verificar se fizeram ou não um bom trabalho".[51] A grande sociedade aberta de Popper só é aberta, portanto, para quem detém as chaves: políticos e cientistas.

Sua obra de combate ao totalitarismo mais famosa, publicada em 1945, em meio ao estrondo da Segunda Guerra Mundial, fazia imponente defesa das democracias contra as formas históricas dos regimes totalitários tais como fascismo, nazismo e stalinismo. Simplificando: sua obra pretende ser uma defesa das liberdades individuais contra o coletivismo dessas formas políticas autoritárias e totalitárias. Há muitos méritos, mas dá impressão de muita ingenuidade. Com efeito, o principal erro político de

A IMAGINAÇÃO TOTALITÁRIA

Popper se revela justamente a partir da sua interpretação equivocada de Platão, que, para ele, deve ser considerado a verdadeira gênese filosófica dos totalitarismos.

Os erros de interpretação de Popper, sobretudo em relação à obra de Platão, sugerem, na verdade, o seu comprometimento com um tipo moderado de imaginação totalitária, não obstante suas críticas aos totalitarismos históricos sejam bastante contundentes. Não é simplesmente por defender um ideal de liberdade *liberal* que suas soluções políticas não podem indicar um razoável grau de comprometimento com a imaginação totalitária. Penso que o tipo de liberalismo proposto por Popper, em essência, revela ser igualmente motivado pela imaginação descrita aqui. O falibilismo otimista de Popper pode conduzir igualmente a uma crença equivocada na natureza da atividade política.

Para ele, o *holismo* e o *historicismo* são crenças responsáveis pela gênese desses perigosos regimes políticos. Enquanto o holismo é a visão de mundo que concebe a sociedade como *um todo orgânico*, o historicismo compreende a dinâmica da história a partir de leis deterministas e necessárias. Sua filosofia política caracteriza-se como um duro ataque a essas visões e propõe em lugar delas uma posição conhecida como *racionalismo crítico*.

A principal obra em que Popper critica o totalitarismo está dividida em dois volumes. O primeiro trata especificamente da filosofia platônica, enquanto o segundo se concentra em atacar as filosofias de Hegel e Marx. Hoje, sua crítica a tais filósofos se tornou referência para os liberais que se dizem radicalmente contrários aos programas políticos totalitários. A inspiração liberal de sua obra parte da defesa do individualismo e do racionalismo crítico. Esses critérios apontam para o fundamento de seu pensamento político na tradição humanitária racionalista, o que implica a defesa humanitária das democracias liberais, considerada por ele como exemplo de *sociedade aberta*.

O ponto fraco do pensamento político de Popper pode ser encontrado nesta passagem:

> Podemos interpretar a história do poder político do ponto de vista de nossa luta pela sociedade aberta, por um regime da razão, pela justiça, igualdade, liberdade e pelo controle do crime internacional. Embora a história não tenha fins, *podemos impor-lhe esses fins nossos: e embora a história não tenha significação, podemos dar-lhe uma significação* [...]. Nem a natureza nem a história podem dizer-nos o que devemos fazer [...] Nós é que introduzimos propósito e significação na natureza e na história.[52]

O primeiro volume de *A sociedade aberta e seus inimigos* leva o título de *O fascínio de Platão*. As duas acusações principais de Popper contra Platão seriam a de "historicismo" e "engenharia social utópica". No entanto, as duas acusações demonstram um crítico muito mais impelido pela agitação de sua própria época e desvios teóricos movidos por uma "incontrolável necessidade de asserções retóricas" do que um cuidadoso leitor de Platão.

Mario Vegetti, historiador da filosofia e especialista em Platão, demonstra alguns erros crassos nas acusações de que Platão seria um inimigo da "sociedade aberta" e, portanto, um precursor do totalitarismo. Primeiramente, ele não teria visto o tom irônico dos mitos adotados por Platão para a descrição da "cidade perfeita". Em segundo lugar, Popper teria sido movido por interpretações equivocadas da filosofia de Platão: influência de leitores nazistas, por exemplo. E, por fim, atualizar a linguagem própria da crítica marxista à filosofia de Platão.[53]

A IMAGINAÇÃO TOTALITÁRIA 135

Mas a discussão da polêmica entre Popper e Platão não começou aí. Em 1950, Leo Strauss (1899-1973), que também foi um grande conhecedor de Platão, pediu um parecer sobre Karl Popper a Eric Voegelin (1901-1985).[54]

A carta de Leo Strauss começa assim:

> Quando possível, gostaria de saber o que pensa do Sr. Popper Ele proferiu aqui uma palestra sobre qual deve ser o trabalho da filosofia social — foi desprezível: uma especulação positivista das mais deslavadas e inertes, acompanhada de uma completa inabilidade em pensar "racionalmente", embora se passasse como "racionalista" — foi péssimo.[55]

O parecer de Eric Voegelin em 1950 sobre as acusações de Popper a Platão não foi muito diferente da crítica de Mario Vegetti, no seu livro de 2009, com a diferença do "tom":

> Popper não se empenha na análise textual pela qual poderia se saber qual é a intenção de um autor; em vez disso, ele transpõe seus clichês ideológicos modernos nos seus textos, esperando que o texto trará os resultados quando se entender o sentido dos clichês. Seria um prazer especial para você ouvir que, por exemplo, Platão passou por uma evolução, partindo de um período "humanitário" ainda reconhecível no *Górgias*, para algo (não consigo mais lembrar se [ele usou] "reacionário" ou "autoritário") na *República.*[56]

Como demonstram esses críticos, o erro de Popper foi transportar seus dilemas ideológicos — sem dúvida nenhuma deveriam ser os mais tensos em meio à Guerra — à leitura de Platão, apoiada, infelizmente, por sugestões de intérpretes para lá de suspeitos, sem contar as chaves de "sociedade aberta" e "sociedade fechada" retiradas da filosofia de Henri Bergson (1859-1941). O próprio Mario Vegetti assinala que Popper declara ter retirado esses conceitos da obra de Bergson e de lhes ter modicado o sentido,[57] o que enfraquece a força de seus argumentos.

No entanto, as críticas de Eric Voegelin à apropriação de Popper em relação a esses conceitos foram bem duras: "as expressões 'sociedade aberta' e 'sociedade fechada' foram tiradas dos *Les Deux Source... [As duas fontes da moral e da religião]*, de Bergson. Sem explicar as dificuldades que induziram Bergson a criar esses conceitos".

E continua:

> Popper toma os termos para si porque eles soavam bem. [...] Talvez eu seja supersensível com tais coisas, mas eu não acredito que filósofos respeitáveis como Bergson desenvolvem seus conceitos com o único propósito de serem remendados pela escória nas conversas de cafeteria. Também surge outro problema relevante: se a teoria de Bergson da sociedade aberta é filosoficamente e historicamente defensável (o que de fato eu acredito), então a ideia de *sociedade aberta de Popper não passa de lixo ideológico*. Só por esse motivo, ele deveria ter discutido o problema com todo cuidado possível.[58]

O problema de ver em Platão uma das principais raízes do totalitarismo moderno está na má compreensão da tese de que Platão entende a "posse" da verdade absoluta, base epistemológica de sua Bela Cidade (*kallipolis*), como um "paradigma no céu" responsável por fornecer a *ideia* de justiça, em vez de compreen-

A IMAGINAÇÃO TOTALITÁRIA

dê-la como uma possibilidade de *realização histórica* no mundo. A Bela Cidade é um *ideal* na alma do filósofo, ou seja, um critério de medida para a virtude da justiça.

Essa noção foi precisamente explicada por Martim Vasques da Cunha, autor de *A poeira da glória* e *Crise e utopia*, em seu texto "Exortação ao nada", publicado originalmente no livro *Sob o efeito do nada*, de Andy Nowicki, a respeito dos temas da *utopia* e *distopia* que percorrem os gêneros narrativos de Platão a More, de George Orwell às obras dirigidas por Stanley Kubrick.

> Platão dá as mãos a Santo Agostinho — e, de certa forma, Thomas More concordava com eles por meio da criação em "palavras" de sua sátira utopiana. Para Platão, o paradigma da sociedade ideal sempre estará na tensão (*metaxo*) entre o que pode ser feito e o que deve ser feito, entre o ideal e o real, mas, sobretudo, entre a vida e a morte. Um bom estadista só terá domínio do seu "governo particular" se se espelhar no céu; mas, para isso, é necessário fazer como Sócrates: enfrentar a morte e o nada como condições primordiais de sua humanidade e descer às profundezas do Hades, do inferno e da destruição que habitam dentro de cada um de nós. Não por acaso, a palavra que abre *A República* é o verbo *katebein*, que, em grego, significa aproximadamente "desci".[59]

Outra maneira de explicar essa tensão entre o que "pode ser feito" e o que "deve ser feito", ou seja, entre o espaço de experiências reais e o horizonte de nossas expectativas, o polo entre real e ideal, pode ser analisada à luz da noção de que a verdade absoluta não pode ser simplesmente representada no mundo pelo ato político. Esse tema da verdade em Platão deverá ser compreendido nos seguintes termos, como explica o historiador Giovanni Casertano:[60] "a posse da verdade é muito difícil: é coisa mais de deuses do que de homens. Os homens — não todos — podem sentir uma forte tensão para a verdade na própria alma. Esta tensão leva-os a uma contínua aproximação da verdade". E, para Platão, isso significa o seguinte: "os homens nunca poderão atingir a verdade? Talvez. Certamente, não poderão alcançar a Verdade com maiúscula: absoluta, fixa, imodificável e eterna", já que "quando Platão atribui estas características à verdade, na realidade está falando, sempre, não de um conteúdo doutrinal, mas da posse das ideias como instrumentos necessários e indispensáveis para poder iniciar um caminho de conhecimento".[61]

Em suma:

> Por outras palavras, está se movendo ainda num horizonte de fidelidade para o qual era o método de conhecimento, e não os concretos individuais, a ter aquelas características de estabilidade, de eternidade, de absoluto, enquanto os conteúdos doutrinais individualmente, que diziam respeito aos aspectos do mundo em que o homem vive, não eram igualmente suscetíveis de um discurso absoluto "verdadeiro e credível". Portanto, também para Platão não são os conteúdos e as doutrinas fixos e eternos, mas apenas a firme posse de um método verdadeiro — o das ideias — e a esforçada construção de opiniões verdadeiras que nos orientam no mundo difícil das relações humanas e no ainda mais difícil mundo constituído pela alma humana.[62]

A verdade não é outra coisa senão um paradigma formal da tensão humana no mundo, e não o conteúdo generalizado fornecido pela experiência particular dos indivíduos vivendo em socie-

A IMAGINAÇÃO TOTALITÁRIA

dade. Nenhum homem real possui o conteúdo último da verdade, e não há razão para pensar que um grupo político o possua. Essa ambiguidade do desejo da verdade e da possibilidade de repousar na verdade a partir da necessidade de viver em uma "cidade ideal" foi tema também de *A cidade de Deus*, de Santo Agostinho, em plena queda do Império Romano, e na agitada Inglaterra de Thomas More, em seu texto *Utopia*.

Como descreve Martim Vasques da Cunha:

> Esta referência ambígua ao "estado de bem-aventurança" do mundo de *Utopia* como modelo de justiça para a Inglaterra é uma outra piscadela de More ao tratado de Santo Agostinho, *A cidade de Deus*. Na lógica interna do seu texto, *Utopia* é a cidade divina que foi finalmente levada a cabo na Terra; contudo, o próprio nome da ilha indica que não existe em lugar nenhum e isto é a prova de que More sabia que a cidade de Deus, ordenada pelo *amor Dei*, jamais seria vislumbrada por qualquer criatura humana enquanto vivesse neste *wretched world* [mundo devastado].[63]

No que se refere à obra *A cidade de Deus*, pode-se afirmar que a ambiguidade se dá na tensão entre os dois desejos humanos: o *amor Dei* e o *amor sui*.

A "cidade", para Agostinho, existe em um sentido figurado, próximo do "místico", que se divide em duas sociedades comandadas por dois tipos diferentes de amores. A primeira, como já foi dito, é a do amor de Deus que une todos os membros e os liga através de uma *homonoia*, uma comunhão; o segundo é o amor de si, que chega ao desprezo de Deus, que Agostinho não hesita em identificar com o próprio Diabo.[64]

Em Thomas More, pelo contrário, o problema se coloca justamente na inversão da lógica apresentada por Agostinho. A descrição da utopia, em última análise, torna-se o emblema de uma distopia consumida pela morte.

> Em *Utopia*, a lógica é invertida — e More mantém o tempo todo a noção de que ela é uma sociedade das trevas, como mostra o nome de sua capital (Amaurot, capital da escuridão); a sua utopia é uma distopia que, mais cedo ou mais tarde, será consumida pela entropia da morte. Desse último fato — a indesejada das gentes — ninguém escapará. E tanto Agostinho como More tinham uma consciência aguda disso, mesmo se a cidade de Deus descesse dos céus.[65]

Resumindo: mesmo em uma perspectiva "utópica", referência às filosofias de Platão, Agostinho e Thomas More, é preciso rejeitar a ideia de que a verdade absoluta, única e inequívoca pode ser encontrada e realizada por meio de ações políticas. Quem pensa isso de Platão, Agostinho e Thomas More está pensando errado. Quem usa esses autores como fontes para imaginar uma sociedade perfeita está equivocado.

A imposição política da grande verdade tende a sufocar a variedade das nossas inspirações individuais. A mistura de certezas inequívocas com política inspira uma agenda para além de um mundo realizável, transfigurando a ação política na arte do imaginário utópico. A grande verdade cristaliza o postulado da imaginação prática totalitária, cujo princípio ideológico orientador se impõe de forma abrangente e excludente em relação à idiossincrasia das opiniões verdadeiras dos indivíduos concretos que comungam de uma vida naturalmente miserável, como quaisquer outros.

A IMAGINAÇÃO TOTALITÁRIA   141

Isaiah Berlin expressa de forma precisa o tipo de pluralismo objetivo que estamos defendendo contra o monismo das verdades intransigentes:[66] "a noção de um todo perfeito, a solução última, na qual todas as boas coisas coexistem", completa o filósofo, "me parece não só meramente inalcançável — o que seria um truísmo — como conceitualmente incoerente; eu não consigo compreender o que quer dizer uma harmonia desse tipo".[67]

Nesse caso:

Alguns dentre os Grandes Bens não podem viver juntos. Isso é uma verdade conceitual. Nós estamos fadados à escolha, e toda escolha pode implicar uma perda irreparável. Felizes são aqueles que vivem sob uma disciplina que aceitam sem questionar, que livremente aceitam as ordens de líderes, espirituais ou temporais, cuja palavra é aceita enquanto lei inviolável; ou ainda aqueles que atingiram, por métodos próprios, convicções claras e inquestionáveis sobre o que fazer e quem ser, sem que se possa duvidar. Posso apenas dizer que aqueles que repousam sobre as camas tão confortáveis do dogmatismo são vítimas de formas de estreiteza de perspectivas, cabrestos que podem trazer contentamento, mas não entendimento sobre o que é ser humano.[68]

As ações políticas de inspiração totalitária indubitavelmente partem desse postulado ideológico: de que a *própria* verdade não só é desejável como deve ser inevitavelmente realizada por meio de ações intransigentes e inegociáveis. Há, neste ponto, como explicou Berlin acima, certamente uma falta de entendimento sobre o que é o ser humano — um ente limitado, finito, imperfeito e inconsistente. Por isso a necessidade de uma "cama confortável de dogmatismo" e suas vítimas que partem da confusão entre verdade enquanto conteúdo doutrinal e verdade enquanto o ponto de partida metodológico de inspiração ao conhecimento. Confusão, aliás, que tem produzido efeitos desastrosos no âmbito político. Essa confusão consiste exatamente naquilo que George Steiner classificou de "teologia substituta".[69] A verdade totalitária pode ser, em suma, classificada como a *forma* mais acabada de teologia substituta.

8.

Em vista do que foi discutido acima, penso que seria muito bem--vinda, nesse momento, uma reflexão sobre a distinção entre *verdade objetiva* e *verdade subjetiva*, que tem gerado tantas disputas filosóficas. Muitos esperam reconhecer, ou anunciar, uma grande verdade objetiva, e não toleram a ideia de ver essa crença ameaçada pelo pluralismo e perspectivas contrárias. Evitam ao máximo o uso do plural quando vão nomear a própria posição ideológica.

Não há conservadorismos, há tão somente o conservadorismo — "aquele que eu defendo, claro". Não há socialismos, há só uma forma possível de socialismo — "o nosso, obviamente". Não há liberalismos, mas só o liberalismo — "que não poderá ser outro a não ser o meu". E assim por diante. O fato é que para muita gente não faz qualquer sentido falar em "esquerdas", "direitas", "religiões", "verdades", "sociedades". Deve-se defender a forma universal que melhor represente a experiência da unidade inviolável de um sistema *fechado* de crenças: *a* esquerda, *a* direita, *a* religião, *a* verdade etc. Até se alcançar a forma extrema e paradoxal na experiência política de um *partido* que represente em última instância *a totalidade* em nome de *todos*. Nenhum partido,

A IMAGINAÇÃO TOTALITÁRIA

por definição, deveria falar em *nome de todos*; no entanto, é o que muitos ideólogos pretendem.

Por isso, deve-se postular um *pensamento fraco* em oposição a esse *pensamento forte* das ideologias, isto é, refletir o conhecimento do mundo a partir da ideia central de que a verdade objetiva será sempre objetiva para a experiência de alguém em particular ou de um grupo. A experiência de verdade, portanto, só faz sentido porque nenhuma verdade pode ser desencarnada do mundo da experiência humana possível. O pensamento fraco, nesse caso, partiria da constatação imediata de que a experiência humana da verdade objetiva, por mais forte e significativa que seja, estará sempre sujeita ao risco imposto pelos limites da própria condição humana.

Por outro lado, o pensamento forte, sempre sedutor, parte da equivocada experiência de que não importam os limites impostos pela condição humana, a experiência de determinação do que deve ser defendido é tão forte e significativa que nossas crenças só podem representar a própria verdade em seu estado completo. Não há outra saída. E seria um absurdo pensar na possibilidade de que há formas de pensar distintas no mundo. O primeiro tipo de pensamento compreende a política como arte do possível e do negociável. Essa experiência não poderia ser mais bem expressa pelo próprio Vladimir Safatle em seu livro sobre a esquerda: "o que falta hoje à esquerda é mostrar o que é, segundo seu ponto de vista, inegociável".

Levando essas reflexões em consideração, gostaria de propor outra distinção: a distinção entre *verdade forte* e *verdade fraca*. A verdade forte, neste contexto, significa todo aquele sentimento forte de experiência da verdade como infalível e que, por isso, precisa ser partilhada, anunciada e defendida *a qualquer custo*; como disse Safatle, "a afirmação taxativa do que não estamos dispostos a colocar na balança". A verdade fraca, por sua vez, seria a tomada de consciência de que a infalibilidade humana limita qualquer pretensão de verdade positiva, sobretudo em política. Nesse sentido, a posição do falibilismo político deriva diretamente do falibilismo epistemológico. As verdades inegociáveis no campo político derivam desse tipo de otimismo epistemológico em reserva gnóstica.

A verdade constitui um valor. Em um primeiro sentido, no uso comum, a noção de verdade se refere a um valor de natureza moral ou, quanto mais abrangente, um valor de sentido profundamente religioso, já que o sentimento forte de verdade implica o sentimento de participação no destino do mundo, no desenvolvimento da história ou da própria humanidade. Quando alguém diz estar em busca da verdade ou quando apostamos na existência de uma verdade absoluta, sobretudo a fim de evitar o relativismo, essas preocupações dizem respeito muito mais à experiência humana em busca de uma virtude para viver uma vida autêntica e digna de ser vivida do que à verdade tomada no sentido restrito da proposição lógica. Não estamos no âmbito da lógica. Estamos com um pé na religião. Por conta desse sentimento, vivido como a força de nossas convicções, acreditamos ser a verdade um atributo da própria realidade e não das proposições, dos nossos discursos ou da linguagem. Acreditamos na verdade como uma propriedade intrínseca ao mundo.

Nesse sentido, o exercício de pensar em um mundo onde *tudo o que acreditamos seja sentido imediatamente como verdadeiro* constitui uma metodologia heurística de resistência. A atitude de suspeita e busca de limites aos encantos da imaginação sem limite Uma espécie de *ceticismo por absurdo*. Geralmente negligencia-se das discussões acerca das nossas crenças políticas a noção de que o problema não é a busca da verdade absoluta, mas o pretensioso

A IMAGINAÇÃO TOTALITÁRIA

processo de tornar absolutas todas as nossas verdades banais. Acreditamos com tanta força em certas ideias que já não conseguimos pensar na possibilidade de estarmos errados ou ceder em alguns pontos. Conduzimos as escolhas políticas como realização dessa experiência da imagem de um mundo verdadeiro que carregamos em nós. São as verdades fortes o conteúdo mental do primado prático da imaginação totalitária.

Por um momento, portanto, proponho o experimento mental de formular o mundo hipotético em que todas as nossas crenças são dadas e sentidas por nós como *imediatamente verdadeiras* e tentar derivar as absurdas consequências políticas disso. Ou seja, o problema não consiste na busca de uma verdade absoluta, objetiva, única — a verdade verdadeira para além do homem —; o problema político consiste no que cada homem singular poderá ser capaz de fazer quando sua imagem mental do mundo não puder ser outra senão aquela imagem sentida como a única possibilidade de mundo verdadeiro — porém, não o será, já que o que conta politicamente não é o conteúdo da verdade objetiva, mas o que estamos dispostos a *fazer* com os outros a partir dessa nossa experiência pessoal e paradoxalmente absoluta de verdade em seu sentido forte.

Para evitar esse tipo de loucura político-religiosa, se pudéssemos desenvolver adequadas ferramentas teóricas para prever com o máximo de precisão a emergência de um movimento político com fortes tendências totalitárias, seria necessário o duro exame crítico ao conjunto de crenças que se pretendem verdadeiras, expresso em práticas imaginárias ainda não institucionalizadas. É no apego a certas ideias que está o problema. A institucionalização prática da imaginação totalitária já é um passo bem avançado e deverá ser refletida no contexto da política totalitária.

Raízes filosóficas da imaginação totalitária

1.

Na história há uma variedade considerável de diferentes tipos de filosofias e opiniões filosóficas das mais distintas sobre o homem, a felicidade, a realidade, a existência de Deus, os fundamentos da justiça, a natureza do conhecimento. Há conflitos intermináveis entre essas opiniões e uma tentativa de resolver todos esses impasses. Uns acreditam na resolução pela força, outros continuam devotos da prudência como principal virtude da inteligência prática. No entanto, de certa forma, todos desejam estar do único lado que realmente interessa e, convenhamos, importa: do lado certo. Todos desejam estar com *a razão* — mesmo se for para negar a razão como fonte de certeza. Nada como ser amigo da verdade.

Essa variedade de posições se expressa em diversas escolas, concepções de mundo e sistemas filosóficos completamente distintos e até contraditórios em si. E, o mais importante, todos esses conflitos de natureza puramente filosófica influenciam os conflitos políticos, o modo como fundamentamos as nossas leis, como construímos a imagem de um mundo *razoável* para viver. Não fosse por isso, a filosofia não passaria de um mero capricho humano. Não mais do que a irresistível diversão de gente ociosa.

Por conta desse detalhe, o estudo das raízes históricas de certos problemas filosóficos, sobretudo de filosofia política, oferece-nos algumas oportunidades bastante interessantes. Uma delas, e certamente uma das mais importantes, diz respeito ao desenvolvimento de algumas das tradicionais escolas filosóficas. Esse tipo de estudo nos dá oportunidade de resistir ao que o filósofo francês Rémi Brague chamou recentemente de "servilismo em relação à *doxa* (opinião) contemporânea".[70] Não nos damos conta, e por isso a ideia de servilismo, de como ecoamos acriticamente as mais diversas opiniões filosóficas.

Não parece, mas somos verdadeiras máquinas de replicar jargões e lugares-comuns sobre o estado atual das coisas que nos cercam. Na maioria das vezes, estamos suscetíveis a abrir mão da nossa própria vivência e juízo em relação ao mundo em troca de reproduzir um quadro geral de imagens e esquemas fixos que consideramos insuperáveis no que se refere à explicação da realidade física, da sociedade, da história e, principalmente, da realidade política. Somos peritos em praticamente todos os assuntos que algum filósofo um dia já pensou. De preferência, optamos propositalmente por aquelas opiniões filosóficas capazes de legitimar nossas opiniões sobre tudo. Quantas vezes não me surpreendi procurando leituras que justificassem minhas convicções? O método de falseabilidade de Popper também deveria ser aplicado às nossas ideologias.

Nesse caso, o trabalho de investigar o desenvolvimento de certas tradições filosóficas implica, portanto, o trabalho de investigar o surgimento das ideias que nos cercam e vamos replicando, sem o brilho e vigor das formulações e do sentido original. A investigação histórica das ideias filosóficas capacita-nos a ir às origens. O trabalho da história da filosofia leva-nos às raízes de certos problemas que continuam a nos perturbar. Rémi Brague oferece-nos uma completa descrição da importância dessa busca:

Contra a degenerescência da língua filosófica em um jargão técnico, a história da filosofia nos permite compreender a emergência do empreendimento filosófico no âmago e a partir da experiência de todos os dias, tal como ela se expressa na linguagem cotidiana. Ela, a história da filosofia, reconstrói as variações de sentido que conduziram à utilização das palavras como termos técnicos. Com isso, ela pode nos ajudar, indiretamente, a encontrar o caminho que conduz às experiências originais para as quais esses termos técnicos foram forjados. Ela pode até mesmo, eventualmente, ajudar-nos a criar novos termos que seriam mais adequados a nossos hábitos linguísticos atuais e teriam maior eficácia para o ensino.[71]

Muitas vezes, apropriar-se de certos conceitos pode dar a boa impressão de um domínio técnico suficientemente bem-sucedido e de relativa segurança das nossas opiniões lançadas no debate público. A tarefa de explicar os fundamentos de algumas visões de mundo, como se quem dominasse a linguagem, inevitavelmente, dominasse a realidade, ajuda-nos a evitar replicar opiniões como se fossem verdades inequívocas.

A IMAGINAÇÃO TOTALITÁRIA

149

O domínio da linguagem sobre a realidade, dos postulados sobre os fatos, dos axiomas sobre os fenômenos, caracterizados exclusivamente por um processo em direção a uma suposta universalidade ou "generalização", quando não refletido adequadamente, ou quando permeado por interesses de natureza outra que não o honesto exame crítico acerca dos limites das nossas crenças e consequentemente das nossas ações no mundo, revela-nos quão precário e provinciano encontra-se o estado da nossa própria imaginação.

Em outras palavras, essa atitude irrefletida de repercutir o que os filósofos falaram pode pôr em risco a própria atividade da filosofia, na medida em que o domínio da linguagem filosófica tem sido ou sufocado pela "supertecnicidade", que se revela no enfadonho trabalho dos acadêmicos e arruína "toda espontaneidade do pensamento, todo frescor da concepção", como dirá William James; ou cooptado por alguma agenda ideológica com interesses meramente políticos.

Espera-se da reflexão filosófica a busca de adequadas categorizações da nossa experiência no mundo. E um grande filósofo é, no mínimo, aquele que de alguma forma consegue expressar essas categorias com o máximo de universalização possível sem cristalizá-las em fundamentalismos opacos. O contrário radical da filosofia será sempre a violência.

Como julgar essa competência?

A investigação histórica, quando não sufocada pelo interesse vago da erudição ou pelo comprometimento de alguma ideologia política, tem a honesta pretensão de buscar essa resposta.

Os métodos de investigação da história da filosofia devem enfatizar o zelo que se deve ter pelo texto, pelo trabalho lapidar de compreensão dos conceitos, das premissas básicas e o cuidado em acompanhar cada detalhe dos argumentos, o que nos ajuda a tomar consciência de como um grande filósofo categoriza sua experiência sem os tormentos da servidão. Toda essa atividade só visa uma única coisa: a compreensão do homem em relação a si e ao mundo, a capacidade de educar o homem para saber lidar com grandes riscos.

Portanto, no trabalho de interpretação filosófica não se busca outra coisa senão a reconstrução da emergência das palavras e das categorias que o "intelecto desperta" de modo fidedigno, para além do abuso da tecnicidade e dos usos políticos. A investigação filosófica busca reconstruir o sentido dessa experiência. Sugere William James:

> Se levarmos em consideração toda história da filosofia, os sistemas se reduzem a alguns poucos tipos principais que, sobre toda a forma de verborragia técnica com a qual o intelecto engenhoso do homem os envolve, são apenas uma grande quantidade de visões, modos de sentir toda a força do empuxo e ver todo turbilhão da vida, imposto a cada um por conta de seu caráter e experiência como um todo, e sobre o todo preferido — não há nenhuma outra palavra fidedigna — como a melhor atitude de vivência que alguém pode ter.[72]

Dessas reflexões devemos extrair pelo menos uma preocupação: nem sempre as causas das crises sociais, como acreditam alguns intelectuais de gabinete, são frutos de crises econômicas e crises políticas. As crises sociais podem também indicar, direta e indiretamente, a influência de alguns perfis de pensamento filosófico com penetrante enraizamento cultural.

Muitos conflitos sociais escondem conflitos filosóficos de fundo, e são esses que de fato interessam. Conflitos ideológicos deslizam sobre a superfície. Para se ter uma ideia, a própria concepção de que as crises sociais são derivadas de crises puramente materiais depende da crença em um tipo específico de pensamento filosófico: o marxismo.

No entanto, existem outras maneiras de explicar crises sociais, e há uma pluralidade incomensurável dessas formas de explicação, ou seja, nenhuma explicação acerca da realidade social é inequívoca. Isso deveria ser tomado como um *ponto de partida* de qualquer reflexão filosófica. Negar a pluralidade é negar o modo como a realidade das experiências humanas se manifesta.

Com efeito, devemos tomar como fato a pluralidade de concepções filosóficas de uma realidade cultural imensurável. E não há nada mais arriscado do que a tentativa de reduzir essa pluralidade a esquemas simplórios de explicações, sobretudo os esquemas que a reduzem à dinâmica de um conflito de interesses puramente materiais entre exploradores e explorados, privilegiados e excluídos etc. Essa forma de redução, imersa em atitudes políticas, no fundo sempre será a forma de legitimação de algum tipo de domesticação ideológica da violência, da justificação de coerção como parte da necessidade de *enquadrar* a complexa variedade dos nossos dilemas culturais e históricos em postulados com tendência a imaginar algum tipo inevitável de unidade explicativa.

O imaginário político responsável por alimentar as doutrinas sociais revela a expressão desses tipos de filosofia em conflito. Dificilmente um posicionamento político e uma agenda ideológica sobrevivem sem fincar suas raízes em terreno filosófico.

2.

Os tipos de filosofias nem sempre *vivem* em um nível acabado de pureza ideológica na mente do homem comum ou de sua comunidade social. E nenhuma concepção política ou doutrina social está solta no ar. A filosofia está sempre à espreita tentando compreender os alicerces dos conflitos sociais enquanto influencia consideravelmente tais conflitos, na medida em que tais conflitos possuem origens em certos tipos de pensamentos filosóficos.

A maioria dos homens pode não perceber imediatamente que sua vida é expressão desse conjunto de valores cultivado por dezenas ou até centenas de anos de reflexão filosófica sobre a política, a vida em sociedade e o homem, mas as fontes dos valores que eles atribuem à vida são representações diretas ou indiretas desse cultivo. Assim, se o núcleo desses valores foi degenerado, será inevitável que a sociedade igualmente se degenere. Geralmente isso se dá em longo prazo. Um erro filosófico não mata como um erro médico. Talvez os filósofos nem vejam, em vida, as consequências mais nefastas de seus erros. Pode levar anos, ou até séculos, mas cedo ou tarde as consequências de certas ideias serão reveladas, e poderemos, enfim, conhecer o resultado *na realidade* de algumas premissas filosóficas que existiam apenas na *imaginação*.

Por isso não acredito em crise social e política meramente como crise econômica. Há outras raízes muito mais vitais, e elas devem ser encontradas no terreno da filosofia.

Na vida do homem e de sua comunidade não há nada que não passe por essa fonte. E seria muita ingenuidade — para não dizer pretensão — acreditar que somos independentes do que foi cultivado pelo passado filosófico. Pelo menos para nós, ocidentais, isso deveria fazer muito sentido, já que somos o resultado do que nossos ancestrais filósofos pensaram. Somos uma cultura alicerçada numa longa disputa filosófica. Somos uma *civilização filosófica*. Até o cristianismo se alimenta, nesse sentido, da filoso-

A IMAGINAÇÃO TOTALITÁRIA

fia. Na verdade, o cristianismo pode ser considerado uma religião filosófica em todos os sentidos: tem uma visão de homem, mundo, sociedade e conhecimento legitimada pela razão, antes de ser legitimada apenas pela experiência da revelação. O cristianismo é uma religião teológica e a *teologia* teve Platão como seu fundador.

Em decorrência disso, faz sentido que a filosofia não se tenha estabelecido como a palavra definitiva a respeito da realidade, embora a realidade — seus princípios primeiros e fins últimos — seja o objeto fundamental dessa disciplina que, ao longo de sua história, pretendeu-se a *primeira* em termos de importância. Por alguma razão, a filosofia não oferece a palavra final sobre nossa existência no mundo. A variedade incomensurável de opiniões em conflito permanece sempre diante do maior esforço crítico. Essa realidade objetivamente plural deveria indicar alguma coisa de importante para nós: de que seria exatamente assim mesmo. E feliz aquele que consegue lidar com *a incomensurabilidade* e com a *pluralidade* das visões filosóficas.

Toda variedade de valores sociais, cada núcleo vital de cada indivíduo e sua comunidade, implica essa incapacidade de cada sistema filosófico se estabelecer radicalmente como a palavra final e definitiva acerca da realidade, embora muitos sistemas de pensamento tenham a pretensão de totalidade e busquem substituir, a partir dessa pretensão, o lugar da religião na vida do homem.

Desta forma, não podemos negligenciar que as disputas sociais e políticas são resultados da *crise* da própria razão, principal da capacidade do homem de compreender a si mesmo e o mundo em que vive de maneira definitiva. Impõe-se a pergunta: como não justificar formas brutais de vida, como evitar coerção e violência?

Sob o ponto de vista histórico, deveríamos retomar nosso passo pelo menos até Kant, o filósofo alemão, importante divisor de águas na filosofia.

Kant demonstrou os limites naturais da razão humana. E após os resultados negativos — expostos em sua famosa *Crítica da razão pura* — de sua investigação a respeito das condições de possibilidade de a metafísica estabelecer-se enquanto ciência rigorosa fundada nos princípios *puros* da razão, deve-se reconhecer que a instauração desse limite teórico fundamental abriu decisivo espaço para os fins práticos da razão e, em última instância, para a liberdade e para a fé — que devem se manter, sobretudo, no que diz respeito à moralidade e não à política. Liberdade, para Kant, diz respeito à capacidade positiva de realização pessoal conhecida mais precisamente pelo conceito de *autotelia* e não liberdade no sentido de participação política.

Não precisamos seguir todos os passos de Kant, porém sua análise acerca dos limites do racionalismo filosófico — a filosofia moderna de origem cartesiana que pretendia encontrar definitivamente o fundamento último da realidade nos poderes da razão — ajuda-nos na busca de compreensão das raízes filosóficas do imaginário totalitário.

A crítica de Kant foi bastante poderosa nesse sentido, e não há qualquer possibilidade de compreender nosso período histórico, e nosso problema de fundo, sem recorrer a Kant — seja para defendê-lo, seja para atacá-lo.

Para os propósitos do meu argumento, não há necessidade de se posicionar contra ou a favor de Kant neste aspecto. A necessidade aqui é a de compreender um limiar da história da filosofia.

Por conta disso, gostaria apenas de retomar um ponto acerca da recepção histórica de sua obra: o de que sua filosofia parte

A IMAGINAÇÃO TOTALITÁRIA

do pressuposto de que toda razão humana é limitada pela própria condição da experiência empírica possível. Ou seja, de que as pretensões racionalistas e científicas de totalidade foram definitivamente colocadas em xeque. Então, surge a pergunta: por que depois de Kant os totalitarismos históricos emergiram?

Do ponto de vista da história da filosofia, a partir de Kant não temos como garantir, em última instância, a verdade acerca da existência de Deus, da imortalidade da alma e do conhecimento do mundo. Dependemos do *salto da fé*. Não de uma fé cega, inculta e submissa à irracionalidade, mas de uma fé dependente do cuidado humano em se esclarecer por meio da razão.

No entanto, destaco o seguinte: em um primeiro momento, isso implica o reconhecimento de que nossos poderes racionais não são tão poderosos assim. De que a razão humana se reconhece racionalmente como limitada. Portanto, assumir a importância da fé não significa outra coisa senão assumir a própria condição de que o homem deve ser concebido como um ser *insuficiente* e de autonomia relativa.

Filosoficamente, o homem não teria condições de dar a palavra final acerca da realidade *total* em termos de conhecimento. Por conta dessa situação epistemológica, ele precisa *escolher* um conjunto valores para orientar sua vida. Ele precisa ainda fundamentar uma *ética*, isto é, um conjunto de verdades morais que torne sua vida significativa e digna de ser vivida. Nem sempre essa escolha tem sido plenamente consciente — e aqui começam os problemas, e já não precisamos mais nos comprometer *necessariamente* com a filosofia kantiana.

Essa seria só a "metade" do problema colocado por Kant. A outra parte, pelo contrário, é seu otimismo em relação ao progresso do desenvolvimento da história humana. Penso que é preciso abandonar Kant neste momento. Kant acreditava que toda história humana "tem por natureza uma intenção suprema" e será "realizada ao final" em um "estado cosmopolita universal"; esse será o "seio materno no qual os dons originais da espécie humana se desenvolverão". Desse otimismo no progresso da humanidade derivou seu último projeto filosófico sobre a *Paz perpétua*. Ainda que aparentemente ligado ao âmbito do direito internacional, o texto aponta para *um fim necessário da história* animado pelo contexto do pensamento político-jurídico moderno,[73] típico de pensadores do século XVIII que mudaram a concepção de paz da tradicional visão cristã, como observa David A. Bell:

> Esses pensadores não eram de modo algum os primeiros profetas da paz perpétua: pacifistas filosóficos e religiosos os precederam em muito tempo. Mas para os cristãos devotos, em particular, o fato inescapável do pecado original implicava que um reino de paz somente pudesse resultar de uma mudança divina da natureza humana. Os pensadores do século XVIII, ao contrário, descreveriam a paz como a culminação de mudanças sociais inteiramente naturais, que já eram visíveis e ocorriam segundo leis cientificamente observáveis. Essa diferença os tornou pacifistas mais convincentes, e aparentemente mais realistas, que o mundo jamais conhecera, e suas ideias rapidamente se tornaram senso comum entre europeus letrados.[74]

Ao declarar a debilidade humana e o espaço aberto para transformação dessa natureza pela autonomia e esforço da razão humana, uma mentalidade totalitária poderia alegar a necessidade de usar forças coercitivas como caminho permanente de controle para manter a ordem contra os que escolherem certos estilos

A IMAGINAÇÃO TOTALITÁRIA   157

ameaçadores de vida no pior cenário possível — "o fim da história é conhecido, o caminho que conduz a ele pode ser traçado, e traçado pelos homens" — [75] e, o que é pior, cuja forma política é a de um governo mundial.

A filosofia de Kant foi o primeiro passo dado para a emergência da "era secular". Com o estabelecimento do *fim* da razão surgem essas forças emotivas e atrativas ao mito. O *mito* da paz perpétua[76] seria só um exemplo. Depois de Kant, os anúncios de fim da história não se limitaram à paz; vão do mito da raça à crise ambiental, do apocalíptico aquecimento global aos mitos da sociedade comunista sem classes e da democracia liberal norte-americana.

Para o filósofo alemão, a história do mundo tenderia na direção de uma sociedade sem guerra. Sendo assim, não se trata de uma experiência psicológica do político em apenas "ter esperança", e sim da crença incondicional no próprio ato da razão, seus ideais e uma "mãozinha invisível" da Providência em tornar "o estado de paz um dever imediato, que, porém, não pode ser instituído ou assegurado sem um *contrato* dos povos entre si":[77]

> Se existe um dever e, ao mesmo tempo, uma esperança fundada de tornar efetivo o Estado de direito público, ainda que apenas numa aproximação que progride até ao infinito, então a *paz perpétua* [...] não é uma ideia vazia, mas *uma tarefa que, a pouco e pouco resolvida, se aproxima constantemente do seu fim* (pois é de esperar que os tempos em que se produzem semelhantes progressos se tornem cada vez mais curtos).

A solução prática de Kant para realizar esse dever, e aqui residem os perigos, está em assegurar essa paz por meio de um contrato assinado "em uma federação do tipo especial, que se pode denominar federação de paz [...]", que procura pôr fim não a uma guerra, mas *a todas as guerras para sempre*. Contudo, a tarefa de uma federação mundial em assegurar o fim de todas as guerras para sempre, paradoxalmente, não colocaria fim a todas as guerras para sempre sem ter de assumir para si a tarefa de uma guerra que perduraria para sempre. Nesse sentido, o desejo de paz perpétua, que em última instância é garantido pela própria Providência, implica necessariamente o de guerra perpétua, pois "o estado de paz deverá também deixar-se apreender na relação com o contrário de onde emerge, o estado de guerra, de conflito, desordem, inimizade [...] conduzindo, assim, a uma inteligibilidade relacional, logo, a uma dualidade conceitual acerca do modelo de todas as vulgares polaridades."[78]

Não há qualquer experiência empírica ou condição de deduzir de raciocínios lógicos *o para sempre*, uma vez que essa é a estrutura *a priori* de um ideal otimista. Desta maneira, essa tarefa não pode ser partilhada e transmitida como experiência direta e lógica para uma comunidade de seres conscientes de sua historicidade sem ter de abrir mão do caráter plural da própria experiência histórica. Como nada tem duração perene, esse tipo de projeto tende a subverter a própria ordem da história, a não ser quando traçado pelos poderes da imaginação. A capacidade da imaginação dá ao homem a condição de se remover dos seus limites materiais e empíricos. Por meio da imaginação, pode-se romper com a experiência de distanciamento em relação a esse futuro hipotético e vivenciá-lo só como esperança. Além do mais, essa capacidade de representar a esperança futura no presente, tornar familiar o objetivo que está à frente, fornece ao homem uma espécie de orientação interior — a referência da nossa experiência no mundo. Torna-se, na verdade, o ideal regulador por excelência, isto é, o horizonte prático moral e político.

O *fim* da história humana expresso nesse tipo de visão de paz entre as nações, portanto, só pode entrar no mundo como espécie de referência redentora por meio do imaginário. Em reserva kantiana, "só podemos e devemos *pensar* para assim formarmos para nós um conceito de sua *possibilidade*" e não "realmente conhecer nos artifícios da natureza e nem sequer interferir a partir deles". Kant acreditava no progresso da história para a *paz perpétua* e, para isso, pretendia desenvolver uma aproximação entre moral e política como condição necessária para a construção de um projeto de um "governo mundial" na forma acabada de uma república federada entre os Estados.

No entanto, pouco mais de um século depois, estourava a Primeira Guerra Mundial como realização completa do imaginário de uma guerra total — segundo Woodrow Wilson, "a guerra para acabar com todas as guerras".[79] O resto da história do século XX nós já conhecemos: hoje, a Europa agoniza em meio à sua tirânica necessidade de penitência[80] e com direito, inclusive, a epitáfio para os seus últimos dias.[81]

David A. Bell nos mostra como a dinâmica dessa relação entre *paz perpétua* e *guerra total* era o sonho redentor da violência totalitária:

> O sonho da Paz Perpétua e o pesadelo da Guerra Total estiveram vinculados de maneiras perturbadoras e complexas, cada qual a sustentar o outro. De um lado, uma ampla e persistente corrente de opinião pública continuou a ver a guerra como um fenômeno fundamentalmente bárbaro que deveria desaparecer de um mundo civilizado o mais rápido possível; de outro, houve

uma tendência recorrente e poderosa a caracterizar os conflitos que efetivamente surgem como lutas apocalípticas a serem travadas até a destruição completa do inimigo e que poderiam ter sobre seus participantes um efeito purificador, quiçá redentor.[82]

O texto de Kant sobre seu projeto de paz perpétua foi escrito em 1795. Historicamente, seu otimismo não diz mais respeito ao nosso mundo: a paz perpétua era o anúncio da culminação do projeto moderno. Kant trabalha no âmbito dos pares conceituais de "estado de natureza" e "estado de sociedade" — de caráter altamente especulativo e idealista na descrição do estado de natureza e na transcrição para um estado de sociedade mediante um hipotético "pacto social" — e no contexto histórico de mudanças radicais na política mundial por conta de uma série de guerras e revoluções que lançariam dúvidas extremas sobre a estabilidade, identidade e soberania das nações dentro de uma Federação.

O tipo de liberalismo internacionalista defendido por Kant serviu de inspiração para o surgimento da Liga das Nações e, posteriormente, da ONU.[83] Como explica o historiador Mark Mazower, autor de um importante estudo sobre as origens ideológicas da Organização das Nações Unidas, "a ideia de que uma ordem mundial estável deve ser moralmente justa remonta pelo menos a Immanuel Kant e sua visão de paz perpétua". O projeto kantiano de paz perpétua está na base dos movimentos pacifistas radicais e idealistas em busca do princípio cívico internacional que busca substituir o nacionalismo e garantir a paz mundial.[84]

Uma espécie de vazio epistemológico provocado pela filosofia de Kant não deixa de ser atraente — o que não quer dizer uma condição necessária — para a gênese do tipo de imaginação que estamos denunciando aqui. De qualquer forma, vale a pena su-

A IMAGINAÇÃO TOTALITÁRIA

blinhar que não pretendo dizer com isso que a filosofia de Kant representa algum tipo de imaginação totalitária. Pois ela não representa. Ela *inspira*, em vista do seu otimismo, do seu idealismo e da sua crença cosmopolita no dever moral dos Estados de ter de instaurar a paz mundial. E esse é o problema mais grave desse tipo de otimismo: ser inspirador, de algum modo, para o desenvolvimento de certo tipo de imaginação.

3.

Quais valores devemos escolher para viver uma vida em plenitude de significado? Afinal, é possível uma resposta inequívoca para isso? Se sim, então caberia à política resolver esta questão? Ela deve ser fundamentada em qual critério, uma vez que a razão humana em seus reconhecidos limites já não determina um critério totalmente seguro? Serão valores universais? Serão objetivos? Ou serão particulares, subjetivos e relativos? Se não há discurso inequívoco acerca da realidade, então como fundamentar os valores inequívocos para o sentido da nossa vida? Terá a fonte de nossas convicções secado? E o quanto desse esgotamento não afetaria o centro de gravidade da nossa vida no mundo? Como não despencar no relativismo moral — e consequentemente político — a partir dessas constatações?

Essas perguntas sempre motivaram os filósofos; os de hoje e os de ontem. Sobretudo por conta da experiência vital de ter de encontrar um fundamento para uma vida justa e uma vida justa em sociedade *sem a necessidade de produzir e, principalmente, legitimar violência*. Uma pergunta que poderia ser levantada aqui, mas não resolvida nos limites temáticos deste livro, seria o problema da guerra justa, já que o problema central da vida política sempre foi motivado por esse tipo decisivo de interesse: encontrar a medida do justo e saber como tal medida deverá ser legitimamente realizada. Perguntar pela melhor forma de governo significa, nesse caso, perguntar como resolver os limites impostos pela própria condição humana no mundo a partir da experiência imediata de que há tantos interesses humanos em conflito e de que *nenhum homem tem em última instância a chave e, principalmente, a capacidade de resolvê-los.*

Não há como escapar desse dilema: nossas experiências políticas são sempre as expressões da fragilidade de nossas crenças filosóficas mais profundas. A imaginação totalitária diz respeito justamente a um *tipo de crença* muito específica na capacidade da razão, porém um tipo de crença que nos impede de perceber que tal crença deriva de uma forma de imaginação. Acreditar demais nos poderes da razão não implica uma atitude racional.

Para entender o problema deste livro sob o ponto de vista do conhecimento totalitário, gostaria de apresentar como ponto de partida as reflexões do filósofo norte-americano, infelizmente pouco estudado no Brasil, que nos ajudará a compreender como a gênese histórica da imaginação totalitária deverá ser formulada.

William James, conhecido pela sua defesa do pluralismo metafísico e da crítica a toda forma de absolutismo racionalista em filosofia, busca estabelecer um critério para diferenciar os *tipos de filosofia* existentes no mundo e seus principais dilemas. Assim como Kant, porém com diferenças filosóficas significativas, James também assume um posicionamento crítico em relação ao racionalismo filosófico, uma vez que o considerava uma forma peculiar de dogmatismo filosófico.

Essa discussão, como vimos, importa-nos por uma razão bastante simples: os valores no mundo, dos mais cotidianos aos mais

A IMAGINAÇÃO TOTALITÁRIA

sofisticados, expressam factualmente um complexo conjunto de crenças filosóficas. Estudar a origem dessas crenças, portanto, significa ir à origem desses conjuntos de valores políticos. Vale lembrar que nosso objetivo não é analisar *as origens dos regimes totalitários históricos*, mas investigar as possíveis fontes filosóficas de um tipo de imaginação que condiciona a possibilidade de esses regimes virem ao mundo em *qualquer momento da história*. Nosso problema será sempre o da *forma mental*, e não o do *conteúdo imaginário*.

A novidade de William James está marcada historicamente pelo fato de que ele acredita que as grandes diferenças entre sistemas filosóficos derivam do *temperamento* das pessoas e não de sofisticadas elaborações lógicas. Em outras palavras, que derivamos de tendências psicológicas nossas preferências a certos sistemas de mundo em lugar de outros. Em *The Origins of Totalitarian Democracy*, o grande historiador dos regimes totalitários, Jacob L. Talmon, menciona a noção de "temperamento totalitário" quando identifica Robespierre, Saint-Just e Babeuf — aliás, considerado por Karl Marx um dos primeiros militantes comunistas — como três representantes desse temperamento.

Entretanto, a noção de temperamento, nesse caso, tem uma função distinta do imaginário. A primeira distinção diz respeito ao modo como o temperamento deve ser compreendido como ponto de partida mais radical para a construção inclusive imagética de mundo. O temperamento não tem qualquer conteúdo simbólico ou semântico, ao contrário da imaginação. Se o imaginário tem a função de nos afastar da *experiência imediata* com relação à realidade mais bruta, então o temperamento, pelo contrário, é o que determina as características dessa experiência direta. Por isso vale a pena partir de uma reflexão mais atenta acerca da importância do temperamento, já que a fecundidade simbólica da imaginação se desenvolve a partir dessa característica humana em se relacionar com o mundo, que seria a fonte de matéria-prima para o desenvolvimento produtivo da faculdade da imaginação.

O objetivo de analisar o temperamento consiste em diferenciar os possíveis perfis dos diversos *tipos de filosofias* e reconhecer a natureza fundamental de suas diferenças. Trata-se, obviamente, de um critério psicológico de grande abrangência, pois demonstra que toda filosofia tem como ponto de partida *a experiência humana concreta* e não puros sistemas abstratos teóricos. Toda teorização parte de um motivo pessoal muito íntimo, a não ser que assumamos que todos os interesses humanos são produto de questionamentos artificiais. O temperamento coloca-nos, assim, em contato imediato com a realidade presente e nos fornece a característica dos nossos interesses mais radicais. Se o mundo social reflete, de alguma forma, os pressupostos mais básicos de concepções filosóficas, por meio da imaginação, pretendo mostrar como o critério do temperamento poderá ser útil para compreendermos a gênese filosófica da imaginação totalitária.

Comecei falando de Kant por uma boa razão histórica. Tanto para ele como para William James, o mundo de nossa experiência, de certa forma, expressa o produto de nossa atividade mental. Ou seja, ambos os filósofos compartilham de alguns compromissos básicos sobre as limitações da natureza humana, e isso é de extrema relevância para a tese defendida aqui, uma vez que a imaginação totalitária parte da tentativa de superação imagética de todos os limites impostos pela nossa condição. Tanto para Kant como para William James, toda investigação filosófica deverá partir antes de tudo da investigação da natureza humana. Embora formulada de maneira concisa, esta noção está na base do interesse deste capítulo: encontrar a *gênese filosófica* da imaginação totalitária no que diz respeito à natureza do conhecimento humano.

A IMAGINAÇÃO TOTALITÁRIA

Assim como Kant buscou resolver os dilemas estabelecidos pelas diferenças profundas entre a filosofia do *racionalismo* e a filosofia do *empirismo*, William James também partirá da constatação desses mesmos dilemas. Pretendo demonstrar que a compreensão dessas diferenças filosóficas estabelece um arcabouço teórico extremamente rico para pensarmos o surgimento de uma mentalidade totalitária em clara oposição a uma mentalidade do tipo pluralista. A imaginação se vincula a uma intenção da consciência, e para James essa intenção depende do tipo de temperamento de que cada filósofo dispõe ao pensar a realidade.

A noção de que Kant teria estabelecido os limites do conhecimento humano para abrir espaço para a fé torna-se decisiva a partir das observações filosóficas de William James, que, igualmente, busca reconhecer os limites das ciências naturais e a legitimidade das experiências religiosas e do direito de crer, desde que tais crenças reconheçam, justamente, suas fraquezas e seus limites. Em suma, desde que cada ato de crença seja acompanhado pela consciência de que a infalibilidade do conhecimento humano nunca será garantida pelo próprio ato de conhecimento.

A crença consciente, diferente da crença cega na razão, abre para o homem o reconhecimento sincero de seus limites cognitivos, de uma autonomia relativa ao seu modo de compreender a realidade. Isso não implica o relativismo, mas a *suspeita* que deverá sempre ser lançada com seriedade contra as nossas próprias pretensões em busca de anular taxativamente as crenças dos outros.

O filósofo norte-americano, em seu livro *A vontade de crer*,[85] defende a tese segundo a qual:

> Nossa natureza passional não só pode como deve, licitamente, decidir-se por uma opção entre proposições sempre que esta for uma opção genuína que não possa, por natureza, ser decidida

sobre bases intelectuais; pois dizer, nessas circunstâncias: 'Não decida, deixa a questão aberto', é, por si, uma decisão passional — assim como decidir sim ou não — e se acompanha do mesmo risco de perder a verdade.[86]

A discussão a respeito dessa natureza passional e volitiva está diretamente relacionada à noção de sentimento no contexto das suas reflexões acerca da "psicologia do filosofar", segundo a qual "não podemos viver ou pensar de modo algum sem um grau de crença. Crença é sinônimo de hipótese de trabalho", e é a crença que nos dispõe a agir e nos vincula a um profundo "senso de realidade".[87]

Esclarecido este aspecto da noção de fé, James analisará o sentido do "terreno dogmático" que se impõe a partir de duas tendências filosóficas constantes em suas reflexões: a *absolutista racionalista* e a *empirista*.

O postulado de que existe verdade, e de que é o destino de nossa mente alcançá-la, é algo que estamos decidindo deliberadamente adotar, embora o cético não pense assim. Assim, separamo-nos dele de forma absoluta neste ponto. Mas a fé de que a verdade existe, e de que nossas mentes podem encontrá-la, pode ser mantida de duas maneiras. Podemos falar de modo *empirista* e de modo *absolutista* de acreditar na verdade. Os absolutistas, a esse respeito, dizem que não só podemos chegar a conhecer a verdade como podemos *saber quando* chegamos a conhecê-la; enquanto os empiristas dizem que, embora possamos alcançá-la, não podemos saber infalivelmente quando.[88]

A tese de James se mostra eficiente em especial a respeito das opções genuínas "existe verdade ou não?" e "somos capazes de alcançá-la ou não?". Se esses dilemas não podem ser decididos sobre a base de um fundamento puramente intelectual, então toda decisão genuína só poderá ser resolvida por meio de um *ato de crença*.

Sendo assim, entre *absolutistas* e *empiristas* a questão se diferencia no grau da crença a respeito da possibilidade de se chegar à verdade, não obstante ambos "apresentarem diferentes graus de dogmatismo". E a distinção fundamental estabelecida por James a fim de determinar essa diferença de graus está no fato de que "*saber* é uma coisa, e saber com certeza *que* sabemos é outra".[89] Dito de forma mais direta: entre "saber" e "saber que sabemos", ou seja, entre saber que as nossas certezas devem passar por um exame de reconhecimento autoconsciente e ter a garantia de que não fomos "abandonados de forma não crítica" e irrefletida a uma certeza.

Em vista do que foi apresentado, o que William James está buscando demonstrar é a genuína característica pela qual podemos determinar a atitude de "homens reflexivos" em detrimento de homens cuja atitude é dogmática e absolutista, inclusive por parte de empiristas, cujo traço filosófico seria o de manter um grau de reconhecimento do quanto nosso conhecimento é falível, mas que se perdem no "instinto do absolutismo"[90] quando fazem exigências não refletidas.

Em suma, os homens reflexivos são aqueles que compreendem a importância da busca de "evidência objetiva e da certeza" como "ideias muito boas para se trabalhar", e cuja atitude empírica está mais de "acordo com a fé pragmática de que devemos seguir experimentando e refletindo sobre nossa experiência, pois só assim nossas opiniões podem se tornar verdadeiras", mas os homens reflexivos estariam "completamente equivocado[s em] adotar qualquer uma delas como se nunca pudesse ser reinterpretável ou corrigível",[91] tomando-as como verdades absolutas em detrimento, justamente, de se estar consciente de que a questão da verdade está sempre aberta. Segundo a própria conclusão de James:

> A liberdade de acreditar só pode abranger opções vivas que o intelecto do indivíduo não consegue, por si só, resolver; e opções vivas jamais parecem absurdas para aquele que as considera. Quando olho para a questão religiosa [e podemos incluir questões de natureza filosófica] da forma como ela realmente se apresenta a homens concretos, e quando penso em todas as possibilidades que ela envolve, tanto na prática como em teoria, essa ordem de que devemos pôr um freio em nosso coração, em nossos instintos e em nossa coragem, e esperar — agindo, claro, nesse meio-tempo, mais ou menos como se a religião não fosse verdadeira — até o dia do juízo, ou até o momento em que nosso intelecto e nossos sentidos, trabalhando em conjunto, talvez consigam reunir evidências suficientes — essa ordem, repito, parece para mim o ídolo mais estranho jamais fabricado na caverna filosófica.[92]

Historicamente, e isso fica mais claro depois de Kant,[93] as questões filosóficas mais importantes para a vida do homem — as questões de natureza metafísica — não podem ser determinadas exclusivamente pelo procedimento racional e puramente intelectual, e é nesse sentido que James aceita a ideia de que a natureza passional, volitiva e temperamental decide e tem o direito de decidir entre *opções-limite* impostas pelos dilemas filosóficos que de outro modo não poderiam ser resolvidos.

> Eu, pessoalmente, não vejo como aceitar as regras agnósticas para a busca da verdade [...]: uma regra de pensamento que me impedisse completamente de reconhecer certos tipos de verda-

de, se esses tipos de verdades de fato estivessem presentes, seria uma regra irracional. [...] Em todas as situações importantes da vida, temos de dar um salto no escuro [...] Se decidirmos deixar os enigmas sem resposta, essa também será uma escolha; se hesitarmos em nossa resposta, essa também será uma escolha: mas, qualquer que seja a nossa escolha, assumiremos as suas consequências.[94]

Infelizmente, o positivismo arrogante, secular e naturalista, que vê apenas no método das ciências a capacidade de resolver *todos os problemas* humanos, buscou rechaçar a experiência das crenças como algo puramente pessoal e sem valor para a expressão do conhecimento objetivo. Como diz Michael Polanyi, "o positivismo fez com que encarássemos as crenças humanas como manifestações pessoais arbitrárias, das quais deveríamos nos livrar caso quiséssemos atingir uma imparcialidade científica autêntica", o que é absurdo, já que isso é também a expressão de uma crença. Ele continua: "as crenças necessitam ser reabilitadas do descrédito em que foram lançadas para que sejam reconhecidas, daqui por diante, como parte de nossas convicções científicas".[95]

4.

Começarei analisando a noção de *temperamento*. Em seguida apresentarei os diferentes tipos de sistemas filosóficos e, por fim, mostrarei que a mentalidade totalitária se inspira claramente em um tipo de monismo racionalista — não quero dizer com isso que os totalitarismos históricos são todos filhos legítimos e diretos do racionalismo, mas afirmar que muitas das convicções produzidas pela imaginação totalitária nasceram nessa perspectiva a partir da matéria-prima desse tipo de temperamento.

A noção de *temperamento* aparece de maneira bastante incisiva, mas ainda não totalmente formulada, no ensaio *O sentimento de racionalidade*, de 1879, quando William James afirma que "a luta entre diversos temperamentos persistirá sempre em filosofia. Uns buscarão apoio na razão, na harmonia advertida na intimidade das coisas [...], enquanto outros preferirão o ato bruto e espesso contra o qual teremos de raciocinar".[96] Ou seja, o que William James está constatando é que os filósofos modernos se distinguem basicamente entre dois tipos básicos: *racionalistas* e *empiristas*.

O que James entende por temperamento pode ser esclarecido a partir de uma passagem do filósofo do idealismo alemão, Fichte, a respeito das razões que levam uma pessoa a tomar como base certos sistemas filosóficos e não outros: "A filosofia que escolhemos depende do tipo de pessoa que somos, já que um sistema filosófico não é um utensílio morto que podemos soltar ou pegar à vontade, mas é algo animado pela alma da pessoa que o tem."[97]

Há três pontos fundamentais nessa passagem que merecem destaque:

1) A concepção filosófica de mundo é, em última análise, determinada por uma fundamental escolha pessoal e não por uma necessidade do tipo "não poderia ser de outro jeito, fui tomado pela verdade". São nossas inclinações pessoais que determinam o tipo de filosofia que vamos "escolher" ou o tipo de mundo que iremos "conceber". Pense em alguém escolhendo, por exemplo, o *igualitarismo* como doutrina política. Há muito mais convicções pessoais envolvidas para determinar a preferência por essa concepção, e não, por exemplo, pelo *liberalismo*. Igualitarismo e coletivismo ou liberalismo e individualismo dizem muito mais

A IMAGINAÇÃO TOTALITÁRIA 171

respeito ao tipo de pessoas que concebem essas doutrinas do que ao próprio fundamento filosófico delas. Óbvio que isso não é estático e a abertura de mudança de posição garante justamente a condição de liberdade da consciência humana.

2) Todas essas escolhas derivam (mas não são determinadas) justamente do perfil psicológico da pessoa e não de um rigoroso raciocínio lógico, não de abstrações esquemáticas e conceituais. Podemos fazer um tremendo esforço lógico e demonstrar que o igualitarismo e o coletivismo são concepções *logicamente* falidas, mas por inclinação psicológica um ideólogo acaba acatando o igualitarismo e o coletivismo como ideologia como se fossem verdadeiras expressões da realidade.

3) A concepção de mundo de alguém não é um mero instrumento de explicação da realidade, mas toda concepção determina que tipo de *relação fundamental imediata* um homem estabelece com a realidade. Ou seja, que tipo de "recorte" ela faz a partir da experiência.

A nenhum homem cabe a experiência total da realidade devido à sua condição. Toda experiência *se inclina*, mas não é determinada, por *aspectos* distintos. Deste modo, um homem forma sua imagem de mundo segundo o que lhe parece mais significativo. Todo ideólogo pretende falar em nome da realidade em vez de falar em nome das próprias ideologias. Mas todo ideólogo destaca um aspecto da realidade segundo seu temperamento, isto é, segundo a forma como lida diretamente com a realidade. A disposição liberal destaca a idiossincrasia individual, o coletivista se dispõe a destacar os traços do que é comum entre os homens em detrimento das diferenças. Sua disposição de temperamento faz com que tome o todo pela parte e não a parte pela... parte.

Nessa perspectiva, presume-se que todo conhecimento filosófico fornece uma visão de mundo e de um homem de carne e osso e, consequentemente, uma visão de ética, de política, de justiça, de beleza etc., a partir de interesses humanos reais. Diante do modo como cada homem compreende sua relação com a realidade, podemos compreender o que ele destaca do seu mundo circundante e encontrar um parâmetro para entender sua forma de pensar o mundo.

Reforçando: o *igualitarismo* destaca da experiência da realidade a *igualdade* entre os homens, enquanto o liberalismo, no extremo oposto, as *diferenças*. O primeiro destaca, por inclinação, o caráter *comum*; enquanto o segundo, em oposição, o *indivíduo*. Não é que este faça mais sentido do que aquele; este, na verdade, faz mais sentido segundo o modo como cada pessoa intenta buscar sentido. O problema está no tipo de experiência que fornece aspectos significativos. Destacamos o que nossa intenção temperamental *visa* como digno de ser destacado. A adoção e construção de discursos políticos partem da inclinação dessas disposições.

A grande discussão a respeito dessa relação consiste em saber quem determina o quê: se o homem, limitado à sua capacidade cognitiva e às suas características psicológicas, determina a realidade; ou, por outro lado, se a realidade, independentemente das limitações e características humanas, determina o homem. Sem dúvida esta é uma grande incógnita da experiência humana. No entanto, não podemos negligenciar o fato de que a *linguagem* — e, consequentemente, os discursos políticos — emerge daí. A construção da linguagem totalitária é outro passo que precisa ser explorado nessa história, certamente não nos limites impostos por este livro. Nosso interesse, por ora, deve estar restrito ao intento de encontrar a fonte filosófica *da forma* desse tipo de imaginação.

A constante da natureza humana é acreditar piamente estar em pleno *acordo* com a realidade, representar por meio da linguagem a realidade e nunca pensar na possibilidade de falar, por exemplo, em nome da imaginação. Todas as ideologias políticas atualmente *pensam* assim. Falar em nome da imaginação seria como falar em nome de algum tipo de ilusão. A imaginação não admite outra crença senão a de que "estou em plena conformidade com a realidade". A maior ilusão das ideologias é precisamente esta: fomentar a imaginação de que falamos *diretamente* em nome da realidade.

Outro risco é o de relativismo. Devemos nos alertar quanto ao seguinte: muita gente acredita que se ficar estabelecido que cada homem particular e suas convicções pessoais determinam a realidade, então corremos o risco de assumir um relativismo inconsequente, um vale-tudo epistemológico sem quaisquer esperanças de solução. Como não seria possível saber o que a realidade significa independentemente do modo como cada homem a concebe e a experimenta, então isso abriria a possibilidade para uma visão solipsista do conhecimento, uma concepção centrada estritamente na experiência subjetiva.

Dizer que o temperamento dispõe o tipo de experiência que teremos com a realidade não implica na defesa ou corroboração com qualquer tipo de relativismo. Suspeitar da incapacidade epistemológica e postular a insuficiência antropológica no que diz respeito à possibilidade de determinar definitivamente o que é a realidade significa apenas a disposição cética adequada para todos os âmbitos da nossa vida, sobretudo em relação à arrogância das ideologias políticas que pretendem *o tempo todo* falar em nome da realidade. Devemos reconhecer que a crença é construída a partir de um sistema de representações e que essa *interface* entre o homem e a realidade depende dos contextos em que os atos de fala são construídos. O *conteúdo* da imaginação, o imaginário político e a linguagem desse ideário[98] emergem e ajudam a construir esses contextos de experiência e expectativas. O relativismo seria uma atitude inconsequente da disposição cética, na verdade, para ser mais preciso, uma atitude paradoxalmente dogmática do cético. Por isso, a disposição cética precisa ser sincera ao reconhecer os limites humanos.

5.

De acordo com o que foi exposto, não podemos incorrer no erro do solipsismo ou do hermetismo subjetivista. Devemos, pelo contrário, chamar atenção para o caráter pessoal — e da construção e envolvimento com os contextos históricos — da experiência da realidade, e não concluir, a partir disso, que a filosofia se encerra nessa experiência puramente subjetiva. A experiência pessoal deverá ser o ponto de *partida*, e não de *chegada*.

Por isso acredito que a filosofia de William James possa nos ajudar em particular.

Ele não defende que toda visão filosófica de mundo simplesmente possa ser reduzida ao que o homem, à luz de suas limitações, determina. Ele não pretende mostrar o fracasso do intento filosófico em conhecer genuinamente a realidade e depois apontar, como Kant, a necessidade inevitável de uma crença otimista em um *final feliz*. Seu interesse visa legitimar um ponto seguro a partir do qual possamos avaliar por quais razões há uma variedade muito grande de tipos de filosofias ao longo da história. O pluralismo é um fato, e um fato que precisa ser explicado e não simplesmente superado e rechaçado.

Nosso objetivo, trazendo-o para essa reflexão, consiste em avaliar as raízes filosóficas da imaginação totalitária a partir da análise da disposição desses perfis. Se a imaginação totalitária tem a pretensão de aniquilar *toda diferença* que não se adequa à totalidade de suas pretensões, então é preciso perguntar em *qual temperamento* ela se apoia para legitimar isso.

Diferentemente de muitos filósofos, William James não concebe a filosofia como um aparato técnico a fim de dar repertório conceitual na busca de explicar a realidade. Ele inicia sua análise do temperamento pessoal definindo a importância vital da filosofia para o homem:

> Para a filosofia, o que é tão importante em cada um de nós não é um preparo técnico; mas o nosso senso de que é a vida honesta e profundamente significativa. É somente em parte obtida nos livros; é a nossa maneira individual de ver e sentir exatamente a carga total e pressão do cosmos.[99]

Geralmente, filosofar nos força a colocar em xeque nossa própria concepção de mundo. Todos os homens têm uma visão de mundo, um sistema de valores, uma crença naquilo que poderia ser nosso destino último. Porém, só a filosofia traz a possibilidade de "ver e sentir" o significado último dessa "carga total" da realidade. A religião também tem essa função, mas no caso da religião sua linguagem é fundamentalmente simbólica. Nesse sentido, o intento filosófico se apresenta como "a mais sublime e a mais trivial das empreitadas humanas. Opera em brechas mais estreitas e se abre para os mais vastos horizontes",[100] e, "apesar de os resultados da filosofia dizerem respeito a todos nós de maneira fundamental",[101] não é todo homem que se dispõe a investigar os pressupostos fundamentais que sustentam a própria concepção de mundo — inclusive os pressupostos científicos, tomados de convicções para além da própria metodologia.

A diferença entre os homens comuns e os filósofos pode ser marcada da seguinte forma: os filósofos buscam lançar luz e clarear "os efeitos contrastantes de mistério e escuridão"[102] que nos acompanham por toda nossa existência. Mas por serem "profissionais" em matéria de resolver as fundamentais obscuridades do mundo, eles tendem geralmente a esconder seu ponto de partida, seus motivos, suas convicções mais íntimas, que, segundo James, emergem de interesses pessoais como os de qualquer outro homem comum:[103] "a história da filosofia é, em grande parte, a história de uma certa colisão de temperamentos humanos".

Ele continua:

> O temperamento não é a razão convencionalmente admitida, com o que lança mão das razões impessoais somente para as conclusões. Seu temperamento, contudo, confere-lhe distorção mais forte do que qualquer de suas premissas mais objetivas. Sobrecarrega-lhe a evidência desse modo ou de outro, estabelecendo uma visão mais sentimental ou mais realista do universo. Confia em seu temperamento. Necessitando de um universo que se lhe adapte, acredita em qualquer representação que se lhe adapte. Sente que os homens de temperamento oposto estão fora de sintonia com o caráter do mundo, e em seu íntimo considera-os incompetentes e "por fora" do negócio filosófico.[104]

William James estabelece que os tipos de conflitos de visões de mundo ao longo da história da filosofia não são derivados da consistência lógica interna, mas do contraste entre temperamentos dos filósofos, ou, como vimos em Fichte, de que toda filosofia é sempre a filosofia de alguém e de um homem singular encarnado no mundo, "algo animado pela alma da pessoa que a tem".

Os contrastes entre filosofias e, consequentemente, entre os conjuntos de valores são contrastes derivados, em primeira instância, de "temperamentos opostos", e aqui está o ponto. William James procura mostrar que, ao se refletir a respeito da história da filosofia, deve ser muito mais importante não exatamente narrar a história das ideias e dos sistemas filosóficos em si e por si mesmos, mas buscar compreender a história das experiências vividas por cada filósofo em seus dilemas e expectativas reais, pois esses dilemas reais revelariam o ponto de partida que é determinado pela experiência de cada filósofo.

O temperamento até pode conferir um aspecto sentimental e pessoal ao intento filosófico, os filósofos podem até tentar "encobri-lo" — uma vez que o temperamento "não configura a razão convencionalmente admitida" na comunidade filosófica. Entretanto, o temperamento "confere distorções mais fortes do que qualquer das premissas objetivas", uma vez que direciona o que será considerado, em última análise, evidente ou não, tratado como realidade ou não, isto é, dando ênfase ao que lhe confere maior dignidade ou àquilo que lhe chama mais atenção — pensemos no exemplo da distinção entre liberalismo e coletivismo. Pois "homens diferentes sentem-se mais à vontade em partes diferentes do mundo" e "todos os filósofos, cada um a seu modo, conceberam o mundo de acordo com a analogia de alguma de suas características que chamaram em especial sua atenção"[105] bem antes de se engajarem na construção lógica de seus sistemas filosóficos.

Por isso, a discussão entre liberais e coletivistas, para manter o exemplo, é impossível de ser resolvida no plano puramente das ideias, porquanto ambos partem de pressupostos completamente distintos.

Não se pode negligenciar a pergunta que se impõe: então como resolver na *prática*? Desde que o governo — muito mais perigoso do que o Estado — não assuma a posição de juiz das disputas ideológicas, não há tanto com que se preocupar. O problema nasce justamente quando um governo específico resolve bater o martelo em certas disputas, representar os "anseios da sociedade civil". Ora, como representar esses anseios se não há forma objetiva e inequívoca para representação completa do que anseia a sociedade como um todo? Por enquanto, deixemos em aberto.

O dado essencial para a objetividade das conclusões filosóficas — e políticas —, e William James notará com precisão, é que, infelizmente, decorre dos nossos temperamentos certa insinceridade em nossas discussões: "a mais poderosa de nossas premissas jamais é mencionada". E nunca será.

Os filósofos tendem a negligenciar o próprio caráter temperamental a partir do qual estabelecem suas visões de mundo, dado que acreditam piamente que tal caráter limitaria a possibilidade de sua filosofia estabelecer um contato legítimo com a realidade, transformando-a em uma mera questão de gosto ou limitada à esfera da subjetividade. É caro demais ao intento filosófico "ver as coisas diretamente em sua própria maneira peculiar de ver, e não se satisfazer com qualquer modo contrário de vê-las".

Pensemos na quantidade de discussão inútil que seria poupada se colássemos claramente na mesa nossos pressupostos mais básicos fornecidos a partir de nossas inclinações pessoais. No entanto, parece haver um horror a tudo que é pessoal. A luta por tópicos *emergenciais* anula a morosidade da reflexão filosófica.

6.

Os contrastes de temperamentos fornecem tipos extremos de concepção de mundo elaboradas a partir das experiências de homens singulares e suas preferências. Segundo James, nos gran-

A IMAGINAÇÃO TOTALITÁRIA

des filósofos esses traços são extremamente marcados, pois são "homens de idiossincrasia radical, que impuseram sua chancela e feitio à filosofia, e figuram em sua história. Tais como Platão, Locke, Hegel, Spencer". Por outro lado, na maioria dos homens esses temperamentos estão sempre misturados. Como a grande maioria das pessoas nunca lida diretamente com filósofos, temos muito pouca noção de como esses tipos puros de temperamento se apresentariam na sociedade.

A história da filosofia (na modernidade isso ficará mais acentuado) se reduz em dois grandes contrastes: os *empiristas* e os *racionalistas*. O empirista se caracteriza por ser o "adepto dos fatos em toda sua crua variedade", enquanto o racionalista pode ser compreendido como um "devoto dos princípios eternos e abstratos". William James busca reduzir os tipos cada vez mais elementares dessas "construções mentais" que estão vinculadas a um temperamento básico. Segundo ele, "cada tipo de permutação e de combinação é possível na natureza humana" e, apesar de parecer uma qualificação arbitrária, ele acredita que "só até certo ponto", uma vez que a história da filosofia está repleta de exemplos de filosofias denominadas de "racionalista" e "sensacionalista", "intelectualista" e "sensualista", que podem ser descritas assim:

A natureza parece combinar mais frequentemente o intelectualismo a uma tendência idealística e otimista. Os empíricos ao materialismo e um otimismo trêmulo. O racionalismo tende a ser monista. Parte do conjunto e dos universais, e faz muito com a unidade das coisas. O empirismo parte das partes, e faz do todo uma coleção — não é, pois, absurdo chamá-lo pluralista. O racionalismo usualmente considera-se mais religioso do que o empirismo [...]. O racionalista usualmente também estará a favor do que é chamado livre arbítrio, e o empirista será um fatalista. O racionalista, finalmente, será de temperamento dogmático em suas afirmações, ao passo que o empirista pode ser mais cético e aberto às discussões.[106]

Deste modo, William James distingue dois traços típicos radicais de *temperamento* a partir dos quais será possível deduzir as distinções descritas acima: "o espírito terno" e "o espírito duro" (guardada as devidas proporções e pressupostos filosóficos, poderíamos atualizar os termos e usar as categorias de Nassim Nicholas Taleb. Identificar o "espírito duro" com o "antifrágil" e o espírito "terno" com o "frágil").

O espírito terno, ou frágil, é o racionalista: segue princípios, é intelectualista, idealista, otimista, religioso, livre-arbitrista, monista e dogmático. Já o espírito duro, ou antifrágil, é típico dos empiristas: segue fatos, tem uma tendência materialista, fatalista, pluralista e cética. William James busca diferenciar os tipos de pensamentos filosóficos conflitantes de forma a levá-los às suas últimas consequências lógicas.

Em um de seus mais importantes ensaios filosóficos, *Um mundo de experiência pura*, ele apresenta a distinção entre empirismo tradicional e racionalismo nos seguintes termos:

> O empirismo é conhecido como o oposto do racionalismo. O racionalismo tende a enfatizar os universais e a construir os todos anteriormente às partes tanto na lógica da ordem como na do ser. O empirismo, ao contrário, fundamenta a ênfase explanatória na parte, no elemento, no indivíduo, e trata o todo como uma coleção e o universal como uma abstração.[107]

A IMAGINAÇÃO TOTALITÁRIA

Não há dúvida de que racionalismo e empirismo apresentam-se como dois extremos inconciliáveis e servem como bases para a construção de outros tipos de filosofia. Toda ênfase de sua análise, da qual corroboramos, recai nas consequências lógicas derivadas dos pressupostos elementares de cada uma dessas concepções de mundo.

O que é o racionalismo senão a concepção de mundo construída a partir da noção do todo a fim de explicar as partes, a filosofia que "tende a enfatizar os universais" com o intuito, justamente, de "construir os todos anteriormente às partes"? Planejamento, burocracia, tentativa de conter a presença do acaso, controle dos processos e, principalmente, dos resultados. Todo racionalista, em última análise, pensa o mundo a partir do pressuposto de uma *unidade*. Nesse sentido, o racionalismo é, fundamentalmente, monista e absolutista — na sua forma radical busca vivenciar todo conforto significativo produzido por essa experiência de unidade. A tese básica do racionalismo, segundo a interpretação de James, é a de que *tudo é um*; em outras palavras, o racionalismo acentua a concepção do mundo nas categorias de unidade, universalidade e totalidade.

O racionalismo, historicamente, é a concepção epistemológica — de consequências metafísicas fundamentais e cuja origem na modernidade remonta ao filósofo francês René Descartes — que defende a capacidade da razão em conhecer, a partir dos próprios princípios dados não pela experiência, mas por verdades inatas à razão, as verdades objetivas a respeito da realidade como um *todo* — a filosofia de Espinosa, por exemplo, foi um desdobramento lógico radical das premissas cartesianas. Portanto, traz uma visão de mundo bastante sistemática e fechada. O racionalista confia na capacidade da razão em produzir conhecimento objetivo inequívoco acerca do mundo, da existência de Deus, da consciência humana.

Como frisa William James, refletindo sobre a atividade filosófica do ponto de vista do racionalista:[108] "a filosofia tem sido frequentemente definida como a averiguação ou a visão da *unidade do mundo*. Poucas pessoas jamais se insurgiram contra essa definição, verdadeira na medida do seu alcance, pois a filosofia tem, na verdade, manifestado acima de todas as coisas o seu interesse pela *unidade*". Mas surge o problema: "que dizer, porém, da variedade das coisas?", pergunta James.

E responde:

> Se, ao invés de usar o termo filosofia, falarmos em geral de nosso intelecto, e de suas necessidades, rapidamente veremos que a unidade é somente uma delas. Familiaridade com os detalhes dos fatos é sempre contada, juntamente com sua redução a sistema, como marca indispensável de grandeza [...]. O que o nosso intelecto realmente visa não é a variedade nem a unidade tomada singularmente, mas a totalidade. [...] A despeito desse fato óbvio, a unidade das coisas tem sido sempre considerada mais ilustre do que a variedade. Quando um jovem concebe pela primeira vez a noção de partes movendo-se lado a lado como fossem interligadas, sente-se como estivesse desfrutando de uma grande visão, e olha arrogantemente para tudo que ainda não se enquadra nessa sublime concepção mental.[109]

Desta maneira, para o temperamento racionalista, a crença nos princípios inatos da razão determina nossa inclinação de ir além do meramente empírico, da idiossincrasia dos fatos, de olhar o todo e não os detalhes. Para esse tipo de mentalidade filosófica, a unidade e a totalidade precedem as partes e as individualidades. Desses princípios puros da razão, cuja fonte não pode ser a ex-

A IMAGINAÇÃO TOTALITÁRIA

periência empírica, torna-se possível compreender o fundamento das leis físicas, históricas, sociais e humanas concebidas como totalmente inclusivas no *um*.

As pretensões humanas acerca do alcance da grande verdade para o racionalista são derivadas diretamente da própria razão em seu exercício pleno, como efetiva "averiguação ou a visão da unidade do mundo". Todas essas pretensões determinam-se a partir da ideia de que o mundo só pode ser compreendido fundamentalmente como unidade coerente e abrangente. E, por isso, não pode ser derivado do dado da experiência empírica, mas do pressuposto estabelecido pela própria razão de que *tudo* no mundo é *um*. Ou seja, é parte de uma unidade abstrata radical e inegociável, uma vez que foi determinada pela própria razão.

Mas se o critério dessa grande verdade não é outra coisa senão a possibilidade de um conhecimento que se pretende universal em sua radicalidade — e cujas partes são "lado a lado interligadas" por relações que não poderiam se dar de outro jeito —, então não poderá ser menos verdade que tal critério repousa exclusivamente na capacidade da razão humana — e para alguns sobre-humana — de fundamentá-lo. Vale como conhecimento universal e profundamente verdadeiro se, no limite, as proposições de todo conhecimento possível puderem ser reduzidas a princípios fundamentais da própria razão, já que "o que o nosso intelecto visa não é a variedade nem a unidade tomada singularmente, mas tão somente a *totalidade*".

Portanto, para um temperamento racionalista, será objetivamente verdadeiro o que é racionalmente verdadeiro. E as verdades da razão são verdades que não só não contrariam princípios determinados e garantidos pela própria razão, como são suficientemente fundamentadas por eles, dados como axiomas autoevi-

FRANCISCO RAZZO

dentes. Os princípios da razão são, eles próprios, tomados como necessariamente verdadeiros, e a validação de tais princípios apresenta-se totalmente independente da experiência empírica.

Dessa crença nos princípios inatos da razão, marca central do absolutismo epistemológico, são derivadas as condições da descrição objetiva do mundo, que não é outra senão a descrição de sua unidade na totalidade e não a descrição sumamente subjetiva ou pessoal das relações vivenciáveis no mundo circunscrito no ponto de vista de quem o vivencia a partir de suas particularidades e interesses individuais, marcando, assim, a característica da variedade e pluralidade por ser derivado da experiência empírica.

Um exemplo importante desse temperamento racionalista absolutista pode ser encontrado na doutrina de Rousseau acerca da soberania popular, expressa no conceito de "vontade geral". A propósito, alguns estudiosos dos regimes totalitários viram precisamente nesse conceito de Rousseau a gênese histórica dos totalitarismos. O principal deles, já mencionado aqui, é Jacob L. Talmon. Ele diz claramente que:

> A democracia totalitária moderna é uma ditadura que se apoia no entusiasmo popular [...]. Na medida em que é uma ditadura baseada na ideologia e no entusiasmo das massas, é o resultado, como será mostrado, da síntese entre a ideia do século XVIII da ordem natural e a ideia de Rousseau de satisfação da autoexpressão popular. Esta síntese racionalista foi feita por meio de uma fé apaixonada. A "Vontade Geral" de Rousseau, um conceito ambíguo, às vezes concebida como válida *a priori*, às vezes como imanente na vontade do homem, implicando uma espécie de unanimidade exclusiva, tornou-se a força motriz da democracia totalitária e a fonte de todas as suas contradições e antinomias.[110]

A IMAGINAÇÃO TOTALITÁRIA

Outro autor que vê nas ideias de Rousseau um ponto de partida para os regimes totalitários é o norte-americano Irving Babbitt. Em "Imaginação idílica", capítulo do seu livro *Democracia e liderança*, ele diz que "tal absolutismo de Rousseau aparece de modo mais notável, como é bem sabido, na sua doutrina da soberania popular", e completa: "Ele extrai essa doutrina dos princípios fundamentais com rigor geométrico." Típico do temperamento racionalista cuja fé na razão substitui a fé na revelação, "a Vontade Geral, em Rousseau, é a sucessora da vontade divina".[111] E, como dirá José Guilherme Merquior, "embora Rousseau nunca tenha previsto algo como revolução, muito do terrorismo jacobino revolucionário de 1793-1794 foi executado em seu nome".[112] Voltarei a esse tópico no próximo capítulo, quando for tratar especificamente da "política totalitária".

O sociólogo polonês Zygmunt Bauman, em seu livro *Em busca da política*, sintetizará com precisão esse "temperamento":

Foi a lógica, afinal, a lógica flutuante e sem âncora, uma lógica autocentrada e autorreferenciada, não mais impedida pela resistência da matéria e imune a todos os testes de realidade, que constituiu o *principal atrativo do pensamento totalitário quando este capturou a imaginação* de todos os sonhadores modernos da "perfeita ordem" (grifo meu).[113]

Não era à toa o ódio de Tocqueville aos sistemas absolutos frutos do temperamento racionalista: "De minha parte", diz ele, "detesto sistemas absolutos, que tornam todos os acontecimentos da história dependentes de grandes causas primeiras, ligadas entre si por um encadeamento fatal, e que eliminam, por assim dizer, os homens da história do gênero humano".[114] Afinal, como observa o grande filósofo francês, esses sistemas são "estreitos em sua pretendida grandeza e falsos em seu ar de verdade matemática":

> Creio — e que não se ofendam os escritores que têm inventado essas sublimes teorias para alimentar a vaidade e facilitar o trabalho — que muitos fatos históricos importantes só podem ser explicados por circunstâncias acidentais e que muitos outros são inexplicáveis; e enfim que o acaso tem um grande papel em tudo que vemos no teatro do mundo; mas creio firmemente que o acaso nada faz àquilo que, de antemão, já não esteja preparado. Os fatos anteriores, a natureza das instituições, a dinâmica dos espíritos e o estado dos costumes são materiais com os quais o acaso compõe os improvisos que nos assombram e nos assustam.[115]

Ou seja, na melhor das expressões, um verdadeiro contraponto ao temperamento racionalista. Nesse sentido, pode-se dizer que Tocqueville seria um grande exemplo do temperamento empirista.

Segundo a análise dos temperamentos filosóficos realizada por William James, a concepção empirista, ao contrário da racionalista, "fundamenta a ênfase explanatória na *parte*, no elemento, no indivíduo, e trata o *todo* como uma *coleção* e o universal como uma *abstração*". Não que não existam as categorias do todo e da unidade; o importante é destacar que tais conceitos são meras abstrações. O exemplo do individualismo e do coletivismo pode nos ajudar: o temperamento empirista não nega o coletivo; nega, na verdade, que ele ultrapasse o sentido gramatical.

O empirismo, nesse sentido, constitui a visão de mundo cuja característica principal é a pluralidade e variedade dos fatos em

A IMAGINAÇÃO TOTALITÁRIA

detrimento da unidade do todo. O temperamento empirista privilegia as noções de "coleção" e "reunião" em detrimento das noções de "universalidade" e "unidade" como realidades. Essas categorias de *universalidade* e *totalidade* não passam, para um empirista, de meras abstrações, consequentemente secundárias ao processo de conhecimento do mundo. Deste modo, o mundo deve ser aprendido a partir da sua variedade fatídica, dos fatos brutos, e, por isso, jamais será redutível à ideia de totalidade. O empirismo lembra-nos sempre do que é imensurável na realidade. Rejeita, por isso, toda ideia da possibilidade de uma sociedade perfeita fundamentada na ideia de um homem perfeito. Rejeita, por fim, a possibilidade de um controle das ações humanas e das receitas de gabinete. Opta pela espontaneidade das relações, pelo imprevisível e incerto, e sabe tirar proveito do aleatório e dos erros.

O temperamento empirista se coloca, dessa forma, como fundamento para uma concepção filosófica radicalmente oposta ao racionalismo, e, portanto, tem consequências filosóficas e sociais completamente distintas. Se a imaginação totalitária se alimenta do racionalismo, como defendo, a imaginação plural se aproveita da matéria-prima produzida pela inclinação empirista.

Em suma, o racionalismo tende, em última análise, a um absolutismo monista em que a totalidade dos eventos é reduzida ao dado de uma unidade toda abrangente, isto é, *tudo é um*. Ao passo que as consequências de um temperamento inclinado ao empirismo são, justamente, forçadas a levar em consideração a impossibilidade de redução da totalidade dos eventos no mundo a uma unidade toda abrangente. Portanto, *tudo é múltiplo*.

Não seria totalmente forçoso aproximar essa distinção psicológica jamesiana como base para compreender a distinção no âmbito da filosofia política, feita por Michael Oakeshott, entre "política de fé" e "política de ceticismo",[116] que também são tipos de "ideais extremos".

Segundo o filósofo britânico, política de fé se opõe a política de ceticismo. Essas seriam formas distintas e recorrentes de como o Estado moderno concebe a noção de governo.

Na política de fé, governar significa basicamente conduzir os cidadãos a um propósito comum: a perfeição da humanidade. Enquanto na política de ceticismo, ao aprimoramento.

Concebe-se a associação entre os homens como *universitas* e não como *societas*. A *universitas* caracteriza-se pela unidade do coletivo em detrimento da variedade do indivíduo; já a *societas* enfatiza associação entre indivíduos e não a unidade do coletivo. A primeira forma leva em consideração aquele otimismo típico do racionalismo moderno; enquanto a segunda forma deriva sua concepção cética da tradição empírica.

Da política de fé deriva o otimismo cósmico, isto é, a tomada de consciência de que o todo precede as partes. Esse otimismo inspira a crença de que, por meio da razão, seria possível coincidir a perfeição do universo com a perfeição social. Todo otimismo da política de fé consiste na busca de uma visão racionalista e absoluta do Bem. Mais do que isso, de uma perfeição que possa ser alcançada mediante a ação do Estado como o agente realizador e o instrumento da manutenção da grande verdade no mundo.

Pior para todo oponente dessa visão de política, pois "serão identificados não como meros dissidentes a serem inibidos, mas como descrentes a serem convertidos", ao passo que não se trata de um poder autoritário, mas claramente dominado pela imaginação totalitária e exigindo que a obediência deva "ser acompanhada pelo fervor". A política de fé, da verdade absoluta, alimenta-se de seus fiéis, e se "o sujeito não é entusiasta com o governo,

A IMAGINAÇÃO TOTALITÁRIA

não há nenhum objeto legítimo de devoção; se ele é devotado à 'perfeição', ele deve ser devotado ao governo".[117] *Tudo é um.*

Por outro lado, há a política de ceticismo. Ficamos com Michael Oakeshott nesta maneira de como compreender o governo e, mais do que isso, a crença em política, de forma limitada:

> O governo é, neste estilo, primeiramente uma atividade judicial; e onde os homens estão decididos sobre uma realização, seja individual ou coletiva, a atividade judicial é facilmente confundida com um obstáculo. Ele abdica exatamente no ponto onde os ativistas esperam uma afirmação da autoridade; ele se abstém justamente quando se espera que avance; ele insiste em detalhes técnicos; é reduzido, severo e não entusiasmado; não possui coragem ou convicção. Eis o estilo de governo que reconhece uma multiplicidade de direções da atividade, embora não expresse aprovação por nenhuma delas; assume a "imperfeição" e ainda se arrisca a não realizar nenhum julgamento moral".[118]

Esse será o estilo de governo que privilegia a distinção entre Estado e sociedade civil, isto é, um governo que não entende a política como a busca de unidade, perfeição, salvação e eternidade. Esta seria a melhor forma de resistir à tentação da política totalitária.

3. A política totalitária

Deste modo, por fim, pôde assumir aquele aspecto de revolução religiosa que tanto apavorou os contemporâneos; ou melhor, ela mesma tornou-se uma espécie de religião nova — religião imperfeita, sem Deus, sem culto e sem outra vida, mas que ainda assim inundou toda a Terra com seus soldados, apóstolos e mártires.

ALEXIS DE TOCQUEVILLE,
O antigo regime e a revolução

Nosso reino não é deste mundo

1.

A política promete. É da natureza da política prometer. Essa promessa não tem a ver com poder, embora esteja diretamente relacionada. Política, antes de tudo, diz respeito a possibilidades. Gramaticalmente, cumpre função verbal: verbo transitivo indireto, pois exige mediações no estabelecimento de toda regência. Toda forma de governo legítimo é mediação e, por ser mediação, não pode ser nem sujeito e nem objeto da história humana. Não pode ser, em última análise, o *fim* das ações humanas. Prometeu, o Titã amigo do homem, sabia disso ao roubar e dar de presente aos homens o fogo dos deuses. Por ser mediação, não há perfeição política. Por definição, nenhum ato político se completa em si mesmo.

Em uma possível definição filosófica, a ação política tem a ver justamente com a *transição* entre o nosso espaço de experiências concretas e o horizonte de nossas expectativas futuras.[1] A experiência temporal humana é fundamentalmente experiência de transição. A tensão do devir não pode ser cega. Sem as devidas mediações, abrem-se os espaços para as tiranias. Toda tirania, portanto, encerra em si uma forma de poder *intransitivo*. Mas nem toda forma de regência é, necessariamente, tirânica. O totalitarismo é tirania por excelência.

A presença concreta do homem no mundo sintetiza duas realidades: passado e futuro. Ambas só fazem sentido na consciência singular de um homem concreto. Não há passado e nem futuro senão como participação na memória e na esperança de alguém encarnado na história. A transitoriedade da história e a historicidade do tempo emergem da continuidade da consciência que ilumina o presente por meio do feixe de luz advindo das coisas que passaram e projetado às coisas que virão.[2] Por meio da linguagem e da criação de símbolos, comungamos essas experiências com outros seres humanos.

Ser um animal político não significa senão ser consciente de que o *aqui* e o *agora* não satisfazem o que nós, encerrados na condição de animais humanos, somos. Ser um animal humano significa, dentre tantas outras coisas, a experiência de que não pertencemos em *totalidade* ao presente.[3] Nada mais sem significado linguístico do que o *instante*. Do presente, estamos desenraizados: desenraizados para o futuro, para o passado, para o alto e, quando não tomamos o devido cuidado, atolados até a lama no enraizamento para baixo.

Deste modo, pode-se afirmar com relativa segurança o seguinte: há em nós uma consciência profunda de que *falta*, pelo menos nas condições oferecidas por esta vida mundana, *algo* para podermos nos considerar definitivamente completos. A plenitude é um horizonte de espera e não expressão da condição humana no mundo. Por isso, a crença de que não falta absolutamente mais nada, de que todas as satisfações foram exauridas e de que a miséria foi definitivamente vencida e erradicada só pode ser considerada puro autoengano — isso para não dizer: uma quantidade relativa de loucura.

Em vista dos limites impostos pela nossa condição, toda forma de poder, sem exceção, é, foi e será, pelo menos enquanto estivermos limitados por esta vida terrena, um *meio*. Não mais do que isso, não menos do que isso.

O poder, tomado aqui como substantivo, contraditoriamente, só revela um tipo especial de fraqueza. Os que almejam o poder a todo custo tentam esconder essa fraqueza a todo custo — as tiranias são projeções dessas tentativas. O poder substancial implica a expressão acabada da fragilidade humana, de que não há ordem humana de poder sem haver necessariamente ordem estabelecida ou negociada de relações de dependência. Por isso, é uma relação secundária, cuja estima deliberada, desordenada e exagerada indica o pior dos vícios: a soberba.

Toda ação política, ou seja, toda ação humana consciente de partilhar com outros seres humanos esse *drama de sentido*, tem a pretensão de realizar *parcialmente* — e não *totalmente* — a mediação entre a experiência da memória do passado, os limites impostos pela condição do presente e as promessas de que as coisas irão melhorar, cedo ou tarde, no futuro. Essa *relação*, portanto, indica a única experiência realmente inevitável da nossa condição humana no mundo: somos e não somos, ao mesmo tempo, mundanos. A importância da política reside precisamente aí. Como a nossa presença no mundo fere — às vezes com muita relutância, e às vezes com total entrega amorosa — o princípio lógico de não contradição, ou seja, nossa presença no mundo consiste em um erro lógico, a política tem de ser a condição moderada e prudente de conduzir a comunidade para a criação de mundos possíveis.

Em vista disso, o poder, ainda como substantivo, indica a dependência originária exclusiva da nossa natureza: a autonomia humana, que não pode ser senão uma autonomia *relativa*, sempre dependente e associada a outras instâncias. Faz toda soberania humana instituir-se soberana enquanto expressão dessa forma nunca acabada e definitiva de relação entre memórias e expectativas, entre recordação e esperança, entre passado e futuro, entre a fragilidade das relações das pessoas coexistindo em vista do convívio possível.

Carl Schmitt (1888-1985) define o critério do político na distinção *amigo-inimigo*. Segundo ele, essa seria a condição fundamental para qualquer relação se tornar política: "a distinção especificamente política, à qual podem ser relacionadas as ações e os motivos políticos, é a diferenciação entre amigo e inimigo",[4] ou seja, o âmbito do político não parte da noção de homogeneidade e harmonia, mas heterogeneidade e conflitos. Sua constituição não seria outra senão marcada por oposição incomensurável de interesses de formas de vida. "O político não designa um domínio de atividade próprio, mas apenas o grau de intensidade de uma associação ou de uma dissociação de pessoas."[5]

Nesse sentido, a autonomia da política só pode ser *relativa* e jamais como expressão definitiva de alguma forma pura e radical de autossuficiência e plenitude. A soberania absoluta, autossuficiente em toda sua dimensão, se existe, deve pertencer somente aos deuses.

Essa tentativa equivocada de se presumir uma autonomia absoluta em relação ao político revela a influência de pelo menos

A IMAGINAÇÃO TOTALITÁRIA

dois mitos subjacentes ao imaginário:[6] o antigo mito da Idade do Ouro e o mito da Ilha dos Bem-Aventurados. O mito da Idade do Ouro marca a relação do homem com suas origens primordiais, o que o homem histórico teria perdido depois da "queda". Já o mito da Ilha dos Bem-Aventurados trata do tempo futuro, da terra prometida. Trata-se, pois, de um "mito" messiânico. Ambas as histórias povoam nossa imaginação de um tempo ainda não histórico, pré-civil, em que a humanidade gozava de extrema abundância, paz e imortalidade.

Com efeito, não se pode jamais perder de vista essa máxima da sabedoria grega, os verdadeiros descobridores da política: "quando se é mortal, é preciso pensar como mortal", e, mais do que isso, "é preciso agir como mortal".[7]

Por conta dessa nossa condição histórica — insuficiente, temporal e, acima de tudo, mortal —, uma mente totalitária desenvolve, por exemplo, como demonstrou Nöel O'Sullivan,[8] estudioso do fascismo, um grande ódio à natureza assumidamente limitada da democracia liberal por conta da insistência em sua forma imperfeita de governo. O homem insuficiente só pode gerar formas de governo provisórias. Nunca a perfeição no mundo. Entretanto, para a mente totalitária, será preciso modificar a natureza humana. Nesse caso, subvertem a ordem do mito da Idade de Ouro e transfiguram a realidade à luz de velhas expectativas simbólicas de concepção do homem, da política, da história e da natureza. Só interessa a perfeição política.

Uma pessoa tomada pela imaginação totalitária não admite a ideia da representatividade indireta em política, que marca, justamente, a fratura no seio da própria cidade: marca de sua insuficiência. Só interessa a participação direta, que implica o abandono da lei (*nomos*) como mediação entre homens. Na imaginação totalitária não há espaço para a ideia de *mediação*: "o quadro arquetípico da Idade do Ouro conjuga-se segundo os símbolos da abundância, da imortalidade e da paz enquanto concórdia universal e espontaneidade", ou seja, nesse tipo de imaginação toma-se o ideal de "uma perfeição total, visto que a realidade (o cosmos e o Ser total) produz, por si própria, tanto a natureza como a cultura".[9]

A imaginação plural, por sua vez, presente de alguma forma nas democracias liberais, assume a presença inevitável dos conflitos de interesses e a incomensurabilidade dos valores, bem como não reconhece nenhum detentor do monopólio da virtude e nenhuma verdade absoluta como parâmetro último para a política. A marca fundamental da imaginação plural, por sua parte distinta da imaginação totalitária, assume justamente a realidade das imperfeições e reduz os inimigos políticos a meros adversários, com os quais é possível estabelecer acordos. Não há sentido em rebaixar sua humanidade para, depois, tentar aniquilá-los. O que remete fundamentalmente, portanto, a formas *indiretas* de poder e *mediações* legais.

A imaginação totalitária, pelo contrário, busca anular toda forma de mediação e instituições cuja característica política estará na noção de representatividade indireta. Sua marca essencial consiste, na verdade, na ruptura com a noção de representação, tal como vai afirmar Carl Schmitt, crítico implacável da democracia liberal: a natureza essencial da democracia de massas consiste na realização da *identidade fundamental* entre Estado e sociedade. No Estado total, todas as diferenças estarão suspensas, principalmente as diferenças entre direito e moral, economia, cultura e política:[10] "por trás da fórmula Estado total se esconde este conhecimento exato: o Estado atual possui novos meios de poder e possibilidades de uma intensidade extraordinária, de cujo alcance e efeitos mal suspeitamos", pois, segundo Schmitt,

A IMAGINAÇÃO TOTALITÁRIA

"nosso vocabulário e nossa imaginação ainda se fixam profundamente no século XIX".[11]

O Estado total implica, portanto, a transposição radical de todas as delimitações que o Estado liberal teria, antes, concebido e estabelecido. Na transposição dos seus limites, na relação de identidade estabelecida entre sociedade e Estado, então "todos os problemas sociais e econômicos se tornam imediatamente *estatais* e não se pode mais distinguir entre setores estatais-políticos e setores sociais-apolíticos". A conclusão lógica só poderia ser de que "nesse Estado social, *tudo* é político", ou seja, o Estado social-total ou total-social "intervém em todas as circunstâncias possíveis e em todos os domínios da existência humana, não apenas na economia, mas também nas questões culturais e sociais"[12].

Michael Mann, outro grande estudioso do fascismo[13] como movimento totalitário, diz que os totalitários encaram "a política como uma militância sem limites para alcançar valores morais absolutos" precisamente porque "consideram-se em uma *cruzada*", a saber: eles "não encaravam o mal como uma tendência universal da natureza humana. Como certos marxistas, os fascistas acreditavam que o mal estava encastelado em instituições sociais específicas" e, nesse sentido, a consequência prática era de que o mal poderia, portanto, "ser descartado", e, "sendo orgânica e expurgada, a nação poderia ser aperfeiçoada". Em última instância, acreditavam que para defender o bem contra o mal, a *violência era moralmente legítima*",[14] sobretudo no que diz respeito à violência contra as pessoas que, de uma forma ou outra, representam essas instituições sociais específicas. Seria como inverter a fórmula cristã de combate ao pecado e não o pecador — na lógica da mentalidade totalitária, deve-se combater e aniquilar o pecador a fim de vencer o pecado.

De qualquer maneira, não há como negar o caráter irredutivelmente pluralista de uma sociedade complexa tal como a nossa. E é com este caráter real que será preciso aprender a lidar de forma honesta e mais esclarecida — a primeira forma de esclarecimento consiste justamente em reconhecer nossos próprios limites com uma boa dose de ceticismo em relação à possibilidade da ação política. A política, entendida a partir dos seus devidos limites, deve significar justamente a arte de mundos possíveis em detrimento da construção imaginária de mundos ideais e nostálgicos.

O poder do Estado, quando subvertido pelo desejo de uma mente totalitária, deverá corresponder, em sua totalidade, à ordem da cultura como um todo. Ou seja, o poder deve encarnar o sentido último da história de um povo como culminação da necessidade humana de autoridade a fim de que, paradoxalmente, o homem realize plenamente sua liberdade em um mundo de paz perpétua. Mais do que fiscalizador, o Estado na sua forma esboçada pela imaginação totalitária é moralizador, estético e salvador.

No entanto, quanto maior a presença extensiva e ativa do Estado na vida da sociedade, mais a sociedade tende a sufocar a criatividade e o desenvolvimento moral dos indivíduos. Como concluiu o filósofo alemão Wilhelm von Humboldt (1767-1835) em seu clássico *Os limites da ação do Estado*, "os resultados perniciosos de ação extensivamente solícita por parte do Estado são ainda mais notavelmente demonstrados na supressão de toda energia criativa e na deterioração necessária do caráter moral".[15]

Para Humboldt, essa equação não precisa ser demonstrada, de tão evidente. O servilismo do indivíduo com relação às promessas do Estado lhe amputa a própria alma. Vale a pena ler na íntegra uma passagem de sua obra a esse respeito:

A IMAGINAÇÃO TOTALITÁRIA

Aqui não são necessários maiores argumentos. Aquele homem que é facilmente condutível torna-se por vontade própria disponível para sacrificar o que resta de sua capacidade espontânea. Ele se imagina liberado da ansiedade que vê agora transferida para outras mãos e tem o sentimento de estar fazendo o suficiente quando olha para a sua liderança e a segue. Assim, suas noções sobre mérito e culpabilidade permanecem em aberto, ainda sem conclusão. A ideia do primeiro, o mérito, já não mais o inspira, e a consciência dolorosa da última, a culpa, o assalta menos frequentemente e de maneira menos incisiva, já que ele pode mais facilmente atribuir suas deficiências à sua peculiar posição e deixá-las à responsabilidade daqueles que fizeram disso ou daquilo que se tornou. [...] Ele agora se considera não apenas completamente livre de qualquer dever que o Estado não lhe tenha expressamente imposto, mas também exonerado, ao mesmo tempo, de qualquer esforço pessoal no sentido de aprimorar sua própria condição.[16]

Para a imaginação totalitária, por outro lado, o Estado é concebido como a única entidade capaz de gerar não só o desenvolvimento econômico, mas desenvolvimento social, moral e, em última análise, religioso. E tudo que o indivíduo faça ou pense na verdade faz parte de uma realidade muito maior do que ele próprio, não necessariamente uma realidade fruto de sua própria avalição, escolhas, esforços e, principalmente, responsabilidades. No Estado totalitário, todos são responsáveis por todos. A ideia de ser responsável pelos próprios atos e escolhas deverá ser combatida como aberração.

"Não una, pois, o homem o que Deus separou": a expressão "a César o que é de César, e a Deus o que é de Deus", origem dos limites teológicos do poder, significa muito mais do que a separação entre política e religião, e deveria ser sempre evocada quando a imaginação busca atrofiar as responsabilidades individuais. As incisivas palavras de Cristo demarcam os limites da ação do Estado e, mais do que isso, demarcam os limites do ímpeto humano em relação à noção de poder que tenta se instaurar para além do seu próprio horizonte. A consciência pessoal, para além do ímpeto político, será sempre o resistente baluarte contra toda forma de tirania da imaginação totalitária.

Apenas a consciência pessoal tem condições de resistir ao poderoso sentimento produzido pela imaginação totalitária de que seria um dever fundamental do Estado fornecer as condições de superação da fragilidade de nossa condição. Ou seja, dar aos humildes, aos injustiçados, às minorias, por meio da distribuição de renda e da entrega dos direitos, melhores condições de vida com indispensáveis oportunidades materiais e morais para concorrerem, por exemplo, em igualdade de condições, com os mais favorecidos. Para a imaginação totalitária, essa seria a verdadeira vocação da política: salvar a todos e aniquilar quem atrapalha.

No entanto, a bondade, o conforto, a riqueza, a paz e a felicidade não são condições naturais do homem. E não faz o menor sentido justificar o sofrimento das pessoas por conta da realização e felicidade das outras: "Somos infelizes porque alguém é feliz".

Se podemos falar em condição de igualdade entre as pessoas, não podemos jamais nos furtar do fato de que somos todos iguais na fragilidade e na miséria. Portanto, a grande pergunta a ser feita não é a causa social do sofrimento humano, mas o que consegue nos elevar acima da nossa própria condição sem que precisemos por isso abrir mão da nossa própria natureza.

A IMAGINAÇÃO TOTALITÁRIA

2.

Do que se trata, então, essa fragilidade humana tão odiada pelos totalitários? Ora, para entendermos melhor esse problema em sua raiz filosófica, vale o esforço de nos lembrarmos de que atrás de nós há pelo menos dois grandes rastros em conflito: como animais, carregamos a memória da espécie *Homo sapiens*; como *pessoas*, animais falantes, contraditórios, livres e conscientes, carregamos a memória de participação de uma comunidade de semelhantes, isto é, a relação com outros animais falantes, contraditórios, livres e conscientes.

Por sua vez, como *espécie*, fugimos de uma possível e remota ameaça de extinção da própria espécie. Nossa luta constante contra a hostilidade da natureza selvagem. Como *pessoas*, buscamos celebrar a vida — e a morte — para tentar suportar o vazio da finitude, o vácuo existencial e a nossa vertigem de participação desta vida, que neste caso se manifesta não mais como um fato biológico, material e cego, mas exclusivamente como um valor, ou seja, como valor de dignidade.

A memória natural da espécie *Homo sapiens*, catalogada por nós mesmos entre milhares de outras espécies de seres vivos, se expressa nos nossos instintos mais básicos. Sobretudo o instinto de sobrevivência — comum, a propósito, a todos os outros seres vivos, dos mais simples aos mais complexos. Por isso, essa memória indica a vida em seu estado bruto, bestial — compreendida aqui, obviamente, sem qualquer juízo de valor.

Quando, por força da analogia política, usamos a expressão "reino animal" para nos referir a alguma característica originária e fundamental dessa realidade bruta, material e cega, o que pretendemos não é outra coisa senão indicar, com essa expressão emprestada das relações humanas, algum conteúdo de ordenamento dado à realidade biológica e natural. Pretendemos, com isso, indicar que essa realidade não é absolutamente caótica e totalmente cega e, por isso, possui, por mais elementar que seja, algum resquício mínimo de *sentido*. Em última análise, se expressa como *cosmos*, em suma, como *ordem*.

A dinâmica entre ordem e desordem da natureza mediada pelo fluir constante do tempo será perpétua fonte de admiração e respeito, de temor e fascínio entre os homens. Algo muito próximo daquilo que foi descrito como *mysterium tremendum et fascinans* por Rudolf Otto em *O sagrado*.[17] Como essa realidade natural se desenvolve e se diferencia entre tantas outras espécies não diz mais respeito à política ou à sacra admiração. E o homem não deve mergulhar com os dois pés nesse "lamaçal", para usar uma metáfora recorrente na filosofia de Platão,[18] a não ser para buscar o princípio ordenador, a *arché*, para além da própria dinâmica da natureza.

Por conta da experiência dessa diferença fundamental, a distinção entre *tempo natural* e *tempo histórico* deverá ser bem demarcada e a história natural não nos deve interessar tanto assim como horizonte de paradigma político. Embora, como defende o pensador alemão Reinhart Koselleck (1923-2006) em *Estratos do tempo*:

O percurso regular e repetitivo do Sol, dos planetas, da Lua e das estrelas, assim como a rotação da Terra, remete a medidas temporais constantes — anos, meses, dias e "constelações" —, bem como à sucessão das estações do ano. Todos esses decursos de tempo foram impostos ao ser humano, mesmo que ele tenha aprendido a interpretá-los e, sobretudo, a calculá-los graças a realizações culturais e intelectuais. Calendários e cronologias, séries de dados e estatísticas se apoiam nessas medidas de tempo derivadas da natureza, que os seres humanos descobriram como usar, mas das quais não podem dispor ao seu bel-prazer. Por isso, a linguagem dos tempos naturais preestabelecidos conserva um sentido incontestável.[19]

De qualquer maneira, por meio da história natural, devemos reconhecer o estado atual da nossa modéstia: o tempo da natureza, o tempo geológico, o tempo dos astros e o tempo do universo só funcionam como um duro lembrete do tamanho cósmico da nossa insignificância. Seu "sentido incontestável" tem muito mais a ver com a persistência e a indiferença da realidade em relação aos nossos problemas mundanos. E se podemos tirar algum tipo de lição moral disso tudo é justamente esta: *nossa grandeza está contida no reconhecimento sincero da nossa própria miséria*. A imaginação totalitária precisa anular a experiência dessa consciência de grande miséria, pois deseja se superar no ato de heroica grandeza.

A regularidade da natureza, que nos fornece certamente algumas *medidas* e nos indica algum *sentido*, já não se impõe mais como critério de tempo ordenado, cíclico, permanente, para as relações humanas. A fratura entre *cosmos* e *cidade* se tornou abissal. O divórcio entre homem e realidade natural não apresenta sinais de reconciliação. Se um dia a ordem natural nos serviu como referência a uma ordem moral e social, referência advinda da complexa noção filosófica conhecida como a Grande Cadeia do Ser,[20] hoje tais referências já não fazem mais sentido, ou, pelo menos, apresentam-se como superadas pela experiência do homem no mundo. Para ser mais preciso, pela experiência do reconhecimento de que desejamos superar a cegueira da matéria e o silêncio do destino da espécie.

Como vimos no capítulo 1, a imaginação totalitária tende a reduzir a compreensão da natureza humana e sua relação com a natureza, seja para *radicalizá-la*, como fenômeno puramente natural, seja para *desassociá-la*, como fenômeno puramente cultural. O que não há é sinal de qualquer possibilidade de harmonia, pois essa harmonia está rompida. E é essa ruptura ontológica que a imaginação totalitária não aceita e pretende o tempo todo superar.

Essa ruptura, a propósito, pode ser tomada como uma das principais chaves de compreensão do significado mais genuíno do que Nietzsche anunciava no final do século XIX como "morte de Deus" e a chegada do *niilismo* para os dois próximos séculos, e não como mero grito de revolta do homem solitário e descrente de Deus,[21] sendo, assim, uma constatação fundamental da nossa experiência do tempo no mundo. Todavia, essa *indiferença* do sentido da natureza também é uma indiferença da parte dos homens em relação ao seu princípio ordenador: "Deus morreu, as grandes aspirações se extinguem, mas *ninguém está dando a mínima importância*", como vai constatar, sem esconder certa alegria e sem levar consigo qualquer tipo ressentimento, o sociólogo francês Gilles Lipovetsky em *A era do vazio*.[22]

Se vivemos em uma espécie de Era do Vazio, esse vazio tem origem no desenvolvimento do niilismo moderno, que é a rejeição de todos os grandes paradigmas para orientação e sentido da nossa vida para além da nossa própria humanidade. Para a imaginação política totalitária, só o Estado poderá ser a chave de superação do niilismo.

Algumas palavras necessárias sobre Nietzsche.

A IMAGINAÇÃO TOTALITÁRIA 207

Talvez ele tenha sido o último filósofo a buscar no *eterno retorno* — portanto, em um paradigma cosmológico — a referência decisiva para a doutrina moral de superação do niilismo. Não conseguiu. Ele via na contraditória noção de eternidade se realizando no tempo a condição de possibilidade de *transvaloração dos valores*, "o mais pesado dos pesos", o modelo cosmológico de uma verdade no sentido extramoral, e não no sentido atribuído à ideia de "poder" enquanto determinado por uma instituição humana. Nietzsche até buscou fundamentar o *eterno retorno* na ciência natural e biológica de sua época.[23] Sua filosofia da *vontade de potência* deve ser lida a partir das complexas noções de "concorrência vital" e "força", herdadas da biologia e da física.[24] Nietzsche encontrou nas biologias de Wilhelm Roux (1850-1924) e William Ralph (1864-1948), e na física de Roger Joseph Bošković (1711-1787), não só sua crítica à metafísica, mas a justificativa científica do eterno retorno.[25]

Infelizmente, sua obra, a partir da má interpretação intencional e das distorções editoriais de responsabilidade de sua irmã, Elisabeth Förster-Nietzsche (1846-1935), casada com o escritor e político antissemita Bernhard Förster (1843-1889), terá influência nefasta e explosiva nas ideologias políticas do século XX. Segundo Michael Mann, "os valores nietzschianos tornavam o fascismo (o totalitarismo) radical", ou seja, com "o elogio da resistência, da vontade, do movimento, da ação coletiva, das massas, da dialética do progresso por intermédio da luta, da força e da violência",[26] Nietzsche teria fornecido repertório desastroso para as mentes despreparadas filosoficamente e seduzidas por seus compromissos ideológicos. No entanto, como demonstrou o filósofo Mario Vieira de Mello (1912-2006) em seu *Nietzsche: O Sócrates de nossos tempos*, os textos de Nietzsche sofreram manipulações da própria irmã, uma mulher comprometida com o movimento antissemita alemão:

> [as manipulações] de textos foram efetuadas por Elisabeth Förster-Nietzsche, quando, depois da doença do irmão, se viu senhora absoluta dos Arquivos que continham seus manuscritos. Elisabeth estava obcecada pela noção de que a vontade de potência era a ideia central da filosofia do irmão e interpretava essa ideia de maneira totalmente exteriorizada e superficializada, como uma afirmação de energia, de força, de superioridade e de domínio que, segundo ela, representava o traço essencial do caráter da alma alemã.[27]

Por isso, nunca será demais ler com cautela a obra de Nietzsche. O fato de Hitler, Mussolini ou qualquer adolescente engajado em coletivos ou no Black Bloc terem lido Nietzsche não significa que a filosofia deste deverá responder pelas interpretações ideologicamente equivocadas daqueles. A verdade é que Nietzsche era um aristocrata do espírito e um grande defensor da liberdade do homem em relação à esperança política. Suas reflexões sobre política giram em torno da criação de valores com o objetivo de formar homens nobres e ativos, não esses seres passivos dependentes da ajuda do poder público. Sua concepção de Estado — "o mais frio dos monstros frios"[28] — não deixa dúvida de que ele abominaria qualquer coisa parecida com o Terceiro Reich, em particular, ou com o Estado moderno, em geral.

> Empreguei a palavra *Estado*: já se compreende a que me refiro — a uma horda qualquer de loiros animais de rapina, uma raça de conquistadores e de senhores que, organizados para a guerra

e dotados de força de organizar, coloca sem escrúpulo algum suas terríveis garras sobre uma população talvez tremendamente superior em número, porém ainda informe e errante. É assim, com efeito, que se inicia na terra o *Estado*? Penso que assim fica refutada aquela fantasia que fazia começar com um *contrato*.[29]

Apesar das grandes diferenças entre as filosofias, essa concepção de Estado não seria muito diferente daquela concebida por Santo Agostinho em *A cidade de Deus*: o Estado como um bando de ladrões instituído.[30]

Em *Assim falou Zaratustra*, Nietzsche chama o Estado de o "novo ídolo":[31] "destruidores são os que preparam armadilhas para muitos e as chamam Estado; e suspendem por cima [dos ídolos] uma espada e cem cobiças", afinal, "o Estado mente em todas as línguas do bem e do mal; e, qualquer coisa que diga, mente — e qualquer coisa que possua, roubou-a". No entanto, o ponto-chave da crítica de Nietzsche ao Estado está em *Humano, demasiado humano*:

Os socialistas querem o bem-estar para o maior número possível de pessoas. Se a pátria permanente desse bem-estar, o Estado perfeito, fosse realmente alcançada, esse próprio bem-estar destruiria o terreno em que brota o grande intelecto, e mesmo o indivíduo poderoso: quero dizer, a grande energia. A humanidade se tornaria fraca demais para produzir o gênio, se esse Estado fosse alcançado.[32]

Se sua obra foi reivindicada como referência à ideologia nazifascista, uma leitura mais atenta dos seus escritos mostrará um filósofo extremamente crítico e debochado em relação à construção dessas perniciosas ideologias.[33] Se existem afinidades, como sugere John Gray, em *Missa negra*, elas precisam ser analisadas com prudência sem deformações anacrônicas de suas obras. Podemos não concordar com suas respostas e seu diagnóstico em relação à nossa cultura, mas negligenciar esse diagnóstico seria um erro fatal no que diz respeito à possibilidade de compreender o estado atual de coisas que estamos vivendo.

O ponto central da filosofia de Nietzsche foi justamente o de ter identificado o problema de extrema relevância em relação à nossa era secular: o niilismo. Pois é à luz da experiência do fim radical dos valores tradicionais que deveremos compreender a emergência da imaginação totalitária na história ocidental. "Negar o sentido do mundo é destruir as raízes ontológicas do Valor. Não só o mundo físico, mas o mundo moral, o mundo religioso, o mundo social que a violência do abalo sísmico destrói."[34]

A experiência do niilismo indica-nos a condição do homem em relação a si mesmo e à realidade, ou seja, com o niilismo temos a descrição de como "apareceu no mundo a mais perigosa de todas as doenças: o homem doente de si mesmo, consequência de um divórcio violento com o passado animal, de um salto para novas condições de existência".[35] Em suma, o problema de Nietzsche não foi com a fundamentação de um Estado que orientasse o destino de suas ovelhas, por meio do culto à personalidade de seu líder nacionalista e imperialista; o problema de Nietzsche foi encontrar o caminho para a autoafirmação do indivíduo livre lançado em meio a uma cultura de decadência. Entretanto, e isso é problemático, Nietzsche procurou construir essa superação por meio de um "novo mito redentor que conferisse sentido à história":[36] a ideia do *Übermensch* (Além-Homem), que teria levado às últimas consequências o projeto iluminista radical moderno.

3.

A garantia de sobrevivência, do ponto de vista biológico, vitalista, organicista, significa ter a capacidade de se manter vivo como um exemplar da espécie a fim unicamente de garantir a participação e, principalmente, a vida de todo o reino animal. As relações humanas, por sua vez, são pautadas na experiência individual dada na relação entre pessoas. Um homem singular pensa sua vida não como espécie de um reino animal, mas como pessoa dentro do drama do qual ele almeja compreender completamente o enredo, e sabe que, no fundo, não tem capacidade para isso. Nesse sentido, não se trata da sobrevivência de um todo, mas da busca de um sentido irredutível de sua própria existência e da compreensão de horizontes últimos, como dirá Eric Voegelin, uma experiência de "qualidade perturbadora". Não é porque vivemos numa era secular e niilista que de repente o homem parou de perguntar pelo significado de sua existência. A verdade da existência continua sendo um problema, o que a mentalidade totalitária faz é se apropriar desse drama e reduzi-lo ao ato político.

A hierarquia e, principalmente, a soberania do reino animal, sua estrutura, seu encadeamento, que vai do mais baixo ao mais elevado, do mais simples ao mais complexo, deverão ficar em segundo plano para as atuais discussões filosóficas preocupadas em ver nessa ordem alguma referência para os seres humanos. Ainda bem, pois o esforço de tentar determinar um critério para a ordem política como expressão de uma ordem biológica não é uma das coisas de que nós humanos devemos algum dia nos orgulhar. Buscar referência de sentido para a vida na biologia não passa de uma das principais distorções do próprio significado da ciência. As possíveis formas de interação entre ciência e teologia ou ciência e política, ou ainda entre política e teologia, precisam ser vistas em seus limites adequados de *articulação* e não meramente de concordância e discordância.[37]

O tema do darwinismo subjacente não esgota a complexa problemática do lugar do homem na natureza. Tema espinhoso que não vamos tratar em detalhes aqui. No entanto, o ponto principal é o seguinte: se a imaginação consiste na interface da relação entre o homem e a realidade natural e se a imaginação influencia nossos hábitos de condutas, sobretudo nossas condutas políticas, então o modo como imaginamos nossa relação com o mundo natural pode ser decisivo para o entendimento de como construímos nossas expectativas políticas.

Jean-Jacques Wunenburger, em *O imaginário*, explica com precisão a necessidade de construirmos essas expectativas por meio do imaginário — "os homens inventam, desenvolvem e legitimam suas crenças em imaginários na medida em que essa relação com o imaginário obedece à necessidade de sua natureza humana" — e lista três "funções e finalidades, subjetivas e objetivas, do imaginário, em escala individual e coletiva": a *função estético-lúdica*, que se divide em jogo, divertimento e arte; a *função cognitiva*, onde o imaginário aparece, o saber racional e científico falha; e, por último, a *função prática*, a mais importante para essa reflexão. A função prática do imaginário incita os homens a agir socialmente já que não nos satisfazemos só com as "necessidades da sensibilidade e do pensamento".[38]

Por conseguinte, mediante o imaginário, ultrapassamos nossa condição individual e histórica, nossa condição animal e limitada às leis da natureza. Transgredimos o *aqui* e *agora* momentâneo e egoísta da experiência bruta do fluxo da realidade e desenvolvemos hábitos de conduzir nossa vida a um determinado fim. A

A IMAGINAÇÃO TOTALITÁRIA

faculdade da imaginação consiste na condição de possibilidade de nos tornarmos *morais*. Tornamo-nos, assim, parte de uma *comunidade* porque imaginamos juntos com essa comunidade uma origem e um destino comum. Comungamos das mesmas esperanças, partilhamos dos mesmos pesadelos, sonhos, angústias.

O filósofo Edmund Burke (1729-1797), crítico da Revolução Francesa, adotou o conceito de "imaginação moral" a fim de explicar a atitude revolucionária no processo de destruição dos tradicionais valores civilizatórios.

> Mas agora tudo isso vai mudar. Todas as ilusões agradáveis que tornaram o poder moderado e a obediência liberal, que harmonizavam os diferentes matizes da vida e que, por branda assimilação, incorporaram na política sentimentos que embelezavam e suavizavam a sociedade privada estão para ser suprimidos por esse novo império conquistador de luz e razão. Toda a roupagem decente da vida está para ser rudemente arrancada. Todas as ideias ajuntadas, oferecidas no guarda-roupa de uma imaginação moral que o coração possui e o entendimento ratifica como necessária para esconder os defeitos de nossa natureza árida e corrompida, e para erguê-la à dignidade de nossa estima, estão para ser rebentadas como uma moda ridícula, absurda e antiquada.[39]

No entendimento crítico de Burke, esse era o esquema promovido por uma "filosofia bárbara que é fruto de corações e entendimentos turvos, e que é tão oca de sabedoria sólida quanto é desprovida de todo gosto e elegância", e cujas "leis devem ser mantidas apenas por seus próprios terrores".[40]

Russell Kirk (1918-1994), no entanto, apropria-se da noção de imaginação e a amplia. Nesse sentido, é "a imaginação moral que nos informa a respeito da dignidade da natureza humana, que nos ensina que somos mais do que macacos pelados".[41] Alex Catharino,[42] estudioso do pensamento de Russell Kirk, demonstra a importância do tema da imaginação na constituição da moralidade humana:

> Na concepção kirkiana, a imaginação moral é a capacidade distintamente humana de conceber a pessoa como um ser moral, e vem a ser o próprio processo pelo qual o *eu* cria metáforas a partir das imagens captadas pelos sentidos e guardadas na mente, empregadas para descobrir e julgar correspondências morais na experiência. [...]. Russell Kirk, que na autobiografia *The Sword of Imagination*, publicada postumamente em 1995, afirmou: "o mundo é governado, em qualquer época, não pela racionalidade, mas pela fé: pelo amor, lealdade e imaginação".[43]

A imaginação moral consiste no tipo de imaginação que "aspira à apreensão de ordem certa na alma e ordem certa na comunidade". No entanto, não se trata da única forma de imaginação. Se a imaginação moral visa "a ordem certa na alma e na comunidade", não devemos nos surpreender com a possibilidade de existir uma imaginação do tipo desordenada e desmedida na alma e na comunidade. As noções de imaginação idílica e imaginação diabólica pretendem expressar essa *hybris* política.

O conceito de imaginação idílica aparece de forma mais elaborada no livro *Democracia e liderança*, do filósofo norte-americano Irving Babbitt, crítico da filosofia de Jean-Jacques Rousseau.

A grande preocupação de Babbitt era a relação desse tipo de imaginação "com o moderno idealismo político". Segundo ele, "o agitador apela principalmente a ela quando instiga a multidão com suas imagens da felicidade que deverá sobreviver depois da destruição da ordem social vigente".[44] Como explica Russell Kirk, retomando o conceito, a imaginação idílica seria aquela "que rejeita velhos dogmas e costumes antigos e regozija-se com a noção de emancipação do dever e da convenção". Portanto, uma "paixão desenfreada" teria seduzido "um grande número de jovens na América durante os anos 60 e 70, embora a maioria desses devotos nunca tenha lido Rousseau". Em suma, "a imaginação idílica termina normalmente em desilusão e tédio".[45]

Por imaginação diabólica devemos entender o imaginário corrompido. Segundo Alex Catharino, Russell Kirk teria se inspirado no poeta T. S. Eliot[46] para descrever o estado de "perda do conceito de pecado e pela admissão da natureza humana como algo infinitamente maleável e mutável, assim o sujeito passa a entender as normas morais como valores relativos às preferências individuais subjetivas", em última análise, passa a reduzir a moralidade "à transitoriedade dos diferentes contextos culturais", bem como assume "a defesa da abolição de qualquer norma objetiva".[47]

Já a imaginação totalitária, embora se apresente à consciência com a força de um dever moral permeando a relação que estabeleço comigo mesmo e com minha comunidade de família e amigos, consiste em um tipo radical de imaginação desordenada e desmedida tal como a imaginação idílica e a imaginação diabólica, pois incorpora ao mesmo tempo o delírio utópico e busca reduzir a natureza humana à sua forma maleável. Além do mais, trata-se, portanto, da irresistível necessidade de proclamar messianicamente um *plano total de poder redentor*, um projeto de que o mundo seria bem melhor se fosse *totalmente* adequado ao meu sistema de representação, não necessariamente criado por alguém, mas animado, motivado e enriquecido pelos poderes da sua mais nobre ambição.

Inspirados pela imaginação totalitária, acreditamos compreender a natureza humana em sua profundidade, acreditamos ser capazes de salvá-la, manipulá-la, melhorá-la, aperfeiçoá-la, transformá-la e protegê-la dos próprios perigos criados por ela com a força da crença na plenitude dos tempos determinada exclusivamente por um ato político salvífico. A imaginação com tendências totalizantes visa sempre à totalidade, não se contenta com nada que seja menos do que o total. Nesse sentido, traz para dentro de si a imaginação idílica e a imaginação diabólica na medida em que subverte a imaginação moral.

Mussolini, na edição do programa fascista em *A doutrina do fascismo*,[48] publicada em 1935, fornece-nos o material de seu próprio tormento totalitário: "Muitas das expressas práticas do fascismo, como organização partidária, sistema de educação e disciplina, podem ser entendidas apenas quando consideradas em relação a uma atitude geral diante da vida". Não se pode entender o fascismo, um tipo histórico de regime totalitário, se não olharmos precisamente para o tipo de imaginação que o moveu. Uma atitude total diante da vida ou "uma atitude espiritual" só pode ser a expressão subversiva da imaginação moral em imaginação total.

O fascismo vê no mundo não somente aqueles aspectos materiais, superficiais, nos quais o homem aparece como um indivíduo, constante por si mesmo, autocentrado, sujeito às leis naturais, que instintivamente o impulsionam em direção a uma vida de prazeres momentâneos egoístas; ele vê não somente o indiví-

A IMAGINAÇÃO TOTALITÁRIA

duo, mas a nação e o país; indivíduos e gerações ligados por uma lei moral, com tradições em comum e uma missão de suprimir a vida instintiva em um breve círculo de prazer, construindo uma vida superior, fundamentada no dever, uma vida livre das limitações do tempo e do espaço, em que o indivíduo, por sacrifício próprio, pela renúncia do próprio interesse, pela própria morte, possa conquistar a existência puramente espiritual em que consistem o seus valores como homem.[49]

Não acredito que os conteúdos descritos pela imaginação idílica e pela imaginação diabólica sejam suficientes para entendermos o que está em jogo nessa ambição do fascismo. Foi pensando nisso que optei pelo termo *imaginação totalitária*, porque nele estão incluídas todas essas formas. Como descreveu Ludwig von Mises, o objetivo do totalitarismo é a instauração de um governo onipotente.[50] Era preciso um termo que descrevesse com precisão a natureza dessa capacidade humana em se imaginar digna e detentora de um poder assim.

4.

Na natureza, com toda sua hostilidade cega, sem rumo, baseada na seleção natural dos mais aptos, no conflito vital entre as espécies, sem planejamento algum acerca das consequências morais, sem intencionalidade qualquer para um fim, o exemplar singular da espécie não tem qualquer importância. O importante reside única e exclusivamente na garantia do desenvolvimento, da manutenção e da existência desse reino. As leis da natureza estudadas pelas ciências naturais não implicam leis da história e da sociedade. Esse mito já não passa de crendice. E se Oswald Spengler (1880-1936) imaginava a vida das civilizações *realmente* como expressão incomensurável de organismos vivos que nascem, desenvolvem-se e morrem como a vida dos organismos biológicos cujo objetivo é cumprir os desígnios do tempo, então ele e todos os que foram influenciados por sua grande obra *A decadência do Ocidente* imaginaram em excesso.

Como contraponto à ideia de *progresso*, a ideia de *decência* também fez história nos ambientes mais cultos do Ocidente. Era o paradigma do *otimismo* versus *pessimismo* que invadiu o debate erudito da história dos últimos duzentos anos, cuja obra de Spengler foi uma das principais sínteses.

Todavia, a batalha imaginária entre os arautos do otimismo contra os profetas do pessimismo ainda rende seus frutos e permeia o imaginário político de alguma forma. Mas, como concluiu Arthur Herman em sua obra *A ideia de decadência da história ocidental*: "De uma vez, o *anakuklosis* (eterno retorno) está quebrado e o ciclo de desilusão e desespero desfeito — não lá fora no mundo, mas onde ele realmente existe, no pensamento dos seres humanos",[51] embora a imaginação de alguns meios ideológicos continue a recorrer a tais referências da cosmologia natural para a construção de paradigmas da história humana.

O fato é que, biologicamente, nossos instintos, que nada mais são do que a memória acumulada por meio de uma longa jornada de aprendizado baseado em tentativa e erro, garantem a permanência de nossa espécie em um reino que se diferenciou na assustadora variedade e grandeza de milhões de outras espécies. Há esplendor, sem dúvida. Talvez um esplendor de excessivo silêncio. Por isso, não nos iludamos. Não nos iludamos principalmente

A IMAGINAÇÃO TOTALITÁRIA

quanto às nossas pretensões de domínio e presença no mundo. Se o mundo pertence a alguma espécie, sejamos sinceros — pois a confissão de humildade nessa hora está acima de qualquer virtude —, não pertence à nossa.

Mas somos mais do que meros exemplares vivos do reino animal. E isso é o que importa. Somos pessoas. Temos consciência da nossa participação na vida e sua finitude. Essa diferenciação entre *reino animal* e *vida humana* pode não ser absolutamente radical e, por isso, ainda ter muito que nos ensinar. Por conta disso, as tentativas de negar *em sua totalidade* a experiência da ordem biológica para a *vida humana*, como um espaço puro da expressão determinante da cultura, não passam de discurso gerado pela imaginação de que seremos capazes de superar a nossa condição. Por outro lado, as tentativas de *limitar* e *reduzir* o homem a esse conteúdo biológico nos lançam no determinismo cego; assim como desassociá-lo totalmente da natureza produz um determinismo vazio.

O importante é que a espécie humana é a primeira a reconhecer e, acima de tudo, representar esse limiar. A afirmação e a negação não precisam ser radicais. Elas devem ser justas. E, por conta disso, devem expressar adequadamente nosso espaço de experiência e nosso horizonte de expectativas. A plasticidade do homem não é tão maleável a ponto de ser determinada pelos devaneios dos desejos. Como explica Koselleck:

> Todos os aspectos naturais que temos em comum com os animais são *culturalmente transformados*, é claro: a morte, pelas mortes politicamente motivadas; a sexualidade, por sua potencialização no prazer e no terror; a necessidade de alimentar-se, pela ascese ou pelo aumento do prazer culinário (grifo meu).[52]

Se isso significa alguma vantagem biológica, não importa. O que importa é que ultrapassamos, ao mesmo tempo em que mantemos, por esse ato de consciência em transformar culturalmente a nossa vida animal, a condição cega e material da vida limitada pelo silencioso e inquietante impulso biológico. A grandeza e o esplendor da natureza dão sinais de sentido no homem que aprendeu a ultrapassar essa medida e a respeitar seus próprios limites naturais.

Nesse caso, também acumulamos memória. A memória da consciência de participação nesse drama de sentido que é uma exclusividade da vida do homem, e se diferencia da vida animal; não obstante, algumas *repetições* permanecem:

> Um traço comum a esses modos de conduta antropológicos e também condicionados pela natureza é sua recorrência. Apesar da enorme variabilidade dos desdobramentos culturais possíveis, os chamados instintos ou necessidades nutrem-se da *repetibilidade*, sem a qual não poderiam se manifestar nem ser satisfeitos.[53]

Mas essa satisfação das necessidades instintivas no homem ultrapassa a memória cega, material, do impulso orgânico de mera sobrevivência. Despido o homem totalmente de sua humanidade, ainda sobra o animal. Mas despido totalmente o homem de sua animalidade, não sobra absolutamente *nada*, para lembrar Jean-Paul Sartre.

A memória da espécie, agora indiferente para os dramas dos espécimes que lutam pela sobrevivência em prol de toda espécie e de todo reino, já está em segundo plano. Em primeiro plano, encontra-se a memória social, histórica, a memória humana de cada indivíduo cujo drama pessoal se desdobra nas mais relevantes aberturas de experiências.

A IMAGINAÇÃO TOTALITÁRIA

Para a memória histórica humana, para a duração humana, o valor da vida de cada indivíduo não se determina ou se encerra em vista da vida da espécie como um todo. Essa duração específica de seres conscientes nasce da vontade e intenção. Por conta disso, determina-se nas suas formas de repetição simbólica transmitida pela história por meio da participação, do hábito, dos ritos, leis e da escolha de cada indivíduo a fim de buscar tornar este mundo digno de ser vivido. Mesmo sabendo que a dignidade não se completa em sua totalidade neste mundo, buscamos neste mundo algum sinal de sentido para além do aspecto puramente material e absurdo.

> Nossas estruturas de repetição não podem ser reduzidas àqueles movimentos circulares que encontramos nas órbitas cósmicas. Essa metáfora circular tem desempenhado um papel proeminente em inúmeras interpretações históricas desde a Antiguidade, mas ela não consegue captar a peculiaridade temporal que não deve ser chamada de retorno (eterno), mas sim de repetição (executada sempre na atualidade). Estratos de tempo que sempre se repetem estão contidos em todas as ações singulares e em todas as constelações únicas, executadas ou suportadas por seres humanos igualmente singulares e únicos.[54]

Toda memória humana é acumulada e manifestada na variedade quase imensurável de civilizações. Por conseguinte, expressa nossa forma de resistência a tudo aquilo que diminui ou tenta aniquilar esse valor último nunca alcançável de dignidade em cada pessoa.

A história humana implica a expressão mais radical de nossas expectativas, que não significam outra coisa senão nossa maneira de compreender e, por isso, tentar vencer a presença inevitável da *indignidade absoluta* da qual a morte — nesse caso, não a ameaça de morte e extinção da espécie — e o sofrimento de cada indivíduo em sua singularidade histórica irredutível, portanto, imerso no movimento de sua vida social e política, tornam-se permanentemente a expressão mais completa.

5.

Nem tudo se resolve no ato político. A política diz respeito apenas a uma *parte* da nossa natureza: nem a mais nem a menos importante. Como promessa, política só pode ser mediação relativa. Jamais redenção. Nesse caso, a ação política não pode ser o ato final da experiência humana em superar sua condição mortal. A solidariedade de toda comunhão humana em sociedade, dada pela forma de relação profunda da experiência consciente de nossa mortalidade, fragilidade e finitude, não começa ou se encerra no ato político. Essa foi, tem sido e continuará sendo a trágica tarefa do mito da *redução total* da política como esperança.

A redenção definitivamente não diz respeito à política. Até um autor de esquerda como Slavoj Žižek reconhece os riscos dessa tentação totalitária impregnando de entusiasmo o sentimento messiânico de transformação e amor-próprio. Ao comentar a onda de manifestações que vêm agitando o mundo na última década, ele diz: "É aqui que a política propriamente dita começa: a questão é como seguir adiante depois de finda essa primeira e entusiasmada etapa, como dar o próximo passo sem sucumbir à catástrofe da tentação totalitária." E aponta o grande perigo de manifestações dessa envergadura: "Um dos grandes perigos que

A IMAGINAÇÃO TOTALITÁRIA

enfrentam os manifestantes é o de se apaixonarem por si mesmos, pelo momento agradável que estão tendo nas ruas."[55]

No entanto, em alguns parágrafos anteriores, ele não perde a oportunidade de legitimar a estética da violência das manifestações com um quê de vitimismo: "muito se falou de violência por parte dos manifestantes. Mas o que é essa violência quando comparada àquela necessária para sustentar o sistema capitalista global funcionando 'normalmente'"?[56] No fundo, o que está em jogo é tão somente isto: encontrar uma boa razão para minha violência, que nesse caso será redentora e me livrará de uma violência muito maior do que a que eu pratico.

A verdade é que, se a política promete, essa promessa jamais poderá se render aos encantos de ter de encontrar a qualquer custo o sentido último da esperança, sobretudo nas ruas. Quando se justifica a violência da ação política, o que se perdeu foi a medida do direito. Ora, se a política nos ajuda na difícil tarefa de encontrar as condições possíveis para um mundo mais justo e digno de ser vivido, em que haja o mínimo de coexistência pacífica entre as pessoas, então esse ato não pode ser o parâmetro fundamental, e instrumental, da realização da justiça — principalmente quando essa estratégia se limita a justificar a violência.

O direito não deriva da política. O compromisso da política com a justiça não significa a determinação do direito na violência. A ação política não pode ser o critério da justiça, mas a justiça deve ser o critério último de toda ação política. Nesse sentido, se o justo não se determina no próprio ato político, então como se reconhece o que é *justo*? Aqui está todo o problema. A imaginação totalitária subverte essa relação entre política, justiça e esperança. Faz engendrar do ato político como esperança o único critério capaz de instaurar o que é justo. Mas quem define o que é justo?

E onde estaria, então, a autonomia política? Ora, se a beleza diz respeito à arte, se a garantia do pensamento certo diz respeito à lógica, se a vida boa diz respeito à ética, se as explicações da relação entre os fenômenos dizem respeito às ciências, se a riqueza diz respeito à economia, se o destino último da humanidade diz respeito à religião, então não faz sentido dizer que a política encerra a vida humana em sua totalidade. Os atos políticos não são a imagem em movimento desse meu horizonte último de esperançosas expectativas, embora, como veremos, a imaginação totalitária nos faça acreditar no contrário e transfigurar o ato político no *ato da experiência total*.

Nenhum ato político *deveria*, nesse sentido, preocupar-se em superar a mortalidade, a desigualdade ou o sofrimento da nossa condição. Diferentemente do que pensam alguns dos profetas do ato político emancipatório,[57] o sofrimento e a desigualdade estão enraizados na miséria da natureza humana de forma que nenhum ato político em si e por si mesmo tem como erradicá-los. As instituições e algumas estruturas sociais refletem parcialmente a fragilidade dessa natureza. Coincidir a ordem da alma na ordem das instituições implica reconhecer a insuficiência de todo ordenamento humano. O sofrimento e a desigualdade não estão contidos nas instituições e nas estruturas sociais em sua totalidade; estão contidos na mesma dosagem em que estão contidos na humanidade do homem. Tentar destruir certas estruturas sociais e aniquilar algumas instituições, como deseja o sistema de crenças totalitário, não garante outra coisa senão apenas a transferência de *lugar* onde a miséria, o sofrimento e a desigualdade vão refletir e residir.

Especificamente a partir dessa confusão, um autor como Slavoj Žižek pode definir a arte política como aquela que "reside em insistir em uma determinada demanda que, embora completamente 'realista', perturba o cerne da ideologia hegemônica e implica uma mudança muito mais radical", ou seja, "embora definitivamente viável e legítima", a mudança proposta "é de fato impossível".[58] Portanto, não se trata de promessa como *mediação possível* determinada por um critério claro do que seja o direito, mas, em última instância, de insistir taxativamente na realização do *imediato impossível*, uma "mudança muito mais radical" para uma raiz obviamente sem fundo.

As medições referentes à política estão em outra instância, e nenhum ato político pode conter em si a imagem em movimento do horizonte último de nossas expectativas. Por conta desse limite real, a autonomia da política deve ser compreendida no mínimo como *autonomia relativa*, e toda ideia de soberania que daí deriva deverá ser, em última instância, a de *soberania negativa*: uma soberania que instaura no seu ato soberano o próprio limite da sua ação e busca o critério do que seria justiça para além de si mesma. Por outro lado, o imediato impossível da política como mudança radical não é mais do que o aprisionamento de um parafuso que gira permanentemente em falso em torno de si mesmo.

A noção de autonomia relativa surge quando a unidade e a identidade referentes à vida política de qualquer grupo ou indivíduo não são determinadas pela força da imaginação emancipatória do homem, mas pela busca sincera de mediar e encontrar soluções para impasses reais e não impasses imaginários em um horizonte declaradamente impossível. A autonomia relativa significa, neste sentido restrito do termo, que a unidade e a identidade da ação política derivam de uma *experiência concreta* e conduzem a uma *expectativa possível* — seja a de um homem ou de um grupo, seja a de uma nação inteira. No horizonte-limite dessa expectativa é onde está precisamente o problema prático para uma mentalidade não totalitária: descobrir onde reside a justiça.

De qualquer maneira, a política jamais pode encerrar uma ação determinada em si e para si mesma. Nem no sentido de ser o parâmetro para construção ou destruição, nem de revolta ou reação.

A soberania política, marca da própria ideia de poder, a partir disso deverá expressar uma *diferença relativa* e não uma *identidade absoluta*. Sua definição deve ser dada pela característica fundamental dessa diferença e imposição para si de um *limite* — próprio, aliás, da noção de *justiça*, que significa, acima de qualquer discussão ideológica, *medida*.

A primeira diferença da soberania diz respeito precisamente à comunidade humana que a instaura e a legitima. Se a política é mediação, então não pode ser idêntica nem aos sujeitos dessa ação nem aos objetivos pretendidos por esses agentes. Não faz sentido, nesse caso, falar em sociedade política que não seja necessariamente mediadora e, por conta disso, limitadora de sua ação. E, por ser mediação e limite, constituir-se como um tipo específico de *representação*. A mentalidade totalitária, para se realizar, necessita superar essa realidade de representação e tentar instaurar a soberania do ato político direto como soberania positiva ilimitada.

O problema central surge exatamente na definição e compreensão do tipo de mediação que a política representa e como deverá representar. O grande impasse da imaginação política instaura-se quando não se é mais capaz de diferenciar adequadamente qual seria, então, a instância exclusiva de representatividade de sua autonomia, precipitando, assim, numa revolução — ou reação — que deverá ser *permanente* e, acima de tudo, *total*. Trazer o impossível para o ato emancipatório da política com a insistência

A IMAGINAÇÃO TOTALITÁRIA

da "mudança radical" implica a abertura para as piores quimeras. Para não nos submetermos à tentação dos sonhos de um mundo melhor segundo a nossa imagem e semelhança, o grande desafio será, portanto, saber como devemos reconhecer o que é justiça para além do ímpeto totalitário, ou seja, qual deverá ser o fundamento do ordenamento jurídico.

O exemplo mais emblemático dessa incapacidade de distinção acerca da ação política e do critério de justiça emancipatória pode ser encontrado no mito da *revolução total* descrito pelo bispo comunista Pedro Casaldáliga, quando declarou seu amor à Revolução Cubana em *Declaração de amor à revolução total de Cuba*.

Segundo as fantasias de Casaldáliga, o projeto de revolução não pode ser outro senão total, "a boa revolução que sonhamos e que a gente quer para esta Cuba amada e para Nossa América e para o mundo é a revolução das almas, a revolução das relações, a revolução das estruturas"[59] — com tanta humildade cristã, não haveria razão para desejar senão outra coisa.

O que é a revolução total? A revolução redentora.

Mas revolução, porque de reformas ao estilo das democracias formais já estamos mais que cansados. O que queremos é "a dignidade plena do homem (e da mulher)", como diria "o apóstolo" Martí; aquele "exercício íntegro" que ele desejava para sua pátria — e "que não corra perigo a liberdade no triunfo", advertia — e que ele deseja agora — vivo na pedra da história e na glória merecida —, para toda a "pátria que é Humanidade" e para toda esta "América de qual somos filhos e filhas".[60]

Nota-se que a noção de revolução sonhada por Casaldáliga não pretende apenas uma mediação de autonomia relativa e soberania negativa entre espaço de experiência e horizonte de expectativa *possível* de um homem concreto vivenciando seus dramas, mas a revolução total como expressão completa da síntese de mudança radical de *todas* as relações, de todas as estruturas e todas as almas.

Uma revolução não muito diferente daquela desejada por um integrante do Black Bloc ao descrever seu papel nas manifestações de 2013. Depois da quebradeira, ele deu uma entrevista dizendo: "estamos lutando por algo que ainda não sabemos o que é, mas que pode ser o início de algo muito grande que pode acontecer mais para a frente", pois "é uma luta pela humanidade". E o que deveriam quebrar? Ora, os bancos, esses ícones do sistema capitalista: "quebrar os bancos é uma revolta contra o sistema bancário".[61] Embora as diferenças históricas e o contexto sejam outros, a *forma* da imaginação continua precisamente a mesma, sobretudo na legitimação da violência redentora.

A revolução total, alimentada pela imaginação totalitária, não diferencia mais religião, política, economia e arte. Pedro Casaldáliga exorta o homem, por meio do ato político, a realizar a plenitude de sua dimensão humana. Quebrar bancos, destruir o sistema financeiro está *religiosamente* justificado por esta quimérica teologia política:

> O capitalismo é um pecado capital. O socialismo pode ser uma virtude cardeal: somos iguais, somos irmãos e irmãs, a terra é para todos e, como repetia Jesus de Nazaré, não se pode servir a dois senhores, e o outro senhor é exatamente o capital. Quando o capital é neoliberal, de lucro onímodo, de mercado total, de exclusão das imensas maiorias, o pecado capital já é abertamente mortal. Socializar, distribuir como em família, na única sofrida, bela, humana família de Deus.[62]

A IMAGINAÇÃO TOTALITÁRIA

O passo seguinte desse "credo" será fornecer a "forma do rito", mas do rito para exorcizar todos os nossos demônios responsáveis por impedir o homem de encontrar definitivamente a "paz na terra": o mercado.

O capitalismo não é somente um pecado, mas a expressão pura do pecado mortal. Pecado que separa radicalmente o homem de Deus, desvia o homem de sua finalidade. Um pecado consentido, deliberado, mortal na medida em que exclui o homem da plenitude da bem-aventurança terrena que só o socialismo pode realizar. Se o capitalismo é pecado mortal, o socialismo só pode ser a grande virtude cardeal. Afinal, o que seria da prudência, da temperança, da fortaleza e da justiça se não fosse a socialização dos nossos meios de produção?

Porém, não basta indicar a descrição do pecado mortal e da virtude cardeal. O rito da socialização precisa ser ensinado. A paz na terra depende da sacralização desses gestos litúrgicos:

> Não haverá paz na terra, não haverá democracia que mereça recuperar esse profanado nome, se não houver uma certa socialização da terra do campo e do solo da cidade, da saúde e da educação, da comunicação e da ciência. Tu podes ter se o outro pode ter também; mas tu não podes ter acumulando, deixando desnudo o irmão. A propriedade privada é essencialmente iníqua quando é privatista e privadora. Vocês recordam o gesto, aquele da multiplicação dos pães e dos peixes? Não foi um jogo de magia, mas um ato de partilha. Pão há para o mundo, para a humanidade inteira, e incalculável peixe tem o mar...[63]

A narrativa bíblica do milagre da multiplicação dos pães e dos peixes não foi o sinal de santificação por meio da graça de Deus aos homens, foi a mais generosa e soberana política socialista de distribuição de renda da história da humanidade. Esse esvaziamento dos sinais do mistério salvífico de Cristo com o preenchimento imagético do ato político redentor consiste nos frutos perversos da Teologia da Libertação. A libertação, pressuposta nesse contexto de revolução total, faz parte da proposta da Teologia da Libertação, da qual Pedro Casaldáliga é só mais um representante latino.

A Teologia da Libertação, em geral, pode ser lida, em certo sentido, como expressão da forma teológica da imaginação totalitária. É um movimento ideológico dentro da teologia católica. Quando a Teologia da Libertação trata as questões sociais com "preocupação privilegiada, geradora de compromisso pela justiça, voltada para os pobres e para as vítimas da opressão", ela faz em chave que subverte caráter teológico do mistério salvífico de Cristo. Tomada por um "sentimento angustiante de urgência" diante dos problemas sociais e materiais do mundo, a Teologia da Libertação recorre a "abordagens inconciliáveis" com a noção de pobreza e justiça anunciada pela Igreja Católica acerca da "significação cristã da pobreza e o tipo de compromisso pela justiça". Seria como se Jesus não resistisse à Tentação do Deserto e tivesse recebido o pão ofertado pelo próprio Satanás de braços abertos.[64]

O socialismo impregnado de teologia e a teologia impregnada de socialismo caem de joelhos para a tentação do pão subvertendo a ordem dos bens que foram anunciados pelo Evangelho de Cristo. "Onde esta ordem dos bens não for respeitada, mas invertida", explica Joseph Ratzinger em *Jesus de Nazaré*, "não haverá nenhuma justiça, não haverá mais cuidado com os homens que sofrem; mas precisamente aí o domínio dos bens materiais será desorganizado e destruído".[65]

A IMAGINAÇÃO TOTALITÁRIA

No entanto, a tentação mais grave não é a do pão. A tentação mais grave é a do poder. No alto do monte, o diabo mostra a Jesus *todos os reinos da terra*. E oferece-lhe o domínio do mundo. Pergunta Ratzinger: "Não consiste nisso de fato a missão do Messias? Não deve ele ser o rei do mundo, reunir toda a terra num grande reino de paz e bem-estar?"[66] A Teologia da Libertação, com sua promessa da virtude cardeal socialista, do "poder do pão para a humanidade inteira", subverte também a ordem do poder. Não seria essa mesma lógica na declaração de amor à revolução total, à Cuba de Pedro Casaldáliga? O imperativo hipotético "não haverá paz na terra se não houver uma certa socialização" tem a mesma estrutura da tentação do domínio do mundo que o diabo ofertou a Cristo.

A revolução total encerra o ato político pelo qual Cuba se tornaria a Nova Jerusalém. Qualquer insurgência contra o pecado do capitalismo e, consequentemente, contra a propriedade privada se torna o sinal visível do poder invisível da misericórdia socialista no mundo, um novo sacramento do culto do novo reino do mundo. Como vai explicar Russell Kirk em uma fórmula que deveria servir de epígrafe para todos os livros que fazem a apologia da política como esperança: "a ideologia é a fórmula política que promete um paraíso terreno à humanidade; mas, de fato, o que a ideologia criou foi uma série de infernos na Terra".[67]

A respeito dessa tensão entre poder temporal e poder da Igreja há duas instâncias que não podem perder suas fronteiras. Joseph Ratzinger afirma: "O reino de Cristo é algo completamente diferente dos reinos da terra e do seu esplendor que Satanás apresenta. Este esplendor, como a palavra grega *doxa* diz, é aparência que se dissolve. Tal esplendor, Cristo não o tem." Portanto, "em todos os séculos ressurgiu sempre, e em múltiplas formas, esta tentação de assegurar a fé através do poder, e ela correu sempre o risco de ser asfixiada nos abraços com o poder". Em uma tradição que remonta às "duas cidades" de Santo Agostinho, "a luta pela liberdade da Igreja e, portanto, a luta porque o reino de Jesus não pode ser identificado com nenhuma figura política, deve ser travada durante todos os séculos".[68]

Em 2011, Joseph Ratzinger, ao discursar no parlamento alemão, levantou a seguinte pergunta: "Como se reconhece o que é justo?"

> Na história, os ordenamentos jurídicos foram quase sempre religiosamente motivados: com base numa referência à Divindade, decide-se aquilo que é justo entre os homens. Ao contrário doutras grandes religiões, o cristianismo nunca impôs ao Estado e à sociedade um direito revelado, nunca impôs um ordenamento jurídico derivado duma revelação. Mas apelou para a natureza e a razão como verdadeiras fontes do direito.[69]

A imaginação totalitária, ao contrário, busca fundamentar os ordenamentos jurídicos com base em uma referência à nova divindade: a própria consciência do homem tomado das mais nobres certezas de suas verdades absolutas e, a partir daí, alimentando o imaginário ideológico, que, como explica Kirk, não passa de "uma religião invertida", a partir do momento em que nega "a doutrina cristã de salvação pela Graça, após a morte, pondo em seu lugar a salvação coletiva aqui na Terra, por meio da revolução e da violência".[70]

Em suma, o homem totalitário impõe ao Estado e à sociedade um ordenamento jurídico revelado de sua própria imaginação, apelando para a "mudança muito mais radical" como a verdadeira e única fonte do direito.

A IMAGINAÇÃO TOTALITÁRIA

6.

Pensar e agir como mortal consiste na constrangedora tomada de consciência de que a imortalidade, a despeito de toda vicissitude histórica e fragilidade humana, só pode manifestar-se à consciência como *referencial-limite* e não como *referencial possível.* Do ponto de vista prático, a imortalidade não deve apresentar qualquer sentido em termos de realidade, só de ideal e *ideal negativo.* Ou seja, trata-se de um valor de comparação e não do espaço de possibilidade dado pela experiência histórica.

Importante deixar claro que não estou me referindo à "imortalidade", neste contexto, como um valor teológico e dado por algum tipo de revelação religiosa específica. Mas o contrário disso. É a religião que tem origem na *fome de imortalidade,* e não a categoria de imortalidade que deriva da experiência religiosa. O filósofo Miguel de Unamuno (1864–1936) explicou detalhadamente o significado dessa fome de imortalidade em seu clássico livro *Do sentimento trágico da vida.*[71]

A imortalidade seria o desejo do homem de superar a própria condição. Há uma referência de incondicional permanência nesta vida — compreendida aqui como um valor e não como fato biológico ou ontológico. O homem, segundo Unamuno, não deseja a morte. Pelo contrário, deseja permanecer o que é. Não quer o vazio e o fim de sua existência. O homem não quer submeter-se à experiência de vagueza de um mundo cheio de promessas. Pelo contrário, quer ser sempre esse homem singular e irredutível. Com a permanência de sua consciência, quer cada detalhe íntimo do seu eu, a preservação total da sua identidade e não menos do que isso. A partir de seu egoísmo narcisista transcendental, conquanto trágico e inevitável, diz Unamuno: "Não quero morrer, não; não quero, nem quero querê-lo; quero viver sempre, sempre, sempre, e viver eu este pobre eu que sou e me sinto ser agora e aqui... Eu sou o centro do meu universo."[72]

Esse desejo implica necessariamente a tomada de consciência profunda de uma condição inevitável: somos mortais. Não desejaríamos a imortalidade se já possuíssemos esse bem. Desejar compreender a morte, portanto, marca uma relação de tensão entre ter tudo e não ter nada diante da incógnita da existência humana, como na indignação de Pavel, personagem do *Dekalog I, Amarás a Deus sobre todas as coisas*, do diretor polonês Krzysztof Kieślowski, ao questionar o pai acerca do sentido da morte, ou ainda como no "horror, o horror" de Kurtz, personagem de *Coração das trevas*, de Joseph Conrad.

> Ocorre numa insubstancial área cinzenta em que não há nada sob os pés, nada à nossa volta, sem testemunhas, sem clamor, sem glória, sem o grande desejo da vitória, sem o grande medo da derrota, numa atmosfera malsã de morno ceticismo, sem muita confiança no seu próprio direito e menos ainda no do adversário. Se é essa a forma de sabedoria suprema, a vida é um enigma ainda maior do que pensam alguns de nós.[73]

Ainda segundo Unamuno, o homem não admitiria a imortalidade da alma se essa consistisse na perda de sua consciência. O homem precisa ser completo, levar todo seu eu, sua vida íntima e singular em cada detalhe, suas lembranças e amores, suas dores e perdas, para onde quer que seja. Quer a garantia universal desse particular, desse singular que é cada homem vivo. Cada ser humano é a garantia do universal: "cada homem vale mais que a humanidade inteira".[74] Por cada homem valer a humanidade inteira, então podemos dizer que o problema fundamental dos genocídios está ligado não à quantidade de pessoas mortas. O problema, pelo contrário, deve ser colocado pela justificativa da morte de cada ser humano em sua individualidade irredutível. Ou seja, devemos ficar atentos quanto ao tipo de razões dadas para o atentado contra a vida, mesmo que seja a de um único homem. Em vista disso, os genocídios não constituem necessariamente apenas um drama do passado recente da nossa história. São, na verdade, constantes ameaças, uma vez que procedem dessa forma no imaginário purificador e aniquilador.

Mais um esclarecimento sobre a categoria de imortalidade adotada aqui. Não expresso "imortalidade" no sentido objetivo de uma entidade metafísica, mas no sentido de um *limite negativo* às pretensões ontológicas, epistemológicas e políticas, como já foi dito. A imortalidade, nesse sentido, impõe-nos como a sensação de absurdidade diante da constatação de um *paradoxo*.[75] Como explica Gabriel Ferreira, "o absurdo nasce da impossibilidade de acordo fundamental entre o homem e mundo, de sua condição existencial", e esse problema deve ser encarado à luz da categoria de finitude, que "enquanto categoria própria à existência humana exerce uma ameaça ao homem que se lança para sua existência apaixonadamente"; podemos, então, concluir: "Há no homem um apego afetivo em relação à sua existência, caso contrário a morte não poderia ser pensada como ameaça."[76]

Por conseguinte, quando nos referimos à imortalidade, não queremos com isso propor a descrição do que seria *realmente* possível como superação e transfiguração dessa vida no ato político, mas a descrição do impossível enquanto *ideal*, ou seja, enquanto *desejável* para além dessa vida vivenciada como mistério. O uso dessa referência-limite deve ser compreendido em um sentido de disposição universal de uma vida que procura, de alguma forma, sentido último. Sendo assim, imortalidade significa a consequência última da categoria do horizonte de expectativa, que para uma mentalidade não totalitária jamais poderá ser alcançada nesse mundo.

Analisemos um exemplo relativamente simples da entrada dessa categoria no âmbito da vida prática, ou seja, moral e política: quando alguém diz, por analogia ao ato heroico de autossacrifício, que "vale muito a pena morrer por algo".

A imortalidade seria, nesse caso, um ideal regulador da imaginação em sua função prática. Tudo aquilo por que vale a pena morrer tende a estabelecer-se como um valor acima da morte. Um ideal surge, assim, como perspectiva radical fundamentada em uma ideia abrangente em sua totalidade: apresentar-se como imortal ou, para ser mais preciso, como a expressão simbólica capaz de superar o caráter transitório e condicionado das experiências concretas da vida. Um valor para o qual imaginamos fornecer a qualidade fundamental do conjunto de imperativos para a realização de nossas expectativas no mundo. Dessa maneira, não se trata da experiência teológica, mas da condição de existência de seres conscientes de sua própria mortalidade.

Seres mortais almejam a imortalidade, isto é, almejam superar o limite e os dilemas impostos pela própria condição humana. A imaginação fornece ao homem a capacidade de remover-se, pelo menos mentalmente, da condição em que se encontra física, biológica e ontologicamente jogado para pensar "que as coisas poderiam ser diferentes do que realmente são". No caso da imortalidade, trata-se de um horizonte último para a esperança, uma superação final que só faz sentido ser desejada, mas jamais *realizada na totalidade* da vida prática.

A IMAGINAÇÃO TOTALITÁRIA

Desta forma, tendemos a criar, paradoxalmente, uma medida simbólica de imortalidade histórica, que teria a função de uma medida de duração perpétua diante da tomada de consciência da fragilidade constituída por nossa natureza. Não obstante, como observa Roger Scruton:

> Uma das coisas mais tristes do mundo moderno, em parte resultado da televisão, é as pessoas viverem em uma minúscula lasca de tempo do momento presente, que transportam consigo até que nada reste. E nada na sua existência reverbera pelos séculos, pois para eles os séculos são a escuridão total. Apenas corredores não iluminados, onde eles vacilam à menor faísca de luz.[77]

Um diagnóstico um tanto quanto melancólico, porém, ainda assim, uma medida de imortalidade ou esperança histórica que "reverbera pelos séculos" e supera a "escuridão total", "o horror, o horror". Como medida, a imortalidade só é capaz de nortear nosso destino quando está expressa em *forma simbólica* — para adotar a expressão do grande filósofo alemão Ernst Cassirer (1874-1945) —, porém jamais como forma política.

A forma simbólica deverá ser compreendida como sendo "toda a energia do espírito em cuja virtude um conteúdo espiritual de significado é vinculado a um signo sensível concreto e lhe é atribuído interiormente".[78] Nada no horizonte da percepção histórica do homem se apresenta diretamente em sua particularidade como sendo imortal. A imortalidade, neste caso, não pode ser "sentida" de nenhuma forma a não ser como forma simbólica. Pode ser almejada, desejada, querida e imaginada, mas não imediatamente sentida como *realidade empírica*.

A contingência encerra toda nossa experiência de presença do mundo, inclusive a própria presença do mundo. Os seres humanos, por meio da capacidade de imaginação e produção de signos, conseguem determinar e fixar um signo particular na consciência em meio à sucessão do fluxo da experiência dos fenômenos que se desenrolam no tempo. Um símbolo consiste em um particular cuja referência ultrapassa sua própria condição de particularidade, ou seja, aponta para além de si mesmo. Esta, por conseguinte, consiste na função fundamental do signo: a condição de possibilidade de organizarmos o conteúdo interno das nossas representações que são fornecidas pelo imaginário. Nesse caso, os "conteúdos sensíveis não são apenas recebidos pela consciência" como experiência empírica direta, mas "são engendrados e transformados em conteúdos simbólicos"[79] ordenadores de experiências e construtores de expectativas.

O espaço da experiência humana se define exatamente como espaço de abertura para os símbolos construídos pela relação entre memória e esperança, experiência e expectativas, passado e futuro. A experiência temporal humana, distinta da experiência temporal da natureza, será vivenciada como expressão simbólica pela força da nossa imaginação, marcando, desta maneira, o modo da relação temporal do homem com a realidade concreta que será determinada pelas várias construções simbólicas.

Para dar um exemplo bem simples, a expressão "tenho esperança de que um dia as coisas irão melhorar". A noção de "um dia" vinculada à expectativa simbólica de esperança não tem nada a ver com a noção de "dia", referente ao tempo natural, expresso pelo movimento de rotação da Terra em seu próprio eixo que leva precisamente 23 horas, 56 minutos, 4 segundos e 9 centésimos de segundo. Sendo assim, "um dia", simbolicamente compreendido,

A IMAGINAÇÃO TOTALITÁRIA

expressa o *locus* da *esperança*. Uma esperança construída pela força da nossa imaginação. Essa faculdade, como acertadamente descreve Hannah Arendt, "permite-nos ver as coisas em suas perspectivas próprias", porquanto nos ajuda a "superar os abismos que nos separam do que é remoto, para que possamos ver e compreender tudo o que está longe demais como se fosse assunto nosso".[80]

Como vimos, pela imaginação ultrapassamos o fluxo sensório do tempo natural e manifestamos a situação dramática do homem no mundo, não reduzido à condição de homem catalogado como espécie, mas do homem, nas palavras de Ernst Cassirer, compreendido em sua situação fundamental como *animal simbólico*.[81]

Se a imortalidade puder ser considerada "medida-limite" para a condição da contingência do mundo, então ela se refere à expressão simbólica de algum tipo de *ordem final* — e não parcial ou provisória — para a qual todas as expectativas humanas tenderiam. Nesse caso, a expressão mais completa de todo significado vivenciado pelos homens em busca de uma vida digna em sua plenitude. No âmbito da filosofia clássica, platônica e aristotélica, e da teologia cristã, o problema da escatologia deve ser resolvido não no âmbito político, mas no da própria tomada de consciência de que "o homem, longe de ser mortal, é um ser que participa de um movimento em direção à imortalidade".[82] No entanto, como diz Eric Voegelin, "esse movimento em direção a um estado que está além da estrutura presente do ser introduz uma outra tensão na ordem existencial, uma vez que é preciso orientar a conduta da vida de um modo que nos leve à imperecibilidade".[83] E o problema vem justamente dos atalhos forçosamente abertos contra essa disposição:

> Nem todos, contudo, estão dispostos a sintonizar sua vida com esse movimento. Muitos sonham com um atalho para a perfeição

aqui mesmo, nesta vida. O sonho da realidade transfigurada em perfeição imperecível neste mundo torna-se uma constante na história tão logo o problema é diferenciado. [...]. No período moderno, surgiu um novo fator muito importante: a substituição da expectativa de uma intervenção divina por uma exortação à ação humana direta, que produzirá o novo mundo.[84]

Procurar por esses atalhos não seria outra coisa senão a própria atividade da imaginação totalitária ao vincular a experiência política à expectativa mais radical de esperança.

A política como esperança

1.

Um dos principais problemas do imaginário político totalitário consiste justamente na confusão entre estes dois campos distintos de representações simbólicas: o do mundo e o da eternidade. Ou seja: a confusão entre as expectativas históricas concretas e os ideais teológicos. Política como esperança significa a apropriação radical das formas de representação do mito, da religião e da arte como expressões que anulam esse pluralismo humano de expectativas simbólicas.

Este seria o ápice da imaginação totalitária, seu desejo último: *glorificar o poder do Estado como detentor do monopólio não do uso legítimo da violência,*[85] *mas do monopólio simbólico da verdade absoluta e da imortalidade, portanto, da experiência última da ordem final e, consequentemente, da decisão sobre a vida e a morte.* No entanto, o Estado como a realização da perfeição, salvação e imortalidade será o estágio último a ser alcançado pela política da fé. Como dirá Michael Oakeshott, a política de fé é "a política de imortalidade, a construção para a eternidade".[86] A política como esperança será, portanto, "a tentativa de remediar de uma vez por todas o caráter insatisfatório do mundo e da condição humana".[87]

Enquanto isso não acontece, os insurgentes atos políticos concretos, quando motivados pela imaginação totalitária, para parafrasear Platão, assumem uma espécie de *imagem em movimento do Estado totalitário*,[88] em que cada ato político motivado pela imaginação totalitária consiste em um fragmento dessa forma de Estado no mundo.

Zygmunt Bauman, sociólogo polonês, em seu livro *Em busca da política*, mostra qual seria o último refúgio de toda tendência totalitária: o Estado.

> A tendência totalitária precisa da ideologia como de uma escada, mas a escada não tinha mais utilidade depois que, alcançado o topo, a tendência se tornou o poder de Estado. O ideal distante, que como uma estrela poderosa extrai a tendência totalitária do magma da existência insegura e confusa, não é a visão de uma sociedade dominada pela ideologia, mas de uma sociedade que nem terá necessidade de ideologia nem lhe dará espaço — uma vez que porá fim à argumentação, ao confronto de opiniões e choques de interesse.[89]

As ações políticas totalitárias tornam-se a imagem em movimento desse "ideal distante", sua representação. Não apenas como etapa para chegar ao Estado em sua forma totalitária, mas como a realização da imagem totalitária no mundo da ação política. No ato político totalitário, o ideal, que seria o horizonte de

A IMAGINAÇÃO TOTALITÁRIA

expectativa, deve ser realizado no espaço de experiência concreta no *aqui* e *agora* como símbolo da realização do Estado. Não há necessidade de se chegar a um Estado totalitário para saber como será, basta olhar atentamente para os fragmentos desse Estado em movimento nos atos políticos totalitários.

Por conta disso, não se trata *do problema dos tipos* de ideologias políticas, mas da *forma da imaginação* que pode alimentar qualquer tipo de ideologia política. O ato político totalitário ultrapassa as ideologias políticas; na verdade, se apropria da ideologia como uma máscara para se apresentar no mundo.

As diferenças de ideologias políticas, que dependem do contexto histórico real, quando dominadas pela tendência totalitária, vão produzir historicamente diferentes tipos de regimes e diferentes modos de manifestação desses atos políticos: fascismo e nazismo, maoismo e stalinismo são exemplos historicamente bem concretos. Cada um desses fenômenos deve ser analisado à luz de suas particularidades irredutíveis: tipos de sistemas de crenças, objetivos de todo o movimento, como se dá o controle da economia, o controle dos meios de comunicação, a relação da sociedade civil com a liderança do regime etc.

Entretanto, o fato de possuírem algumas características comuns, como a forma da imaginação totalitária e a tendência de serem totalizantes tanto quanto possível, "não significa que sejam o mesmo tipo de fenômeno histórico".[90] Classificar nazismo, fascismo, stalinismo e maoismo como fenômenos totalitários por serem ou de "extrema esquerda" ou de "extrema direita" presume que esses regimes possuem uma relação direta de identidade originada de um tipo específico de ideologia. Mas o problema não é esse. O aspecto totalitário desses fenômenos não procede de um conjunto específico de ideologias, mas da *forma* da imaginação.

O coletivismo, a burocratização estatal, a tentativa de controle dos meios de comunicação, a tendência de controle da economia e a violência redentora não são monopólios de um único sistema de representação ideológica. Essas tendências de controle total nascem, na verdade, de uma estrutura mental que corrompe o sentido da política como prática mediadora.

Uma ideologia pode ser definida como um conjunto coerente de ideias enunciadas. Não necessariamente ideias verdadeiras, mas vividas *como se fossem* verdadeiras. Tais ideias políticas têm um objetivo fundamentalmente prático: modelar a sociedade conforme a experiência de veracidade desse conjunto de ideias. O problema do totalitarismo está no modo como esse conjunto de ideias tende a ser inspirado. A inspiração totalitária "seria aquela que se refere à destruição ou reconstrução total, envolvendo caracteristicamente uma aceitação ideológica da violência como único meio prático para tal destruição".[91] Essa violência está determinada pela tendência "universal ou total daquilo que existe de errado em uma sociedade". O paradigma da universalidade da verdade ideológica transfigura todo caráter de reforma ou reconstrução política à luz da "utopia", ou seja, por esse ponto de vista, as ideologias totalitariamente inspiradas "são uma forma radical de manifestação" do otimismo moderno.[92]

E a relação com a realidade pode ser descrita exatamente assim, como explicaram Carl J. Friedrich e Zbigniew K. Brzezinski em *Totalitarismo e autocracia*: "A realização de uma ideologia na prática tem habitualmente o efeito de revelar certas inadequações inerentes à previsão humana", nesse caso, "as tentativas de descrever o futuro e de prescrever os métodos para realizá-lo não podem, evidentemente, levar em conta todas as eventualidades, todas as situações possíveis":

A IMAGINAÇÃO TOTALITÁRIA

Quando se aplica uma teoria a uma situação real, geralmente só se apresentam duas alternativas: uma delas consiste em modificar a teoria de maneira a torná-la mais compatível com os pré-requisitos da prática; a outra consiste em tentar ajustar a realidade à teoria. Os totalitários, em virtude de sua rejeição quase completa pelo *status quo*, inclinam-se a obrigar a história a se ajustar à concepção que dela fazem. E quando essa concepção envolve uma ideia profunda do esquema de organização social desejável, isto é, historicamente inevitável, os esforços para ajustar a sociedade a esse esquema, e as consequentes medidas para destruir a resistência, resultam em totalitarismo.[93]

Em vista disso, defendo a tese de que as experiências ideológicas do século XX e o atual XXI não deveriam ser avaliadas tão somente à luz dos rotineiros rótulos ideológicos "esquerda" e "direita", uma vez que nem todo defensor de ideias de esquerda ou de direita é necessariamente totalitário. Por conta disso, considero importante "compreender as narrativas ideológicas do nosso século", pois elas fornecem indispensáveis repertórios das "imensas dissimulações e súbitas deflagrações" dos agentes políticos e nos dão condições adequadas de visualizar de maneira precisa como as crenças se transformam em ação e "rasgam o tecido numa terrível exibição de dor".[94]

Termos como "esquerda" e "direita" não são suficientes para que possamos compreender o fato de que socialistas e liberais, nacionalistas e internacionalistas, individualistas e coletivistas podem muitas vezes estar tomados por essa necessidade de ajustar a complexidade incomensurável da realidade aos seus esquemas mentais ideológicos mais desastrosos.

O que há de comum nos regimes com tendências totalitárias não diz respeito ao fato de terem sido ou de extrema direita ou de extrema esquerda. Na verdade, o que interessa diz respeito à tentativa desses regimes de realizar, cada um a seu modo e tanto quanto possível, o que o postulado prático da imaginação política apontava: o Estado totalitário.

As chaves "esquerda" e "direita", nesse caso, não são suficientes para a *compreensão* do fenômeno do totalitarismo, a não ser no âmbito do debate público igualmente ideológico.

Denominar estes regimes "extrema esquerda" ou "extrema direita" pode até ser razoável para a *descrição* de certos contextos de expectativas históricas bem demarcados, mas não para a compreensão de suas tendências totalizantes e a novidade histórica radical e utópica presente em cada um desses fenômenos. Com isso não pretendo negar ou anular a importância de categorias como "esquerda" e "direita" para a descrição contextualizada das "performances" políticas, pois, como defende J. G. A. Pocock, "a história do pensamento político é uma história do discurso", e os termos "esquerda" e "direita" são modos em que eles se manifestam na história. A análise desses termos, portanto, depende da possibilidade de a história se manifestar em discursos.[95] As análises dos discursos históricos requerem, no sentido exigido por Pocock, "ênfase dupla: uma voltada para a linguagem que circunda os agentes humanos em situações históricas específicas, e outra voltada para os próprios humanos, agindo e reagindo no interior das linguagens disponíveis para eles"[96] em seu contexto. Quando os termos "direita" e "esquerda" estão descontextualizados dos seus atos de fala, eles não são capazes de cumprir essas exigências de análise e compreensão do contexto político — a não ser, obviamente, que estejam a serviço de interesses puramente ideo-

A IMAGINAÇÃO TOTALITÁRIA

lógicos, o que eleva o risco de serem inspirados pela imaginação totalitária. E não vale fazer teoria política seletivamente, pois as manifestações de rua constituem tentações totalitárias e motivos de amor-próprio para as duas grandes "direções" ideológicas.

Termos como "direita" e "esquerda" podem ser adotados, mas com parcimônia no que diz respeito à possibilidade de classificação e, principalmente, compreensão do surgimento de *novos* fenômenos totalitários. São arranjos provisórios e insuficientes, ainda que úteis (em determinados contextos mais que em outros). Tais conceitos devem ser tomados como referências descritivas de um estado de coisas relativo ao ideário político e não como referências normativas para o conjunto fechado de regras de conduta política. Quando adotados como referências normativas, os riscos para a experiência totalitária se abrem.

Nesse caso, torna-se preferível a opção por categorias mais universais e menos condicionadas pela moldura ideológica a fim de buscar uma melhor compreensão, e não meramente descrição, da vida política: civilização e barbárie, ordem e desordem, serenidade e perversão, imaginação plural e totalitária etc., uma vez que o uso dessas categorias tende a ser mais prudente no que diz respeito ao apego ideológico. O fato é que a manifestação ideológica tanto da esquerda radical quanto da direita radical precisa ser explicada, visto que esses são fenômenos ideológicos que estão aí na ordem do dia. E uma das possíveis explicações para essa radicalidade diz que ela brota no mesmo terreno fértil para a construção das tiranias redentoras: a experiência do mundo como desenraizamento completo do homem em si mesmo, o homem como *luz da luz, deus de si mesmo*. A consequência desse desenraizamento é sinal de redução da política como esperança, que implica a subversão mais radical do ato político.

Os totalitarismos históricos são *semelhantes* e ao mesmo tempo *diferentes* porque operam motivados pela mesma *forma mental* em contextos históricos e ideológicos diferentes. São diferentes entre si devido à diversidade do contexto em que cada um surgiu, mas brotaram antes de tudo da mesma faculdade mental: a imaginação. Ao propor a noção de que há um postulado da imaginação prática totalitária temos uma ferramenta adequada para "descrever uma linha de tendência geral desses regimes históricos de terem tentado o controle quase absoluto sobre suas sociedades", mas o "fato de tentarem não quer dizer que conseguiram na realidade".[97] No que diz respeito à compreensão e à possibilidade de um tipo específico de regime totalitário surgir, o fato é que não fará diferença se for de extrema direita ou de extrema esquerda: no caso do totalitarismo, o que há sempre é a extrema desordem, o extremo ódio e o mal extremo que emergem, acima de tudo, da extrema certeza de poder realizar no ato político em si a redenção do mundo e o retrato em pequena escala do Estado total.

A imaginação prática, como faculdade mental que conduz nossa ação, apropria-se e domestica a ideologia e a linguagem como instrumentos para conduzir ao *fim* no sentido de que o ato radical da ação política como esperança se torne autorreferente em sua plenitude de significado completo.

O Estado não se instaura como defensor de *uma ideologia específica*, mas como *idêntico a uma verdade*, cujo objetivo primordial não seria outro senão o de colocar fim a qualquer conflito de ideologias em nome da unidade da totalidade. O Estado totalitário, fruto da imaginação deturpada, não seria só guardião da constituição, antes de tudo ele se realizaria como o guardião exclusivo da verdade absoluta e da própria eternidade. O Estado totalitário se preocupa com a salvação da alma, com a virtude dos cidadãos,

A IMAGINAÇÃO TOTALITÁRIA

com o bem-estar econômico e com a felicidade de seus súditos. Portanto, é totalitário por incluir todas as concepções de Estado confessional, ético e assistencial.

Zygmunt Bauman apresenta uma descrição desse fenômeno mental que afeta não a extrema esquerda ou a extrema direita, mas todo aquele que habita nos extremos da terra da certeza:

> Em tal sociedade, a lógica substituiria o argumento e bastaria a dedução em lugar dos trabalhosos e dolorosos processos indutivos experimentais, de teste e monitoramento, exigidos na sociedade real, confusa, imprudente e submissa. Essa sociedade livre de ideologias não é sonho absurdo nem um ideal criado por mente doentia; a tendência totalitária partilhou esse ideal com a moderna, moderníssima peregrinação à terra da certeza. A tendência totalitária esteve latente — e por vezes inteiramente ativa — em todo projeto modernista.[98]

Todas as tentativas de superar o pluralismo objetivo das relações sociais, dado como fato incontornável e incomensurável, não passaram de um atentado da *razão* que se entregou eroticamente às promessas da imaginação de um final feliz. Na modernidade não houve o *eclipse da razão*;[99] houve, pelo contrário, o mergulho profundo da razão na luz que brotava de si mesma.

2.

Para o bem ou para o mal, uma pequena experiência do imaginário de morte, da aniquilação do *outro*, pode produzir o sentido de uma grande expectativa: o poder de aniquilar implica o imperativo da imortalidade. Toda nossa ideia de mundo começa a tomar forma e a se desenvolver exatamente segundo a maneira como lidamos com essas expectativas de esperança. Um ato político dessa envergadura não tem fundamento meramente em tormentos psicológicos e no agito da alma. Antes de alcançar a forma total de poder, ou seja, ver diluída a ordem desses tormentos da vida interior na ordem da vida pública ao ponto de não mais sabermos diferenciar uma coisa da outra, o ato político totalitário consiste em uma tendência da mente, uma meta, uma meta radical não do imaginário de morte, mas da plenitude fatal do imaginário político de vida eterna.

O infalível poder dessa imaginação em tentar lidar com a complexidade do mundo, com sua variedade realmente soberana, alimentou um dos piores vícios do homem público: o ressentimento. E legitimou o pior comportamento do homem ressentido: a violência. Esperamos dos mistérios políticos a redenção de todos os nossos problemas. E, o que é pior, ao responsabilizarmos a felicidade dos outros pela nossa infelicidade, a capacidade e o mérito alheio pela nossa total incapacidade e fracasso, injetamos ainda mais esperanças na política como única forma de resolução inegociável desses nossos impasses interiores.

Desse estado mental, cria-se a primeira metáfora: a balança do mundo é socialmente injusta. Na sequência, surge a segunda metáfora: a injustiça social da balança do mundo é um assunto de extrema urgência. Dessas duas metáforas, uma primeira narrativa mítica: o futuro está aqui. Todo horizonte de expectativa está encerrado no presente. Dessa primeira narrativa mítica, cria-se o êxodo: o ato político deve regular a balança do mundo. Do êxodo, nasce a tragédia: expurgar e aniquilar. Na prática, tudo se resolve na catarse da violência. Ganharão os homens extraordinários.

A IMAGINAÇÃO TOTALITÁRIA

251

Nesse sentido, todo nosso primeiro esforço de esperança política deveria se concentrar, antes de tudo, na tarefa de lançar dúvidas sinceras sobre as fórmulas mágicas que nós mesmos criamos, ou encontramos com facilidade formuladas por aí, como promessa para revelar e superar os segredos do funcionamento e do não funcionamento do mundo.

Não se trata de ser pessimista ou otimista. Não se trata de tentar encontrar uma solução definitiva para as mazelas mundanas. Trata-se da única coisa realmente sensata a se fazer em um suposto estado de urgência: não meter os pés pelas mãos. Ou seja: trata-se de resgatar a prudência[100] e não a insurgência.

As ideias, animadas pela imaginação, não se contentam em ficar reservadas ao mundo mental de uma criança brincando de Deus. As ideias, por meio da imaginação prática, encarnam-se no mundo, transformam o mundo e fazem a roda do mundo girar. Verdades ideais, assim como as mentiras, tendem a se tornar realidades bem fatídicas por meio da linguagem e das ações. Estas verdades, mentiras e ações consistem em uma das principais características da vida mental: ultrapassar a si mesma. Trazer para perto todo o horizonte de nossas expectativas, encerrá-lo no espaço da nossa experiência mais concreta.

Uma analogia possível com a biologia: se a vida pretende manter-se viva, as ideias pretendem realizar-se e eliminar tudo que está no caminho dessa realização. Uma ideia que não se realiza morre na mente, por isso vale a pena aniquilar o que atrapalha. E uma ideia, para se manter viva, precisa determinar-se na realidade.

O primeiro passo dessa realização consiste em influenciar outras mentes a participar dessa dinâmica de experiência e expectativa. Imaginamos a *unidade* do nosso grupo, do nosso coletivo, da nação ou da história humana toda, onde a participação fornece o grande significado. Mas imaginamos também a *diferença*, o elemento desagregador, a ameaça. Eliminar a ameaça garante a segurança e o desenvolvimento saudável da unidade, da realização da imagem nutrida a respeito de nós mesmos no mundo.

Criam-se linguagens cada vez mais sofisticadas para legitimar o ato de violência física. São estágios intermediários da escalada da imaginação totalitária até a instauração do Estado, como um ato heroico. Mas todos os estágios intermediários até o controle do Estado se justificam como parte de um processo inevitável de sua realização. Jacques Sémelin, com precisão, explica a estrutura e as últimas consequências desse raciocínio de que a violência seria inevitável para a entrada na Nova Jerusalém Socialista:[101] "as expressões permitem criar uma cultura comum para os matadores [qualquer violentador], favorecendo a instauração de uma dinâmica de grupo". Surgem as inquietantes perguntas: "Mas como acreditar que simples palavras, simples fórmulas verbais, possam dissimular os horrores do assassínio, inclusive aos olhos dos próprios matadores? Quem poderia, realmente, pensar que os indivíduos que se abatem não são seres humanos como os outros?" Não daria para acreditar que isso fosse possível, mas é, e exige extremos esforços mentais:

As matanças de seres humanos implicam, naqueles que as executam, um investimento físico e, sobretudo, mental, dos mais exigentes. Para assumirem o que fazem os executores precisam se persuadir de que servem a um interesse superior, seja ele do grupo a que pertencem, da nação ou, até mesmo, da humanidade inteira. O horror dos seus atos os obriga a se protegerem em

A IMAGINAÇÃO TOTALITÁRIA

uma certa transcendência. Em vez de pensar: "quantas coisas horríveis eu fiz!", os matadores precisam poder dizer: "quantas coisas horríveis *precisei fazer*!"[102]

Não precisamos ir muito longe no caráter último do uso da violência redentora e da eliminação física. Quando alguém diz que "precisamos limpar os movimentos de traidores como esses, se quisermos chegar a algum lugar. Exponham esses canalhas até que eles sejam levados à ridicularização e ao ostracismo", o raciocínio é o mesmo. Tem a mesma estrutura lógica. O "canalha" em questão se reduz a uma ameaça *interna* à suposta unidade do grupo. Não obstante mais moderado do que a violência física, o pedido de ridicularização e ostracismo manifesta com precisão não outra coisa senão o desejo de ver qualquer tipo de ameaça, principalmente a interna, *aniquilada*. O primeiro passo, o passo da imaginação, já foi dado.

Essa estrutura, como vimos, não escolhe ideologias. Seja o racionalismo progressista da esquerda revolucionária emergencial conduzindo, em busca de redenção ou inclusão, o partido, o coletivo, os excluídos, o morador da periferia, o trabalhador da fábrica; seja, por sua vez, o vitalismo da direita tradicionalista em busca da redenção ou garantias de proteção e conforto na unidade orgânica nacional. Não importa. A força do primado prático da imaginação totalitária não deriva dos contextos históricos em que emergem as ideologias políticas, mas as ideologias derivam da imaginação com essa tendência.

Não é difícil não ceder aos encantos desse tipo de dogmatismo. Nesse ponto, comunismo e fascismo nunca foram tão próximos. Se o comunismo se alimentou do antifascismo e o fascismo do anticomunismo, ambos tinham alguns pontos em comum: o ódio ao

FRANCISCO RAZZO

pluralismo liberal, à vida do indivíduo e à propriedade privada, que instauram a necessidade de fazer "coisas horríveis".[103]

A retórica de Karl Marx em um texto de 1847, *A miséria da filosofia*, não esconde o poder do fascínio em querer salvar uma classe oprimida em vista de uma nova sociedade por meio dos seus elementos revolucionários:

> Uma classe oprimida é a condição vital de toda sociedade fundada no antagonismo entre classes. A libertação da classe oprimida implica, pois, necessariamente, a criação de uma sociedade nova [...]. A organização dos elementos revolucionários como classe supõe a existência de todas as forças produtivas que poderiam se engendrar no seio da sociedade antiga.[104]

Há um significado profundo na transposição revolucionária entre a velha sociedade em ruínas e a nova sociedade: a terra prometida, a libertação da classe trabalhadora de toda ordem burguesa, implica a abolição de todas as ordens:

> Isso significa que, após a ruína da velha sociedade, haverá uma nova dominação de classe, resumindo-se em um novo poder político? Não. A condição da libertação da classe trabalhadora é a abolição de toda classe, assim como a condição da libertação do terceiro estado, da ordem burguesa, foi a abolição de todos os estados [aqui, estado significa as ordens da sociedade feudal] e de todas as ordens.[105]

Não dá para negar que o método "científico" de Marx é extremamente imaginativo. Seu poder de descrição da revolução total é inversamente proporcional à sua capacidade de descrever como seria, afinal, a sociedade sem classes:

A IMAGINAÇÃO TOTALITÁRIA

A classe trabalhadora substituirá, no curso do seu desenvolvimento, a antiga sociedade civil por uma associação que excluirá as classes e seu antagonismo, e não haverá mais poder político propriamente dito, já que o poder político é o resumo oficial do antagonismo na sociedade civil. Entretanto, o antagonismo entre o proletariado e a burguesia é uma luta de uma classe contra outra, luta que, levada à sua expressão mais alta, é *uma revolução total*.[106]

Mas gostaria de destacar o próximo trecho. Ele demonstra qual método deverá ser usado para sair desse aspecto puramente imagético da construção de uma nova sociedade:

Somente numa ordem de coisas em que não existam mais classes e antagonismos entre classes, as evoluções sociais deixarão de ser revoluções políticas. Até lá, às vésperas de cada reorganização geral da sociedade, a última palavra da ciência social será sempre: *"O combate ou a morte: a luta sanguinária ou nada. É assim que a questão está irresistivelmente posta"* (grifo meu).[107]

Optaram pela luta sanguinária. Por onde passou, a imaginação marxista produziu morte.[108]

Já a imaginação fascista de Mussolini não fica muito atrás de Marx no quesito retórica e violência. O imaginário totalitário fascista busca superar a distinção entre sociedade civil e comunidade política, entre Estado e nação e entre as vontades individuais e a infalível vontade geral, entre contingência e necessidade, entre teoria e ação, entre religião e Estado. Enfim, o fascismo buscou superar *todas as distinções*.[109] Como vai afirmar Emilio Gentile, um dos maiores estudiosos do fascismo italiano, "o totalitarismo pode ser entendido como um método; método de monopólio, conquista e gestão do poder por um partido único a fim de transformar radicalmente a natureza humana através do Estado e da política, e impondo uma concepção do mundo integralista".[110] Contra o individualismo liberal e a liberdade da consciência pessoal, declara Mussolini:

> Anti-individualista, a concepção fascista da vida sublinha a importância do Estado e aceita o indivíduo somente enquanto os seus interesses coincidam com aqueles do Estado, que luta pela consciência e pelo universal, a vontade do homem como ente histórico. É contrária ao liberalismo clássico, que surgiu como reação ao absolutismo e exauriu sua função histórica no momento em que o Estado se tornou a expressão da consciência e da vontade do povo. O liberalismo negou o Estado em nome do indivíduo, o fascismo o reassegura.[111]

Tudo é um, e nada pode ser contrário a isso: "tudo no Estado, nada contra o Estado, nada fora do Estado". Mussolini confirma isso no seu programa doutrinário do fascismo: "Como todas as concepções políticas *saudáveis*, o fascismo é ação e pensamento; ação em que a doutrina é imanente, e a doutrina surge de um dado sistema de forças históricas em que está inserida, e trabalhando dela desde dentro".[112] Não se trata de pensar o Estado como meio, o poder político como uma realidade intransitiva, substancial e autorreferente, pelo contrário: "uma forma correlacionada às contingências do tempo e espaço; mas tem também um conteúdo ideal, que faz dele uma expressão da verdade na mais alta região da história do pensamento".[113] Mas surge a pergunta: como exercer esse ideal no mundo? Ora, conhecendo a realidade, conhecendo o homem, conhecendo o Estado.

A IMAGINAÇÃO TOTALITÁRIA

O fascismo italiano caracteriza-se como uma das expressões mais puras do conhecimento totalitário, como podemos confirmar nesse trecho de Mussolini:

> Não existe nenhum modo de exercer uma influência espiritual no mundo, como uma vontade humana dominando a vontade de outros, a menos que se tenha a concepção tanto da realidade transitória quanto da específica, em que a transitória habita e possui seu ser. Para conhecer os homens, deve-se conhecer o homem; e para conhecer o homem, deve-se estar familiarizado com a realidade e as suas leis.[114]

E não apenas do conhecimento totalitário; a experiência fascista na Itália conseguiu igualmente ser a expressão completa da política totalitária:

> Não pode haver uma concepção de Estado que não seja fundamentalmente uma concepção de vida: filosofia ou intuição, sistema de ideias evoluindo dentro de um molde lógico, ou concentrado em uma visão ou crença, mas sempre, ao menos potencialmente, uma concepção orgânica do mundo.[115]

Nesse sentido, a imaginação total é, por natureza, monista em sua essência mais radical, como diz o próprio Mussolini: "Nós fomos os primeiros a declarar na cara do individualismo democrático liberal", e vale frisar bem essa passagem, pois muitos intelectuais não fazem a distinção entre fascistas e liberais, "que o indivíduo existe somente enquanto faça parte do Estado e esteja sujeito às exigências do Estado e que, na medida em que a civilização assume aspectos que se tornam mais e mais complicados, a liberdade individual também se torna mais e mais restrita".[116]

O monismo ideológico tem, portanto, um papel crucial na legitimação dos sistemas políticos, como está bem exposto nesse trecho da *Doutrina do fascismo*, um tipo histórico de totalitarismo que entende que as liberdades individuais devem ser cada vez mais restritas.

3.

Na imaginação totalitária, as pequenas verdades transformadas em grandes pretensões serão sempre tentadoras. Em última instância, deverão ser sempre tentações práticas, sobretudo na política. Levada às suas últimas consequências, estamos na imaginação dispostos a morrer ou a matar em nome das nossas crenças mais caras. Não porque morrer ou matar sejam o objetivo último de nossas pretensões, mas porque há uma necessidade de ter de se fazer isso para proteger nossas crenças. Essa seria a principal necessidade de justificar a violência. Claro que matar e morrer são realizações extremas. De qualquer forma, são realizações possíveis.

Deste modo, não se pode falar jamais que a imaginação totalitária traz em sua estrutura a violência ou o genocídio. Não se trata disso. Na verdade, está bem longe de significar isso. Trata-se, a meu ver, de algo um pouco pior. A legitimação da violência pela imaginação totalitária contém algo de perverso: a violência deliberada, calculada, projetada e intelectualmente legitimada. Com efeito, torna-se pior na medida em que as consequências indesejáveis na forma de violência — e, em última instância, da

A IMAGINAÇÃO TOTALITÁRIA

morte — acabam se apoiando e se camuflando no discurso das "ações necessárias", embora toda ação violenta nesse nível repouse em uma atitude deliberada de transformação, revolta e ódio.

O homem sucumbe ao atentado contra sua própria humanidade: a violência com conhecimento de causa a fim de transformar a própria natureza, superá-la em sua insuficiente fraqueza. Se o homem pode, como explica o filósofo Eric Weil (1907-1977), "escolher entre a razão e a não razão, e aqui se evidencia que essa escolha em si jamais é uma escolha razoável, mas uma escolha livre — o que significa, do ponto de vista do discurso coerente, uma escolha absurda"[117] —, então "isso significa que o homem não é essencialmente discurso, não é por essência razão, mas sempre e somente *razoável*, isto é, passível de razão possível, mesmo na sua *desrazão*", o que nos leva ao sentido de que há duas possibilidades no homem: uma delas é a razão, e "a outra possibilidade do homem é a violência".[118]

Entretanto, para pensar com precisão, a essência da violência redentora não é si mesma violenta no sentido de produzir violência gratuita ou violência puramente autoritária a fim de manter a estrutura da hierarquia de poder a todo custo, como em uma ditadura, por exemplo, ou em outras manifestações de violência como relação de poder. Na violência redentora há um propósito de fundo e um consentimento de base que dão suporte à escolha entendida como expressão de uma necessidade. Por isso, devemos considerar como violência pervertida, mas é preciso acrescentar: de uma *perversão redentora* e não de uma mera atitude perversa.

O que seria, então, o perverso redentor? A perversidade foi explicada em detalhes pelo pensador francês Patrick Vignoles:[119] "o perverso destrói e se destrói. Ele destrói em si e fora dele a obra da família e da sociedade". Mas com qual propósito o perverso inicia essa destruição? Não seria a gratuidade delinquente do destruir pelo simples prazer de destruir, não seria um ato absoluto de violentar por violentar, como vandalismo de alguém patologicamente perturbado. Na perversidade, o ódio do homem emerge na experiência da consciência com uma finalidade radical: "a verdadeira inversão ou perversão dos movimentos naturais de amor e de admiração para com o que é belo e grande".[120] Na prática, isso significa o seguinte: há uma necessidade de "desorganização da cultura, que corresponde a uma vontade de potência anárquica". Tal potencial anárquico "está inscrito na natureza ou na constituição primitiva do ser humano" e visa deliberadamente, embora não declaradamente, "a destruição da humanidade, isto é, da humanidade como construção de si e da humanidade de suas obras".[121] O perverso redentor quer destruir o homem pelo homem para *reconstruí-lo* à sua própria imagem e semelhança, e não só destruí-lo em si pelo prazer soberano do imaginário de destruição.

Se o perverso em si "é perverso porque ignora a humanidade", já que é de sua natureza querer "ignorá-la, que ele trabalhe para ignorá-la, que ele exponha à morte ou à tortura para negar sua transcendência", então a perversão redentora da imaginação totalitária acrescenta a essa lógica da perversidade aquele impulso de que é necessário odiá-la para transformá-la desde sua raiz. Esse era o sentido de "crimes contra a humanidade" do qual fez referência o filósofo francês Vladimir Jankélévitch (1903-1985), quando buscava explicar os crimes dos nazistas: esses crimes são, diz ele, "*crimes contra a humanidade*, isto é, crimes contra a essência humana", uma vez que "é o *ser* mesmo do homem, *esse*, que o genocídio racista tentou aniquilar na carne dolorosa desses milhões de mártires".[122] Não se trata, como se vê, de um crime calculado pela *quantidade* de gente morta. Uma mente totalitária odeia voluntariamente a natureza humana e, por isso, sente a obrigação moral de modificá-la em sua essência. Para Patrick Vignoles, "a perversidade é niilista".[123] Eu acrescentaria: a perversidade redentora é a tentativa de superação do niilismo por meio da prática do ódio à natureza do homem.

Ainda uma palavra acerca do caráter perverso da violência redentora, pois é preciso entender adequadamente o que está em jogo aqui para prosseguir: "o perverso não age contra tal ou qual homem, contra isso ou aquilo que o homem criou; ele prende-se a tudo o que simboliza a humanidade, às obras como às pessoas, à 'ideia' humana", ou seja, "o perverso 'diverte-se' com demolir o mundo humano, como se se recusasse a fazer parte dele ou como se fosse impotente para nele integrar-se"[124] e, por isso, precisasse criar subterfúgios a fim de não ter de encarar a própria impotência. Isso estaria muito próximo daquilo que Eric Weil descreveu como *mal radical*:

> O fato é constante: as guerras, a violência, sobretudo a mentira e, em particular, a mentira por meio da qual [o homem] se engana a si mesmo em seu foro íntimo, buscando desculpas para o indesculpável, tudo isso se mostra com grande clareza ao homem, o ser que, na medida em que é moral, constitui o sentido do mundo e justifica sua existência, é imoral — imoral, e não somente fraco: ele escolheu sua fraqueza, ele quis o mal. Sua natureza é depravada, ele a depravou.[125]

Nesse caso, pode-se alegar que a violência redentora tem a natureza de um elo de resistência profanatória: defender-se de algo muito mais sinistro, ameaçador e perigoso; no caso extremo da perversidade, essa violência tem a finalidade de defender o homem da própria condição humana. No caso da perversidade redentora, defender-se da condição humana a fim de instaurar outra, como acredita uma mente inspirada pela imaginação diabólica de que a natureza humana é maleável e radicalmente modificável.

Os 60 mil homicídios por ano em um país como o Brasil não dizem respeito, por exemplo, ao genocídio promovido pela imaginação totalitária. Esses números alarmantes devem apontar para outros dilemas sociais tão graves quanto a possibilidade do desenvolvimento da imaginação totalitária entre nós. Entretanto, a militância pelo direito de aborto defendido aos berros por feministas radicais, as manifestações da Marcha das Vadias atacando símbolos religiosos e os atos de depredação organizados por movimentos em nome da mobilidade urbana podem indicar uma quantidade generosa do ímpeto totalitário porque revelam essa lógica da perversão: a desorganização da cultura correspondente a uma vontade de potência destruidora e anárquica.[126]

4.

Nas "jornadas de junho de 2013", e na tentativa insana de separar manifestação pacífica de violenta — como se o problema fosse essa distinção —, alguns comentaristas buscaram explicar o que acontecia nos "bastidores da cultura" principalmente com a presença do grupo Black Bloc, conhecido pelos atos de violência anárquica.

No calor dos acontecimentos, a fim de tentar explicar o "novo" fenômeno, o jornalista Silvio Mieli[127] escreveu um texto profético, na opinião de Paulo Arantes: "É possível que o tempo das revoluções que experimentamos na modernidade tenha sido substituído pelas sublevações, quando o corpo social coloca-se em pé (insurge) através de uma série de atos profanatórios."[128] Contra o que haveria de profanar? Obviamente, contra a religião do capitalismo em sua fase mais extrema.[129] Afinal, "diante desse processo, encontramos forças de difícil assimilação política, porque assumem a insurgência em duas direções: *contra a sacrossanta propriedade privada e contra o Estado*" (grifo meu).[130]

O problema continua o mesmo: a propriedade privada e o Estado — que aqui significa qualquer coisa relacionada a uma instituição humana como representação mediadora da ordem das coisas, ou, para ser mais preciso, o Estado democrático de direito que, à luz da teoria do "estado de exceção", não se diferencia em nada de uma "ditadura", ou seja, tudo que uma mentalidade totalitária, como vimos, abomina: a propriedade privada e o poder como mediação.

O termo "sacrossanta" como referência sobretudo à propriedade privada nos compele a reconhecer a velha tradição revolucionária perita na construção dos atalhos espirituais. Mas há diferenças significativas com relação à velha tradição revolucionária, o que não nos autoriza a falar em diferenças substanciais.

A defesa de Silvio Mieli das ações políticas como as do Black Bloc, e suas variações, ajuda-nos a entender a importância da violência no âmbito da imaginação totalitária: "os black blocs, apesar das múltiplas diferenças entre os grupos e das várias formas de ação, *sustentam que a destruição da propriedade não é uma atividade violenta, a menos que ceife vidas ou machuque alguém*".[131] Como se a destruição da propriedade privada não fosse, de alguma forma, a destruição de um princípio inerente ao próprio homem. Parafraseando o poeta alemão Heinrich Heine (1797-1856):[132] "Onde se destrói a propriedade privada, acaba-se destruindo pessoas."

Os black blocs, exemplo atual de grupo dominado pela imaginação totalitária, diz Silvio Mieli, "imaginam que 'destruindo' a propriedade privada convertem seu limitado valor de troca em um expandido valor de uso. Para eles, a propriedade privada, principalmente a corporativa, é em si mesma muito mais violenta do que qualquer ação tomada contra ela". Talvez por tentar aliviar o peso das responsabilidades. Vejamos mais de perto: o que ele quer dizer com "destruir a propriedade privada convertem seu limitado valor de troca em expandido valor de uso?". Ora, absolutamente nada. O único valor expandido nesse caso é o do prazer necessário de ter de destruir uma propriedade alheia sem ter qualquer peso na consciência.

Silvio Mieli usa o termo certo: eles *imaginam*. E eu acrescentaria: *imaginam totalitariamente*. O ponto da legitimação da violência redentora está nesta formulação: "em si mesma, muito mais do que". Eles imaginam totalitariamente que a propriedade privada em si mesma é muito mais violenta do que *qualquer ação tomada* contra ela. Foi preciso mascarar, por meio do artifício retórico, o termo "violenta" da possibilidade de fórmula "qualquer ação tomada contra". A frase, objetivamente, quer na verdade expressar isto: "a propriedade privada em si mesma é muito mais violenta do que qualquer ação *violenta* tomada contra ela". Portanto, está autorizada sua "destruição". Certamente, a quantidade de energia mental necessária para elaborar tais teses é muito maior do que a quantidade de energia física necessária para quebrar o que pertence aos outros, *por natureza*.

Segundo o raciocínio, a propriedade privada seria quase que *absolutamente* violenta enquanto a ação contra ela apenas *relati-*

vamente violenta. Nesse caso, insurgir-se contra a propriedade privada e todas as instituições que garantem sua existência teria a nobre finalidade de "instaurar uma sociedade diferente" daquela exigida pelas lutas sociais que "limitaram-se às negociações sobre a distribuição do valor e o 'respeito às regras'".[133] E não venha falar em respeitar as regras do jogo. É preciso profaná-las (aliás, o termo seria bem apropriado para os atos organizados pela Marcha das Vadias,[134] no quesito desorganização da sociedade, ou pelo Femen,[135] aquele outro performático e barulhento grupo de feministas radicais que buscam profanar templos religiosos).

A conjunção entre os conceitos de *insurgência* e *profanação* no texto de Silvio Mieli foi analisada, e celebrada, com mais cuidado filosófico por Paulo Arantes em seu livro *O novo tempo do mundo*. Talvez o melhor livro escrito acerca da defesa das manifestações de junho de 2013 e de toda essa ideia hoje chamada de "era da emergência". Melhor aqui no sentido de mais erudito, mais abrangente em termos de localizar o horizonte histórico das manifestações.

Antes de entrar em detalhes acerca desse par de conceitos, uma breve palavra sobre a tese do livro de Paulo Arantes. Ele parte da análise das categorias de espaço de experiência e horizonte de expectativa para descrever a dinâmica do tempo e o transcurso da história. No entanto, há algo novo. Novo justamente no que se refere à categoria de "horizonte de expectativas": no novo tempo do mundo, surge a estranha sensação de que estamos indo para algum lugar sem saber direito para onde. Historicamente, "com o fim da Guerra Fria, o horizonte do mundo encolhe vertiginosamente a uma *era triunfante de expectativas decrescentes*". Emerge daí o novo tempo do mundo: "*o tempo intemporal da urgência perpétua*".[136]

O que Paulo Arantes alega, como realidade histórica e não formulação ideológica, é a sobreposição dos espaços de experiência e dos horizontes de expectativas. Com a era das revoluções, havia uma categoria fundamental de espera no futuro. No novo tempo do mundo, não há mais futuro. Despidas do futuro, sobram as expectativas. A *urgência* do tempo seria precisamente a conjunção dessas duas categorias: experiência e expectativa coincidem. Diz Paulo Arantes: "a categoria temporal do futuro foi simplesmente suprimida e substituída por outra, a do presente prolongado".[137]

Ao recapitular os conceitos de Koselleck, ele diz que "o horizonte do mundo não cessa de se obscurecer; carregado de nuvens ameaçadoras e catástrofes manufaturadas, o horizonte permanece raso e incapaz de evoluir". Ora, nada de pânico. Não se trata "de um cenário melodramático anunciando o fim dos tempos — nem de requentar profecias regressistas —, mas de constatar que entramos em um regime de urgência". O problema, portanto, é colocado no presente: "foi-se o horizonte do não experimentado. Com isso, o próprio campo de ação vai se encolhendo, e isso porque já dispomos no presente de uma parte do futuro". Em vista disso, "não custa insistir que cada vez mais *a conjectura tende a se perenizar*. A invocação clássica do futuro, em nome da qual se legitimou a iniciativa política nos tempos modernos, não só perdeu sua força como deve ser rebatida para o presente".[138]

Há certa dificuldade de se extrair significado político desse tipo de formulação especulativa a respeito da história. O certo é que ele agita por debaixo da pele o poder de sua imaginação. Nesse raciocínio está explícita a tentativa de diferenciação do que vem a ser o papel do ato revolucionário nos dias de hoje, que passa a ser compreendido, nesse contexto, como ação emergen-

A IMAGINAÇÃO TOTALITÁRIA

cial profanatória e não mais como a luta para uma sociedade sem classes. Na era das revoluções, segundo Arantes, mantinha-se forte uma crença de que o futuro, por meio do ato revolucionário, um dia chegará, isso em uma perspectiva histórica progressista. Entretanto, não há mais o futuro.

Vivemos em uma era de expectativas decrescentes e o problema não deve ser mais com o futuro. A esperança da política não está mais na espera do futuro inevitável da dissolução das classes sociais em um final feliz da história. A esperança está na emancipação do ato insurgente. A violência do ato insurgente torna-se, então, sem futuro e, por isso, reativa à perenidade do momento presente. Se o futuro já chegou, então o que precisa mudar? Ora, o presente. E mudar em um único ato. Pois nenhum ato político tem em si o sentido de mediação. Se o estado de emergência em que vivemos consiste na regra geral da maneira de fazer política, então o ato insurgente é o único capaz de desassociar os vínculos da garantia desse estado.

Dessa experiência de encurtamento de nossas expectativas em relação ao futuro, brota um dilema — ou não seria um falso dilema? É assim que Paulo Arantes pode reafirmar a velha promessa radical da realização de uma utopia não mais como promessa no futuro, mas aqui no presente prolongado:

> Resta o dilema: se os efeitos indesejados devem ser calculados e tender a zero, como, para além do *slogan* desmoralizado "escolher o futuro", manter o horizonte de tal modo descomprimido que o "não imaginado possa continuar imaginável"? Mas e se esse futuro inteiramente outro — sob a pena de expressar o desastre — que deve ser criado já é efetivo desde agora, se decide no presente prolongado? Nesse redemoinho gira o apocalipse

dos integrados: gestão do presente, em suma, mas de um presente no que o futuro já chegou.[189]

Por mais difícil que seja entender o significado dessa passagem, pelo menos do ponto de vista da filosofia da história e de toda a discussão suscitada por essas categorias, não é difícil adivinhar quais seriam os objetivos subjacentes. O dilema pode ser reformulado segundo a seguinte estrutura: se P é desejável, então como Q seria possível? Há um utilitarismo negativo subjacente em P, ou seja, não há como evitar *os efeitos indesejáveis*, então devem-se buscar ações que produzam o menor volume geral de infelicidade, que é resultado do cálculo da minimização do sofrimento. O que faz a "tendência a zero" ser construída somente na imaginação.

O autor evita encarar a intrincada distinção entre aquilo que é "desejável" e aquilo que é "possível". Por isso o dilema: como manter o horizonte da expectativa do futuro diferenciado de P se as expectativas são decrescentes, ou seja, se todas as expectativas de um futuro diferenciado foram exauridas? No fundo, o dilema implícito é outro, aliás, muito mais existencial: como manter de pé minha crença naquilo que é desejável se eu reconheço honestamente em minha condição que aquilo que eu desejo não é possível? Por isso o ódio em relação à natureza humana e o paradigma de pensar sempre à luz de utopias — imaginariamente reais. Isso lembra aquilo que Frederick Augustus Voigt (1892-1957), jornalista britânico e opositor radical do totalitarismo, escreveu referente à concepção nazista de fim da história: "Toda escatologia transcendental proclama o fim deste mundo. Mas a escatologia secular sempre é apanhada em suas próprias contradições. Ela projeta no passado uma visão do que nunca foi, concebe o que

A IMAGINAÇÃO TOTALITÁRIA

é em termos do que não é e o futuro em termos do que nunca poderá ser".[140]

O uso da imaginação, entretanto, é flagrante: "o não imaginável" precisa "continuar imaginável". Quase uma contradição nos termos. Seria possível assumir essa contradição no nível ontológico da existência humana: esteticamente, seria mais honesto, e a revolta seria partilhada em um nível existencial mais interessante. Mas a imaginação totalitária, como sabemos, reduz a totalidade da experiência humana à política. O político precede inclusive o humano.

Não havendo mais a noção de expectativa futura, o outro em relação ao presente, que precisaria ser de alguma forma criado pela antiga ação revolucionária progressista, perde o sentido. Nesse caso, *tudo* passa a ser "decidido no presente prolongado"— "decisão", nesse contexto, tem um tom peculiar para quem acredita viver em um estado constante de exceção.[141] De qualquer modo, uma armadilha retoricamente sofisticada para dizer, em palavras menos violentas, "ou tudo ou nada". Ou, para lembrar o velho grito de independência: "insurgência ou morte!".

Porém insurgência contra exatamente o quê? Não é difícil descobrir:

> É esse horizonte negativo de um outro regime de urgência, lembrando que, a seu modo igualmente moderno, revolução e guerra nunca deixaram de configurar a emergência suprema, expectativas de exceção. Se Walter Benjamin pudesse incluir postumamente um parágrafo na entrada "Alarme de incêndio" de sua *Rua de Mão Única* — entrada na qual redefinia a luta de classes, não como correlação de forças sopesadas nunca gangorra sem fim, mas como urgência de apagar o incêndio geral que de qualquer

modo os dominantes já atearam —, é bem provável que reconhecesse nesse aparente eterno retorno de uma conjuntura em que campo de experiência e horizonte de expectativa voltaram a se sobrepor, depois de seu longo divórcio progressista, a fisionomia mesma da Revolução, o Acidente original, em suma.[142]

Sempre eles, "os dominantes". Só que agora, mais do que nunca, são responsáveis por atear o fogo. O que faz da minha insurgência, ou, seguindo a metáfora, do meu "alarme de incêndio", uma ação legitimada como urgente, como ação salvadora. São só metáforas: "incêndio geral" continua sendo a velha e boa — porém odiada — economia de mercado. Mas antes de falarmos da necessidade de profanação da propriedade privada, ainda precisamos explicar essa noção quase estética de "acidente original". Por que agora a "fisionomia da Revolução" voltou a ser reconhecida já não mais como Revolução, mas como Acidente.

Neste ponto, Paulo Arantes se ampara na interpretação do filósofo e polemista francês Paul Virilio, ardente crítico da sociedade tecnológica e do capitalismo. Trata-se da expectativa do Grande Acidente, um tipo de horizonte de expectativa que teria entrado em cena com o Projeto do Iluminismo. Paul Virilio busca compreender a história não pela noção de *duração*, mas pela ideia de *ruptura*: "A historiografia dominante se limita a analisar os fatos de longa duração. Eu defendo, ao contrário, uma história acidental, feita unicamente de rupturas [...]. Nós vivemos no 'instantaneísmo'."[143]

A discussão acerca das categorias de "passado" e "futuro" tem importância decisiva. Se a experiência humana no mundo é sempre de *mediação*, então viver o instante, ou pelo menos ter a impressão de viver a ruptura com o passado e o futuro, torna-se

A IMAGINAÇÃO TOTALITÁRIA

uma experiência no mínimo curiosa, sobretudo quando projetada na dimensão política e em uma sociedade tecnológica cujo tempo determina-se pelo frenesi da velocidade, que faz jus à estética da violência herdada do fascismo futurista de Marinetti. Tecnologia, velocidade e guerra são componentes estruturais do sistema de representação produzido pelo imaginário modernista.

Antropologicamente, "vivemos com a convicção de que temos um passado e um futuro", mas Virilio entende que o capitalismo e as consequências de um futuro ecológico apocalíptico teriam rompido com isso: "o passado não passa; ele se tornou monstruoso, ao ponto em que não o tomamos mais como referência", mas há o futuro, que está "limitado pela questão ecológica, o fim programado dos recursos naturais, como o petróleo". Conclusão: "resta, portanto, o presente a habitar". O que devemos, então, esperar no presente sem a memória do passado e a expectativa do futuro? Se o futuro era o *locus* do fim da história de uma sociedade sem classes, então estava lá a grande e inevitável espera da Revolução. Sem futuro, a noção de revolução, ou pelo menos a expectativa em relação ao método revolucionário, sua fisionomia, tem de mudar.

O que, afinal, tem de mudar? A esse respeito, Paulo Arantes seleciona uma passagem interessante de Paul Virilio, que, em reserva aristotélica, diz:

A substância é necessária e o acidente é relativo e contingente. No momento ocorre uma inversão: o acidente está se tornando necessário e a substância, relativa e contingente. Cada tecnologia produz, provoca, programa um acidente específico. Por exemplo: quando inventaram a estrada de ferro, o que foi que inventaram? Um objeto que permitia que se fosse mais depressa, que permitia progredir [...]. Ao mesmo tempo, porém, inventaram a catástrofe ferroviária.[144]

Óbvio que a invenção de uma tecnologia para locomoção não implica, *necessariamente*, a invenção do acidente. O acidente continua sendo *contingente* à invenção da locomotiva. Assim como a invenção da pólvora não desencadeou necessariamente a guerra. Com efeito, não há inversão entre substância e acidente a não ser como *impressão* meramente subjetiva e retórica diante da grandeza de certas catástrofes. Uma catástrofe ferroviária continuará sendo relativa e contingente em relação à nova tecnologia de transporte. Assim como o leite derramado continua sendo um acidente em pequena escala, mas que devido à sua insignificância não chama atenção como a queda de um avião.

Entretanto, e o mais curioso, é que para Paulo Arantes nós devemos levar às últimas consequências o raciocínio de Virilio: com a *contingente* invenção do navio passou a existir *necessariamente* o naufrágio; com o automóvel, a colisão; com o avião, o desastre. Ora, por que não "acrescentar a História entendida como velocidade para conceber o acidente extremo como o horizonte de sua substância"? Nesse caso, o Grande Acidente comprimiu "o horizonte contemporâneo do mundo" e a "guerra", portanto, tornou-se inevitável.

Está implícita aqui a substituição da dialética como explicação da dinâmica da história, cuja substância era a luta de classes por meio das contradições impostas pela sociedade dominante, por uma noção de dinâmica da história derivada do acidente, que mantêm, debaixo do verniz desse jogo de palavras, as noções de *necessidade* e *inevitabilidade*, tão caras à tradição marxista, na ideia de Grande Acidente. Paulo Arantes, seguindo os passos de

A IMAGINAÇÃO TOTALITÁRIA

Virilio, substancializa a noção de acidente a ponto de transfigurar na própria fisionomia da revolução como traço característico desse novo tempo do mundo. A partir daí, ele pode prosseguir acenando com a mão esquerda à revolução com sua nova fisionomia.

Substancializar o acidente, produto da arte de registrá-lo com garrafal letra maiúscula, como fazem os alemães com seus substantivos, só demonstra a qualidade da imaginação incapaz de lidar com a natureza contingente do acaso, como vimos nas raízes filosóficas da imaginação totalitária; e aqui devemos recorrer novamente a Nassim Nicholas Taleb, quando explica que a estrutura não linear, a incerteza, o desconhecido, a possibilidade iminente de desordem presente em qualquer projeto — e isso inclui locomotivas ferroviárias, automóveis e, por que não?, a história — são inerentes à própria *realidade* e não um problema político ou parte das malignas intenções da classe dominante literalmente agindo com o objetivo de se manter no controle do mundo. O temperamento racionalista, descrito tão bem por William James, só foi revestido com a robusta roupagem de carneiro, mas não nos iludamos: o lobo continua o mesmo.

Depois desse giro, estamos em condição de entender melhor, pelo menos nos limites impostos por este livro, o problema das *profanações* e *insurgências*.

Por que é necessário profanar a sacrossanta propriedade privada? Primeiro porque, segundo a avaliação de Paulo Arantes, a profanatória insurgência de junho de 2013 "não surgiu obviamente do nada" e "veio finalmente preencher o vazio da doutrina contrainsurgente da Pacificação". Esse foi o principal traço "definidor dessa verdadeira ruptura de época": a insurgência como "*uma série de atos profanatórios*". A ideia de *profanação* — para quem tem consciência de não avançar o sinal presumindo a inspiração da fisionomia da esquerda —, no âmbito da política, foi sugerida pelo filósofo Giorgio Agamben, autor de *Profanações*, publicado originalmente em 2005.[145] A interpretação de Paulo Arantes alimenta o imaginário das ações políticas de grupos como o Black Bloc, já que não há como compreender adequadamente as ações desses grupos sem passar pelos componentes filosóficos capazes de sustentá-los e legitimá-los.

A imagem que se cria a partir da leitura do livro de Paulo Arantes, inclusive a crítica que recebeu de um decano da esquerda brasileira, na qual foi julgado como "erro de fato e erro de lógica", é a de que o capital e o capitalismo são responsáveis por tudo, pois "no princípio era o capital" e este habitou entre nós. O que esse tipo de crítica ao capitalismo não leva em consideração — seus críticos evitam adequar os graus dos óculos à evolução da miopia — é que o problema não está no livre mercado, mas na política, não está na propriedade privada, mas na forma como concebemos o poder, sobretudo a democracia de massas.

O problema, portanto, está aquém do capital ou do capitalismo; na verdade está em como o Estado se eterniza no poder. Problema que um autor como Murray N. Rothbard (1926-1995) notou com muito mais clareza: "uma vez estabelecido o Estado, o problema do grupo ou 'casta' dominante passa a ser o de como manter o seu domínio [...] para continuar no poder; qualquer governo (não simplesmente um governo 'democrático') tem de ter o apoio da maioria dos seus súditos" e, "como tal, a principal tarefa dos governantes é sempre a de assegurar a aceitação ativa ou resignada da maioria dos cidadãos". Com efeito, e aqui está a recusa em tratar da miopia dos críticos, "um dos métodos para assegurar o apoio é por meio da criação de interesses econômicos legalmente garantidos".[146]

A IMAGINAÇÃO TOTALITÁRIA

Paulo Arantes, ainda inspirado em Walter Benjamin e Agamben, entende a fé no capitalismo como fenômeno religioso em três níveis: religião cultural, culto permanente e culto culpabilizador não voltado para a redenção ou expiação da culpa, mas para sua causa profunda, ou seja, "um movimento monstruoso". Segundo ele, o "ponto luminoso da visão de Benjamin encontra-se na primeira dimensão: o capitalismo é uma religião" na qual "é um sistema de comandos absurdos e, como tal, necessitava, em princípio, de um espírito que justificasse aos olhos de suas vítimas e supostos beneficiários [...] 'o cumprimento preciso da ordem torna-se mais importante que o conteúdo das ordens'".[147]

Mas para não ser injusto e dar a impressão de que estou traçando o debate em nível puramente ideológico, vou encerrar essa análise com a crítica de um autor de esquerda que percebeu muito bem os truques ideológicos presentes na obra de Paulo Arantes: "no livro que examinamos, o capital e o capitalismo estão em toda parte, são uma espécie de 'Sésamo' que abre todas as portas, que explica ou deve explicar tudo. E, se acontecer de o capital não explicar o objeto, é que este não deve existir".[148]

Entretanto, o cerne da crítica da Ruy Fausto está no ponto que deveria ser o mais forte do livro: a era da emergência.

Em *O Novo Tempo do Mundo*, o "estado de exceção" ou de "urgência" — figura jurídica que suspende direitos e garantias constitucionais dos cidadãos, a ser adotada em princípio provisoriamente em situações de emergência, como guerras ou calamidades públicas, para aumentar a eficácia do Estado — aparece como uma fórmula que encerra uma verdadeira teoria geral da história do século passado e do que já se viveu do século atual, fórmula que vale para o capitalismo liberal-democrático, para os regimes mais ou menos autoritários, mas também para o nazismo. Quaisquer que sejam as aparências de um desses regimes políticos, o "estado de emergência" é sempre o seu segredo.[140]

O tempo do mundo pode ser novo, mas as premissas elementares de algumas de suas teorias capazes de justificar a construção de totalitarismos políticos, por mais que se negue isso, continuam exatamente as mesmas. A imaginação está a todo vapor e percorre trilhos que não levam a lugar nenhum.

5.

No âmbito da imaginação puramente especulativa ou lúdica não haveria nada com que se preocupar. No entanto, e insistimos nisso, a imaginação também tem um caráter fundamentalmente prático. Sua função prática é o problema.

Quando deformada, tal como é a imaginação idílica e diabólica, ao ser confrontada com a realidade, a imaginação totalitária se transforma em ato puro de desilusão e ressentimento. A desilusão, difusa, transforma-se em angústia. A angústia, em medo. E o medo, em violência redentora. Tal violência não redime o pecado. Não nos aproxima novamente de Deus. Redime o ressentimento e reconcilia o homem consigo mesmo — agora *transformado*. O medo vem em nome da urgência. É insurgência em vista da angustiante ameaça emergente. Não há como fugir, o ressentimento precisa ser redimido. Só o ousado ato político totalitário tira esse pecado do mundo: "que quem é vigoroso e forte de inteligência e espírito é senhor deles! Quem muito ousa é que tem razão entre eles [...]. E quem pode ousar mais que todos têm mais razão do

A IMAGINAÇÃO TOTALITÁRIA

que todos!", afinal, "assim tem sido até hoje e assim será sempre! Só um cego não vê".[150]

A questão nuclear desta lógica reside no fato de que nenhuma atividade política totalitária começa na forma do Estado totalitário. Por isso o problema deste livro não foi a existência histórica dos regimes totalitários, mas a sua condição imagética. Essa condição entra no mundo pelo *ato político* que instaura em si mesmo os impulsos da imaginação prática. Nesse sentido, toda atividade política compreendida como esperança se torna *imediatamente* sinal de redenção. O ato político deixa de ser *mediação* entre espaço de experiência e horizonte de expectativa para se tornar intuição pura dessa promessa insurgente de totalidade.

O ato profano faz parte da liturgia das revoluções e insurgências. Caracteriza-se essencialmente pelas pessoas que se autocompreendem partícipes de um universo de valores unívoco e almejam que esse universo se realize na plenitude de sua significação *no próprio ato*. Nesse sentido, não seria o Estado aquele que detém o monopólio da eternidade e, consequentemente, da violência, mas cada ato político em sua singularidade imediata.

Esse é o processo perverso de "purificação e destruição" que Jacques Sémelin[151] busca explicar em outras chaves quando descreve o imaginário de morte: "os agentes que sabem utilizar essa ferramenta do imaginário têm, em todo caso, uma arma poderosa que lhes permite pensar em conquista do poder". Ele descreve várias etapas dessa "retórica imaginária": primeiro, "transformar a angústia coletiva, que mais ou menos se propagou na população, em um sentimento de medo intenso, com relação a um inimigo, do qual eles vão expor toda periculosidade". A diferenciação entre angústia e medo é fundamental.

Primeiro vem a angústia:

A característica da angústia é a de ser difusa ou mesmo inapreensível, enquanto as causas do medo são mais denomináveis e, assim, identificáveis. O que se tenta é, de certa forma, "coagular" essa angústia sobre um "inimigo", ao qual se dá uma "figura" concreta e do qual se denuncia a malignidade, no interior mesmo da sociedade. Os discursos mais extremados apresentam essas figuras do inimigo como necessariamente assustadoras ou mesmo diabólicas. [...] Essa tentativa de canalização da angústia sobre um inimigo bem identificável já é uma maneira de responder ao traumatismo da população: explica-se de onde vem a ameaça.

Em seguida, o medo. Depois que o sentimento difuso identificou com a ajuda da angústia a "figura do inimigo" como algo assustador e diabólico, surge o medo. O inimigo agora tem um nome e é hostil. Legitima-se o ódio. Como descreve Sémelin: "a partir dessa 'transmutação' da angústia embrionária em medo concentrado por intermédio de uma 'figura' hostil desenvolve-se o ódio contra esse 'outro' pernicioso". O ódio, explica, é "uma paixão construída, produzida, ao mesmo tempo, por uma ação voluntária dos seus partidários extremosos e por circunstâncias favorecendo sua propagação".

No final, a saída lógica e temível dessa dinâmica — da angústia e do medo — recai, inevitavelmente, no surgimento, em uma determinada sociedade, do desejo de destruir o que lhe foi designado como causa do medo. É evidente que se trata ainda de um "desejo": permanecemos no registro do imaginário. Mas é um imaginário de morte.

No fim, podemos dormir em paz.

A IMAGINAÇÃO TOTALITÁRIA

Os desejos de aniquilar e destruir estão justificados pelo imaginário totalitário e pelo poderoso sentimento de que o mundo só não é melhor porque *o outro* não permite. Então, há uma última tarefa: encontrar o nosso bode expiatório de cada dia!

Esse tipo de sentimentalismo precisa ser espalhado como norma fundamental da política como esperança por meio do imperativo categórico da imaginação prática totalitária: *"aja como se desejasse que a máxima de tua ação política devesse inevitavelmente tornar-se, pelo imperativo prático da tua imaginação, uma taxativa e inegociável verdade absoluta para todos"*; impondo-se, assim, que a política como esperança deverá ser a única maneira de se compreender a política.

6.

Se nossas ideias totalizantes ficassem apenas reservadas ao âmbito pessoal, da agonia existencial, limitadas ao exercício puro da imaginação lúdica e não prática, sinto que eu não teria sido compelido a escrever este livro. O que me motiva sempre a continuar nesta reflexão não diz respeito à possibilidade do que pode dar errado com relação ao nosso esforço imagético, mas precisamente aquilo que vem dando e continua podendo dar certo — em pequena ou grande escala, em curto ou longo prazo. O que vem dando muito certo — e preciso insistir nisso — na política compreendida como esperança é, justamente, a violência e, por meio da imaginação totalitária, a sua legitimação redentora.

Obviamente, aquilo que venho chamando de violência redentora do ato político totalitário não leva ninguém a ter crise de consciência — o caso mais emblemático desse fenômeno foi estudado em detalhes por Hannah Arendt em *Eichmann em Jerusalém*.[152] Não há necessidade de recapitulá-lo em detalhes aqui.

O grande dilema ao depositar esperança na política, a ponto de transformar a própria noção de política como expressão acabada de esperança em um presente vivido sem futuro e com grandes expectativas, será sempre o de não ser mais capaz de perceber se eu mesmo não estarei sendo o agente direto ou indireto de um ímpeto totalitário, se eu não serei motivado a justificar uma atitude radical cuja consequência não seria outra senão o ato violento em nome do Bem, da Verdade e da Justiça, e, acima de tudo, em nome da realização de utopias reais, para usar a expressão do filósofo marxista norte-americano Erik Olin Wright,[153] que tem sido adotada como norte por movimentos sociais, como a única condição histórica de possibilidade de realização desses grandes valores. Não há nada com o que hesitar aqui: essa é uma possibilidade constante em nós mesmos.

Toda reflexão política intentada no contexto deste livro tem origem em uma constatação fundamental: nossos ideais podem estar justificando tragédias, conscientes ou inconscientes disso. E é certo que justificarão quando tratarmos o conjunto desses ideais políticos como o único centro onde deverão gravitar as nossas esperanças mais nobres. Como Raskólnikov, o perturbado personagem principal de *Crime e castigo*, de Dostoievski, às vezes não somos capazes de resistir à tentação de nos imaginarmos como o exemplo histórico de homens extraordinários, que estão acima do bem e do mal.

[A categoria dos indivíduos extraordinários] é composta por aqueles que infringem as leis. Os crimes desses indivíduos, na-

A IMAGINAÇÃO TOTALITÁRIA

turalmente, são relativos e muito diversos; em sua maioria eles exigem, em declaração bastante variada, *a destruição do presente em nome de algo melhor*. Mas se um deles, para realizar sua ideia, precisar passar por cima ainda que seja de um cadáver, de sangue, a meu ver *ele pode se permitir, no seu interior, na sua consciência* passar por cima do sangue — todavia, conforma a ideia e suas dimensões — observe isso.[154]

Podemos interpretar a distinção entre homens ordinários e homens extraordinários à luz das categorias de temperamento descritas por William James e que colocamos como uma das raízes da disposição de uma mente totalitária. Continua Raskólnikov explicando seus grandes motivos:

A primeira categoria é sempre de senhores do presente, a segunda, de senhores do futuro. Os primeiros conservam o mundo e o multiplicam em número; os segundos fazem o mundo mover-se e o conduzem para um objetivo. Numa palavra, todos têm direitos idênticos e — *vive la guerre éternelle* — até a Nova Jerusalém, é claro![155]

Não somos extraordinários. E mesmo se fôssemos, mesmo se conseguíssemos saltar por cima da miséria da vida ordinária, nada nos autorizaria a matar alguém, ou destruir a representação da criação humana, em nome da esperança de realização soberana do ato político na "Nova Jerusalém" não mais celeste, mas *eternamente* terrestre.

De qualquer maneira, nem tudo está na política, e se há um lugar onde os nossos ideais nobres jamais deveriam se meter é — o que espero ter demonstrado com suficiente convicção na tese deste livro — na política. A arte talvez fosse o lugar mais indicado e adequado para realizarmos os nossos mais elevados ideais desde que a política fique fora disso. Nem tudo manifesta um jogo de interesses de forças em vista da busca eterna da paz mundial e da justiça social como categorias que pairam extraordinariamente, a partir da mais forte convicção, acima do bem e do mal. Não temos qualquer capacidade de intuir a realidade oculta da unidade da realidade para encaixar suas peças, sem contradições, na ordem da totalidade e, ainda, sermos capazes de apontar o futuro.

> Eu precisava saber, e saber o mais depressa possível, se eu também era um piolho [como a velha e os ordinários], como todos, ou um homem [extraordinário]. Estava capacitado para transgredir a lei ou não estava? Tinha ousadia para ultrapassar os limites, para tomar este poder, ou não? Era eu uma criatura trêmula ou tinha o direito? [...]. Eu não tinha o direito de me lançar naquilo, porque eu era precisamente um piolho como os outros e nada mais.[156]

O autoexame de Raskólnikov, o personagem de uma grande obra de arte que investiga exatamente os perigos de um tipo de imaginação para lá de demoníaca, coloca-nos em uma situação de desconforto toda vez que nos imaginamos capazes de transgredir a consciência dos nossos próprios limites.

A constatação de que "sou um piolho como os outros" não me faz um homem extraordinário: continuo sendo ordinário, não como piolho, mas como humano. Como perguntou João Pereira Coutinho ao se surpreender com a pequenez de um historiador tão grandioso como Orlando Figes: "A fundamental investigação que nos deve ocupar e preocupar é a investigação de nós sobre

A IMAGINAÇÃO TOTALITÁRIA

nós. Por isso pergunto: como é possível perder anos de vida a estudar a miséria da natureza humana na Rússia quando ela existe, em quantidades generosas, dentro da nossa alma?"[157]

O que sustenta essa autorização de eu saltar por cima das pessoas que julgo ordinárias, e às vezes até perigosas para o desenvolvimento da sociedade, pode ser explicado a partir da seguinte reflexão, que batizei de "o dilema de Maria" e que deve nos remeter "aos dilemas existenciais de um amontoado de células", assunto que foi discutido no capítulo 1.

Maria Clara, jovem e solteira, descobre estar grávida de um menino. A gravidez não foi planejada. Aconteceu, simplesmente. Como se gravidez simplesmente acontecesse, assim, do vento. E, por conta disso, tem sido vivida como um estorvo, desses dos quais a gente deseja apenas se livrar. Entretanto, o embrião, com seis semanas, já recebeu o nome: Joseph.

Mas em uma noite de sonhos intranquilos, um anjo triste anunciou a Maria: "Teu filho será o mais desgraçado dos homens. Essa gravidez precisa ser interrompida. Levá-la adiante será a causa de grandes tormentos. Não há mal no aborto se for para evitar a dor e trazer o bem-estar. Lembre-se, Maria, aproveite a oportunidade, pois esse embrião não passa de um insignificante piolho. Seu corpo, suas regras."

Ela fixou o olhar no anjo caído, viu o futuro do filho e, de relance, o da humanidade: não será um salvador. Será um genocida. Ou seja, "meu filho é um desgraçado e eu não posso permitir esse sofrimento".

O dilema de Maria consiste no seguinte: sabendo que o filho irá sofrer ou produzir os piores sofrimentos no mundo, por que, então, prosseguir com a gravidez? Nós não passamos mesmo de um amontoado de células. O filho, em estado embrionário, um amontoado insignificante. Para conduzir o exemplo às últimas consequências lógicas, se nos fosse concedida a oportunidade de assassinar um genocida ainda na condição de embrião, não seria o aborto moralmente justificável ou, mais do que isso, não seria o aborto desejável? Há argumentos que dizem algo formalmente parecido: se o embrião no futuro vai ser um bandido, então liberar o aborto reduzirá os índices de criminalidade. Há muitas variáveis para o mesmo tema.

Penso que, mesmo no pior dos mundos possíveis, o aborto nunca deverá ser uma opção. Uma única vida não vale a possibilidade de realização desse suposto paraíso na Terra. Se para minimizar os índices de violência ou maximizar os "índices de desenvolvimento humano" for preciso abortar uma única pessoa, então será preferível viver no inferno.

No entanto, só há uma opção para a imaginação totalitária: aniquilar a vida no ventre. É uma opção sustentada pela crença reducionista em relação à natureza humana. Hitler ou Stalin, por piores seres humanos que tenham sido, não devem ser julgados por terem sido "piolhos". Devem, pelo contrário, ser compreendidos e julgados por terem sido homens que ultrapassaram todos os limites possíveis. Eles não foram extraordinários ou ordinários. O mais difícil de aceitar, obviamente, é que foram como qualquer outro ser humano, com a diferença de terem levado às últimas consequências seus ideais iluminados pelo ímpeto da imaginação totalizante.

Parece conveniente pensar sobre o aborto quando imaginamos um filho perfeito vivendo em um mundo perfeito, de homens perfeitos agindo de acordo com padrões estritos de conduta, e em condições as mais corretas e perfeitas. Esta, na verdade, é a ten-

A IMAGINAÇÃO TOTALITÁRIA   285

tadora lógica do diabo: dar ao homem a ilusão de autossuficiência para que ele se imagine, a partir dessa ilusão, acima do bem e do mal, isto é, veja a si próprio como homem extraordinário. Hitler, Mussolini, Pol Pot, Stalin, Mao e tantos outros genocidas da história do século XX não nutriam a respeito de si mesmos sentimentos diferentes.

Essa reflexão tem a finalidade de mostrar que muitas vezes meditamos à luz da presunçosa crença de que sabemos o que é o melhor para nós e, acima de tudo, para os outros. Nenhum anjo triste ou feliz aparecerá para nós dizendo como será nosso futuro e o futuro da humanidade.

Como vimos ao longo deste livro, a principal tentação do totalitarismo é a de acreditarmos piamente na possibilidade de construir um mundo controlado pela certeza, pela esperança, pela possibilidade incondicional de sua realização. O que nos leva a odiar radicalmente tudo aquilo que atrapalha esse empreendimento.

No entanto, não faz sentido sequer pensar em um mundo perfeito. Tampouco há anjos tristes — metáfora referente a quem presume ser capaz de ver para além da própria fragilidade de sua condição humana — anunciando felicidade perpétua ou prevendo tragédias. Assim, não faz sentido o esforço de fundamentar nossas decisões como se fôssemos detentores de verdades absolutas a respeito da história e de nós mesmos. Não faz sentido sequer depositar esperança nos atos políticos. Não temos como saber o futuro das pessoas. E, mesmo se soubéssemos, não seria lícito reduzir a um verme e aniquilar a vida de quem será um infeliz. Um único instante de vida vale infinitamente mais do que o abismo de sentido produzido pela morte.

Decisões éticas, e consequentemente políticas, devem ser fundamentadas no que nós realmente somos: seres mortais, finitos, contingentes, limitados e ignorantes, mas, acima de tudo, vivos. Por conta disso, é muito importante o princípio antropológico de que só podemos pensar como mortais, tomar decisões como mortais e, sobretudo, agir como mortais; de que devemos partir do axioma antropológico da imperfectibilidade humana e derivar desse princípio o falibilismo cético com relação aos nossos conhecimentos e decisões, sobretudo decisões que exercerão poder político sobre os outros. Encarar a vida desta maneira, e não como se fôssemos detentores do sentido da história e do controle dos eventos, significa ter de abandonar a soberba ideia de se colocar no domínio de Deus — ou do diabo. Uma correta visão teológica do homem e da história não nos autoriza a tomar decisões no lugar de Deus. E ainda que para muita gente Deus não exista, não segue que tudo será permitido. Porém, se o aborto for permitido, então tudo é possível. Não porque a vida humana deve ser colocada no lugar de Deus, mas porque nenhum ato humano pode decidir quem deve não ser considerado digno de viver.

Na minha adolescência, lamentavelmente, fui seduzido por esse mito do homem extraordinário. Não estava clara a ideia. Mas era óbvio que a vida de um embrião poderia ser reduzida a um estorvo: "Ele sofrerá no futuro. Ele causará sofrimento." Foi só aplicar o cálculo das consequências elaborado por Raskólnikov: "Matará apenas um piolho, inútil e nocivo!"

Da mesma forma que hoje podemos cientificamente prever uma doença grave de um filho ainda no ventre, doença que iria matá-lo na adolescência, por exemplo, do ponto de vista formal da lógica da imaginação totalitária, que se arroga ao mesmo nível de segurança do conhecimento científico para conhecer a realidade como um todo, isso não seria muito diferente de prever que na adolescência esse mesmo filho poderia se transformar em um

A IMAGINAÇÃO TOTALITÁRIA

assassino em série. Acreditamos no domínio da vida como garantia para evitar a dor e, com efeito, o mal. A partir desse falso domínio buscamos justificar um modo de vida e um *reino de deveres*. Mas nós não temos qualquer domínio sobre a vida. Só pessoas tomadas pelo demoníaco sentimento de pertencer a uma classe de homens extraordinários ultrapassam esse limite.

Nós não somos capazes de prever e impedir sofrimentos, nem somos capazes de prever quando iremos morrer. Também não somos capazes de saber o quanto uma pessoa está disposta a se doar para o cuidado da vida de quem sofre. O ato de sacrifício e doação para o outro são virtudes enraizadas na nossa mentalidade que ainda nos ajudam a resistir à imaginação totalitária. Como não somos capazes de prever nada, também nos compadecemos com os dramas dos nossos semelhantes. Se o que caracteriza a nossa condição no mundo é a contingência, então a compaixão, o amor, a solidariedade, a fidelidade e a amizade abrem, em um corajoso ato de resistência, a nossa condição ao reino dos fins, ou seja, de que ainda assim vale muito a pena desejar preservar a vida diante da escuridão da morte, mesmo que por um único instante.

A vida humana consiste em uma luta consciente e constante contra uma variedade de sofrimentos possíveis desde o momento da concepção até a morte. E é isso que somos. Não faz sentido o sofrimento humano ser pago com a vida dos outros, rebaixados a categorias de vermes só pelo fato de os consideramos algum tipo de estorvo. Somente a tomada de consciência desse ceticismo existencial nos coloca em condição de frear nossas mais temerárias pretensões.

A tentação do diabo poderia ser levada até as últimas consequências: para acabar com o sofrimento no mundo, só mesmo acabando com o homem. Mas não desejamos acabar com o homem.

A experiência radical de ignorância, marca decisiva da condição humana, exige-nos a coragem de optar pela vida. Com enfeito, é o falibilismo que precisa ser levado às últimas consequências.

A dignidade humana não é um título concedido por uma autoridade externa. Nenhum homem, por mais extraordinário que seja, tem o poder de decidir quem tem ou não tem dignidade. Todavia, a dignidade também não pode ser dada por um pacto ou um ato voluntário declarado: "isto é pessoa; isto aqui não é". Não é um título. A dignidade está lá, desde sempre. Ou não estará, para sempre. A nenhum homem foi concedido o poder de decidir quem tem ou não essa propriedade essencial que nos torna humanos.

Como vimos no primeiro capítulo, a pessoa humana — este ser particular cujo nome é João, Maria, José, Ana etc. — *é um ser cujo valor coincide com o fato*. Superamos *a linha* que nos separa da animalidade, bem como da divindade, do primeiro instante ao último de nossas vidas. A redução a um mero animal ou a exaltação à divindade, no homem, são produtos de uma ilusão criada por aquele demoníaco excesso de certeza. Essa crença é cortesia daquele temperamento racionalista que tende a ver a realidade pelo *todo* e não se limitar a ver a *parte* pela *parte*; em outras palavras, tende a anular a singularidade de cada pessoa individual e tratá-la dentro de um esquema abstrato: o pobre, o negro, a mulher, o embrião etc.

Em reserva utópica, o problema da crença do homem extraordinário será sempre o mesmo: presumir a possibilidade de perfeição, isto é, ser capaz de criar um mundo perfeito a partir do pressuposto de que todos os homens são perfeitos em sua imperfectível natureza humana, e de que todos agirão perfeitamente segundo padrões absolutamente perfeitos de conduta em condições totalmente perfeitas disponíveis perfeitamente pela Nature-

A IMAGINAÇÃO TOTALITÁRIA

za impecavelmente perfeita e um futuro perfeitamente compreendido pela inteligência dele mesmo, o homem extraordinário.

Sempre há alguém que deseja saltar por cima das pessoas ordinárias. Quando eu defendia o aborto, não era diferente. A impressão que eu nutria por mim mesmo era a de ser alguém acima do bem e mal. Uma espécie de tribunal em pequena escala.

Olhava para minha própria condição interior e pensava: "Se eu penso isso, logo todos devem pensar exatamente como eu." Na época, não me furtava do delicioso exercício de dividir o mundo em duas grandes possibilidades: o que deverá ser bom para o mundo e o que deverá ser ruim. Hoje eu entendo o que há de temerário nesse tipo de fascínio. Diria, para ser mais claro, que há algo de Raskólnikov nessas distinções. O problema de "saber o que é bom para o mundo" só deverá ser determinado por aquele homem que consegue ver a si mesmo como extraordinário, isto é, que foi capaz de saltar para além do bem e do mal. Eu me via assim ao defender o aborto, ao reduzir o aglomerado de células a algo igual ou menor do que um piolho.

Por isso eu poderia determinar tranquilamente o sentido último do que é considerado "bom para o mundo" e qual seria, nesse caso, a fonte do que é ruim. Era o embate das minhas experiências concretas e dos meus anseios quanto às expectativas futuras. Numa escala, obviamente, limitada ao universo de um adolescente. Como diz Luiz Felipe Pondé acerca de Raskólnikov, e hoje compreendo melhor meu lugar nisso, nós estamos mais próximos do personagem de *Memórias do subsolo*, "naquela agonia do subsolo, querendo ser extraordinário, achando que poderá ser, mas permanece um desgraçado suburbano que não consegue fazer nada",[158] pois é exatamente assim que a arrogância intelectual extraordinária se encontrava.

Para os extraordinários, "todos somos piolhos, mas alguns são mais piolhos do que os outros". Por conta disso a fórmula "eu sou, logo somos todos" não consegue disfarçar a relação perigosa entre aquilo que realmente se é daquilo que se pretende ser. Odeia-se o presente. Ama-se com todas as forças o ideal de futuro. Com efeito, eu não me contentava em afirmar "eu sou a razão de o meu mundo ser ruim para mim". No ato de confissão de minha fé, ser extraordinário significava dar o salto místico da totalidade: "Todos nós somos a causa dos problemas do mundo, mas — e não duvidem disso, pessoas ordinárias — alguns são mais responsáveis do que as outras." Aqui, a transferência de culpa poderia ser explicada por um bom psicanalista, porém o exercício de expurgo filosófico continua sendo a melhor opção para entendermos a estrutura lógica desse raciocínio derivado da imaginação total.

Primeiro no que diz respeito à fonte. Descobri a razão do mal: "Todos nascemos bons, mas, ao longo da vida, somos condicionados a um tipo de pensamento que nos induz a uma formação de pensamento ruim." Anseios que não escondem a vaga herança do conceito de *"bon sauvage"* de Rousseau — essas expressões precisam ser levadas mais a sério, elas carregam o peso de certas tradições. O certo é que, a partir desse tipo crença do que seria melhor para cada um, o homem extraordinário descobriu como devemos conduzir todos ao bem, à boa formação e à condição inevitável para um mundo melhor, para uma Nova Jerusalém terrena.

Eu considerava a hipocrisia da sociedade a condição que nos impede de construir um mundo melhor. O problema de todos serem a causa dessa hipocrisia só pode estar no pensamento construído por essa civilização. O pensamento vigente enraizado em nossa civilização sempre será a causa fundamental do nosso

A IMAGINAÇÃO TOTALITÁRIA

sofrimento. O pensamento vigente, na verdade, não seria outra coisa senão a verdadeira fonte de toda infelicidade do mundo atual. Era preciso destruir os ícones do pensamento vigente, era preciso um ato de coragem para tentar transformar o mundo. A defesa do aborto era um ponto de partida para um adolescente cheio de boas ideias.

No extremo oposto ao tortuoso pensamento vigente, encontravam-se os meus próprios pensamentos. Obviamente conquistados com muito esforço. Afinal, eu era um homem extraordinário, eu era um piolho que deu o "salto" para além da própria condição.

Os homens extraordinários não se contentam apenas em indicar a causa dos males do mundo. Vão além. Eles indicam a cura: "Devemos lutar constantemente contra todas essas coisas abomináveis para que percam suas forças e apodreçam dentro de nossas cabeças para sumirem para sempre! E devemos reeducar todos que pensam diferente disso. O mundo precisa mudar. E vai mudar."

Conclusão: destrua, profane e insurja contra o pensamento vigente, resultado de toda a história da civilização. No meu caso, a crença de que a vida tem alguma coisa de sagrada precisava ser profanada e, na medida do possível, não importava se fosse destruída. Resultado: dois amigos praticaram o aborto. Consequência do piolho destruído: a morte instrumentalizada a fim de garantir a felicidade dos meus amigos de adolescência. Nunca mais vi meus amigos e jamais saberei como será o filho não nascido.

Essas são as consequências das nossas mais nobres crenças na liberdade e no destino do homem. Não deixam de ser atos políticos. Atos de libertação de tudo aquilo que consideramos escravidão do pensamento, mas que, no entanto, conduzem-nos paradoxalmente ao abismo do servilismo. Por outro lado, esses são os dilemas de homens que não são nem ordinários nem extraordinários. Apenas humanos. E que por serem humanos precisam constantemente lembrar que a servidão do totalitarismo tem origem antes de tudo na força dessa tentação interior.

Notas

Introdução

1. A fórmula "imaginação totalitária" pode ser encontrada em alguns autores acadêmicos. Cito dois interessantes artigos: o primeiro é de Liam Gearon, "The Totalitarian Imagination: Religion, Politics and Education", e foi publicado no *International Handbook of Inter-religious Education* (Springer Netherlands, v. 4, 2010, p. 933-47), e o segundo é de Malcolm Quinn, "Occupying the Totalitarian Imagination" (Londres: Romanian Cultural Institute, 2008). Ambos entendem esse tipo de imaginação como uma forma presente em diversas expressões históricas. Agradeço imensamente as preciosas dicas de Bruno Garschagen, autor do livro *Pare de acreditar no governo: Por que os brasileiros não confiam nos políticos e amam o Estado*, que vieram confirmar as teses defendidas neste livro. A discussão entre imaginação e totalitarismo pode ser encontrada em autores clássicos como Hannah Arendt. No entanto, adotei o termo "imaginação totalitária" inspirando-me na descrição de alguns tipos de "imaginação" tratados por Russell Kirk e Irving Babbitt, o que estão esclarecidos no capítulo 3. Eu não poderia deixar de agradecer ao historiador e amigo Alex Catharino, especialista na obra de Russell Kirk, pelo material em primeira mão que me disponibilizou e as discussões pontuais acerca desse problema.
2. A relação entre "imaginação" e "política" não é nova. Ela já se encontra na obra de Platão, que a discute à luz do conceito de "fantasia" (*phantasia*). Em geral, o conceito de fantasia significa "aparição" e "representação" mental: "fazer algo aparecer" enquanto "ideia" ou "imagem". Na obra de

Platão, "representação" aparece como polo oposto à noção de "realidade", ou seja, as representações seriam os produtos secundários "das coisas verdadeiras"; isso pode ser confirmado com a leitura do livro X da *República*. Platão também aponta os sofistas como responsáveis por "forjar imagens", acusando-os da criação de opiniões, as *doxai*, e, consequentemente, da criação das "imagens", os *eídola* — essa discussão pode ser encontrada no diálogo *Sofista*, 235 B. A relação da imaginação com a política pode ser encontrada também em Francis Bacon e sua doutrina dos ídolos, com a distinção entre *idola tribu, idola specus, idola fori* e *idola theatri*. A doutrina foi discutida no *Novum Organum* como produto da imaginação humana. De qualquer modo, uma das melhores introduções a respeito da relação entre imaginação e política pode ser encontrada no livro de Chiara Bottici, *Imaginal Politics* (Nova York: Columbia University Press, 2014).

3. A expressão "ideologia negativa" é uma livre apropriação da ideia de "teologia negativa". O termo "teologia negativa" tem origem na filosofia da antiguidade de orientação platônica e consiste em um método. Se a teologia negativa consiste no método de tentar descrever a natureza de Deus por via negativa, isto é, descrever aquilo que Deus *não é* a fim de se alcançar o entendimento do que Ele seria, então uma "ideologia negativa" tem a pretensão de chegar a uma possível definição da real atividade política descrevendo aquilo *que a política não deveria ser*. A imaginação totalitária caracteriza-se como uma dessas formas. Cf. Bernard McGinn, *The Foundations of Mysticism* (Nova York: The Crossroad Publishing Company, 2004) e o excelente livro de Claudio Henrique de Lima Vaz, *Experiência mística e filosofia na tradição ocidental* (São Paulo: Loyola, 2000).

4. Há tantas e tão boas obras históricas sobre nazismo, stalinismo, fascismo e totalitarismo que me limito a citar alguns de seus principais autores: Michael Burleigh, Richard J. Evans, Orlando Figes, Archie Brown, Karl Dietrich Bracher, Emilio Gentile, Robert Paxton e tantos outros.

5. "Cada um provoca o próprio naufrágio." Cf. Lucano, *Bellum Civile* 1.503.

6. O filósofo alemão Immanuel Kant, em sua *Crítica da razão pura* (Lisboa: Fundação Calouste Gulbenkian, 2001, B 75/A 51), na verdade diz que "pensamentos sem conteúdo são vazios; intuições sem conceitos são cegas. Pelo que é tão necessário tornar sensíveis os conceitos (isto é, acrescentar-lhes o objeto na intuição) como tornar compreensíveis as intuições (isto é, submetê-las aos conceitos)".

7. David Hume, *Tratado da natureza humana* (São Paulo: Unesp, 2009, I, iii, 4).

A IMAGINAÇÃO TOTALITÁRIA

8. Adotamos nesse ponto o conceito de "crença" formulado por William James em *The Principles of Psychology* (Nova York: Henry Holt and Company, v. 2, 1890, p. 913), de que "a crença é o estado mental ou a função mental de conhecer a realidade. Na concepção em que usamos, 'crença' significará todo grau de seguridade, incluindo a certeza e a convicção mais elevada".

9. Na seção III de *Investigações sobre o entendimento humano*, a respeito da *Associação das ideias*, David Hume aponta a função da imaginação à luz desse princípio de conexão de ideias: "é evidente que há um princípio de conexão entre os diferentes pensamentos ou ideias do espírito humano e que, ao se apresentarem à memória ou à imaginação, se introduzem mutuamente com certo método e regularidade. E isto é tão visível em nossos pensamentos ou conversas mais sérias que qualquer pensamento particular que interrompe a sequência regular ou o encadeamento das ideias é imediatamente notado e rejeitado. Até mesmo em nossos mais desordenados e errantes devaneios, como também em nossos sonhos, notaremos, se refletirmos, que a imaginação não vagou inteiramente a esmo, porém havia sempre uma conexão entre as diferentes ideias que se sucediam". Pois se pode concluir "que nas composições narrativas os eventos ou atos que o escritor relata devem estar unidos por algum elo ou laço; é preciso que estejam unidos uns aos outros na imaginação e formem uma espécie de unidade que possa situá-los em um único plano, em um único ponto de vista, e que possa ser o objeto e o fim do autor em seu primeiro empreendimento".

10. Irving Babbitt, *Democracia e liderança* (Rio de Janeiro: Topbooks, 2003, p. 34-5).

11. A noção de "era secular" está em Charles Taylor e será mais bem compreendida no capítulo 2. A nota 13 do capítulo 2 fornece mais detalhes a respeito.

12. Inspirei-me no conceito de "política de fé" do filósofo britânico Michael Oakeshott para formular a expressão "política como esperança". Tratarei disso em mais detalhes no capítulo 1.

1. O homem totalitário

1. Stalin, J. *A classe dos proletários e o partido dos proletários* (Editorial Vitória, 1954, p. 69-71). Disponível em: <www.marxists.org/portugues/stalin/1905/01/01.htm>.

2. Cf. Robert Conquest, *The Harvest of Sorrow: Soviet Collectivization and the Terror-Famine* (Nova York: Oxford University Press, 1986) e *The Great Terror: A Reassessment* (Nova York: Oxford University Press, 2008); Orlando Figes, *Sussurros: A vida privada na Rússia de Stalin* (Rio de Janeiro: Record, 2010); e Timothy Snyder, *Terras de sangue: A Europa entre Hitler e Stalin* (Rio de Janeiro: Record, 2012).

3. O termo *práxis* tem uma definição especial no contexto da filosofia marxista. Segundo o *Dicionário do pensamento marxista*, significa precisamente o "conceito central de uma nova filosofia, que não quer permanecer como filosofia, mas transcender-se tanto em um novo pensamento metafilosófico como na transformação revolucionária do mundo. Marx desenvolveu seu conceito de maneira mais completa nos *Manuscritos econômicos e filosóficos* e o expressou mais vigorosamente nas *Teses sobre Feuerbach*, embora já o tivesse antecipado em seus escritos anteriores". Cf. Gajo Petrovic, "Práxis", em Thomas Bottomore (org.), *Dicionário do pensamento marxista* (Rio de Janeiro: Zahar, 1983, p. 292-6).

4. Karl Marx (1818-1883) foi um dos principais filósofos a entender a necessidade de primeiro estudar e depois tentar transformar o mundo. O filósofo alemão, antes de se tornar militante, era estudante dedicado e obteve o título de doutor em 1841 com uma tese sobre filosofia antiga: diferenças da filosofia da natureza em Demócrito e Epicuro. A trajetória de Marx poderia servir como exemplo para muitos "estudantes" que embarcam na onda da militância política sem serem capazes de fazer a tabuada do 5.

5. A "suspensão do juízo" significa literalmente a atitude de exame, *sképsis*, diante de um objeto de estudo. O termo é comumente conhecido por *atitude dos céticos*, que não significa uma atitude simplesmente de dúvida ou abandono de uma questão, mas de investigação cuidadosa. Nesse caso, a suspensão do juízo implica o primeiro passo.

6. Destaco esse termo porque, além de ser técnico, no capítulo 2 tratarei dele com exclusividade e mostrarei como pode ser importante para compreendermos melhor a construção dos tipos de filosofia e, consequentemente, de certos tipos de imaginação.

7. William James, *Pragmatism*, in *Writings 1902-1910*, v. 2, p. 487.

8. Cf. Bronislaw Baczko, *Imaginação social*, em Leach, Edmund et alii, *Anthropos-Homem* (Lisboa, Imprensa Nacional/Casa da Moeda, 1985, p. 298-9): "Em qualquer conflito social grave — uma guerra, uma revolução — não serão as imagens exaltantes e magnificentes dos objetivos a

A IMAGINAÇÃO TOTALITÁRIA

atingir e dos frutos da vitória procurada uma condição de possibilidade da própria ação das forças em presença? Como é que se podem separar, neste tipo de conflito, os agentes e os seus atos das imagens que aqueles têm de si próprios e dos inimigos, sejam estes inimigos de classe, religião, raça, nacionalidade etc.? Não são as ações efetivamente guiadas por estas representações; não modelam elas os comportamentos; não mobilizam elas as energias; não legitimam elas as violências? Evoquemos sumariamente outro exemplo. Será que o imaginário coletivo intervém em qualquer exercício do poder e, designadamente, do poder político? Exercer um poder simbólico não consiste meramente em acrescentar o ilusório a uma potência 'real', mas sim em duplicar e reforçar a dominação efetiva pela apropriação dos símbolos e garantir a obediência pela conjugação das relações de sentido e poderio. Os bens simbólicos, que qualquer sociedade fabrica, nada têm de irrisório e não existem, efetivamente, em quantidade ilimitada. Alguns deles são particularmente raros e preciosos. A prova disso é que constituem o objeto de lutas e conflitos encarniçados e que qualquer poder impõe uma hierarquia entre eles, procurando monopolizar certas categorias de símbolos e controlar as outras."

9. Ver no capítulo 3 os diferentes tipos de imaginação: moral, idílica, diabólica e totalitária.

10. Karl Marx, *Teses sobre Feuerbach*. Disponível em: <www.marxists.org/portugues/marx/1845/tesfeuer.htm>.

11. A. James Gregor explica bem essa lógica no capítulo "The Roots of Revolutionary Ideology" de seu livro *Marxism, Fascism and Totalitarianism* (2009, p. 22-48).

12. Ibidem.

13. Ibidem.

14. Famosa frase do *Manifesto comunista*, de Karl Marx e Friedrich Engels, retomada por Marshall Berman em *Tudo que é sólido desmancha no ar* (São Paulo: Companhia das Letras, 1986). Nessa ideia estaria contido o sentido último de todas as transformações que o capitalismo teria introduzido no mundo: "ser parte de um universo no qual tudo o que é sólido se desmancha no ar. Ser um moderno é, de algum modo, sentir-se à vontade no *maelstrom*, fazer dos ritmos do *maelstrom* o próprio ritmo, mover-se nas suas correntes à procura das formas de realidade, de beleza, de justiça que seu fluxo febril e perigoso propicia". Deu no que deu.

15. Cf. Leszek Kolakowski, *Main Currents of Marxism* (Nova York: Oxford University Press, 2008).

16. Idem; *O espírito revolucionário* (Brasília: UNB, 1985, p. 7).

17. Primo Levi, *É isto um homem?* (Rio de Janeiro: Rocco, 1988, p. 19).

18. Karl Marx, op. cit.

19. L. Kolakowski, op. cit., p. 51.

20. A noção de subjetividade substancial nos remeteria à filosofia moderna do tipo racionalista-cartesiana, como se a subjetividade fosse uma entidade subjacente e distinta da matéria. Essa noção está na base do dualismo corpo e alma que a filosofia contemporânea, e o personalismo antropológico que estamos defendendo aqui, buscam superar. Não se trata, portanto, de uma entidade distinta da experiência, mas da própria realidade humana enquanto tal dada pela experiência. Uma boa introdução filosófica a esse problema pode ser encontrada em *Antropologia filosófica* (São Paulo: Loyola, 1991), do padre Henrique de Lima Vaz. Para uma introdução um pouco mais geral, recomendo o livro *Breve história da alma*, de Luca Vanzago (São Paulo: Loyola, 2010). Uma discussão mais aprofundada ao problema da subjetividade, diretamente ligado ao problema da consciência, pode ser encontrada em Eugene Webb, *Filósofos da consciência* (São Paulo: É Realizações, 2013).

21. O termo "metafísica" leva aspas para diferenciar da disciplina da filosofia conhecida como "a ciência do ser enquanto ser" ou "filosofia primeira" desde Aristóteles. Nesse sentido restrito, metafísica seria a área de estudo dos primeiros princípios da realidade. Já no sentido geral, dado pelo método positivista da ciência, metafísica não passaria daquilo que está para além da realidade física e, portanto, não pode ser objeto de investigação empírica.

22. Jean-Luc Marion, *O visível e o revelado* (São Paulo: Loyola, 2010, p. 106). A fenomenologia é um termo em filosofia que diz respeito ao método de compreensão da realidade. Trata-se de um método que busca, acima de tudo, como dirá seu fundador, o filósofo alemão E. Husserl, "ir às coisas mesmas". Em outras palavras, buscar a "essência". Marion é um dos mais importantes herdeiros dessa tradição na atualidade.

23. Idem, p. 106.

24. Idem, p. 142.

25. Rosa Luxemburgo, *A socialização da sociedade*. Disponível em: <www.marxists.org/portugues/luxemburgo/1918/12/socializacao.htm>.

26. Archie Brown, *Ascensão e queda do comunismo* (Rio de Janeiro: Record, 2010, p. 39).

27. Cf. Friedrich Hayek. *A arrogância fatal: Os erros do socialismo* (IEE, 1995, p. 22). O brilhante livro de Hayek busca mostrar em que medida o socialismo

A IMAGINAÇÃO TOTALITÁRIA 299

tem uma visão equivocada acerca daquilo que é fundamental para o desenvolvimento da civilização: sua ordem espontânea. Como ele diz, "nossa civilização depende não apenas quanto à sua origem, mas também quanto à sua preservação, do que só podemos definir com precisão como a ordem espontânea da cooperação humana, ordem conhecida mais comumente, embora de modo algo equivocado, como capitalismo. Para compreender nossa civilização é preciso perceber que esta ordem não foi fruto do desígnio ou da intenção humana, mas nasceu espontaneamente; nasceu de certos costumes tradicionais e em grande parte morais, muitos dos quais desagradam aos homens, cuja importância estes em geral não entendem, e cuja validade não podem provar, e que não obstante, se difundiram de modo relativamente rápido, graças a uma seleção evolucionária — o crescimento comparativo da população e da riqueza, dos grupos que por acaso os seguiram".

28. A palavra "epistemologia" não é de uso comum e pode causar desconforto para quem não está habituado com certo vocabulário. Mas ela não quer dizer muita coisa além do que "aquilo que diz respeito à natureza do conhecimento". Por isso, faço esse jogo com os termos "fanatismo" e "epistemologia", já que são termos sem muitos vínculos. O que é da natureza do fanatismo está mais ligado ao sentimentalismo e, por isso, não pode ser da natureza do saber. Fanatismo, no entanto, tem uma carga de ironia, de tom pejorativo, na medida em que indica um conhecimento apegado não ao procedimento crítico, mas sentimental.

29. Nicolau de Cusa, *Douta ignorância* (Porto Alegre: EdiPUCRS, 2002, p. 24).

30. Idem, p. 48.

31. A ideia faz referência ao importante filósofo do Iluminismo Jean-Jacques Rousseau (1712-1778), cujo tema da "bondade natural", o bom selvagem, talvez seja o máximo que geralmente as pessoas se lembram de sua obra. De qualquer modo, há toda uma corrente ideológica herdeira desse ideário. Os piores são os pedagogos que insistem na crença de que a criança é boa, quem a corrompe é a sociedade capitalista. Certo ou não, não importa, o que vale é como tais referências influenciam principalmente aqueles que nunca leram uma linha sequer de um texto filosófico.

32. Irving Babbitt, op. cit. O capítulo em que Babbitt trata disso, "Rousseau e a imaginação idílica", não diz respeito ao período aqui mencionado, mas é possível fazer um paralelo com o que hoje se conhece desse movimento. Explicarei melhor os tipos de imaginação no capítulo 3.

33. Fernando Pessoa (heterônimo: Álvaro de Campos), "Não estou". Disponível em: <www.jornaldepoesia.jor.br/facam63.html>.

34. Essa é a crítica marxista da religião cujo objetivo consiste em demonstrar que a religião não faz o homem, mas o homem faz a religião. O trecho inteiro: "a crítica da religião conclui com a doutrina de que o homem é para o homem o ser supremo. Conclui, por conseguinte, com o imperativo categórico de derrubar todas as condições em que o homem surge como ser humilhado, escravizado, abandonado, desprezível — condições que dificilmente se exprimirão melhor que na exclamação de um francês por altura da proposta de imposto sobre cães: 'Malditos cães! Já vos querem tratar como homens!'". Cf. Karl Marx, *Para a crítica da filosofia do direito de Hegel*, p. 14. Disponível em: <www.lusosofia.net/textos/marx_karl_para_a_critica_da_filosofia_do_direito_de_hegel.pdf>.

35. Cf. Theodore Dalrymple (pseudônimo de Anthony Daniels), *Podres de mimados – As consequências do sentimentalismo tóxico* (São Paulo: É Realizações, 2015, p. 64). Vale a pena ler o trecho todo da citação, já que entregamos, a partir dessa crença, a educação das crianças aos ditames de sua própria vontade: "o devido disciplinamento de crianças demanda juízo; o juízo demanda reflexão; a reflexão demanda energia; e todos estão exauridos".

36. Jean-François Mattéi, *Barbárie interior* (São Paulo: Unesp, 2002, p. 154).

37. Ibidem.

38. Simone Weil, "Réflexions sur la barbarie", em *Écrits historiques et politique* (Paris: Éditions Gallimard, 1960, p. 223).

39. Idem; *La pesanteur et la grâce* (Paris: Librairie Plon, 1947 e 1988, p. 10).

40. Penso particularmente em João Paulo II na Carta Apostólica *Salvifici Doloris* quando diz, logo na abertura do documento: "O tema do sofrimento — precisamente sob este ponto de vista do sentido salvífico — parece estar integrado profundamente no contexto do Ano da Redenção, o Jubileu extraordinário da Igreja; e também esta circunstância se apresenta de molde a favorecer diretamente uma maior atenção a dispensar a tal tema exatamente durante este período. Mas, prescindindo deste fato, trata-se de um tema universal, que acompanha o homem em todos os quadrantes da longitude e da latitude terrestre; num certo sentido, coexiste com ele no mundo; e, por isso, exige ser constantemente retomado". Disponível em: <w2.vatican.va/content/john-paul-ii/pt/apost_letters/1984/documents/hf_jp-ii_apl_11021984_salvifici-doloris.html>.

41. Franklin Leopoldo e Silva, "O mediador e a solidão". Disponível em: <revistacult.uol.com.br/home/2010/03/o-mediador-e-a-solidao>.

42. Idem.

A IMAGINAÇÃO TOTALITÁRIA

43. John Passmore, *A perfectibilidade do homem* (Rio de Janeiro· Topbooks, 2004, p. 389).
44. Cf. Michael Oakeshott, *The Politics of Faith and the Politics of Scepticism*. New Haven: Yale University Press, 1996.
45. Idem, p. 23.
46. Doutrina teológica defendida por Pelágio, monge cristão nascido no século IV a.C, que negava o pecado original e, portanto, defendia a ideia de que o homem é o único responsável pela sua salvação. O pelagianismo ganhou fama histórica ao ser duramente combatido por Santo Agostinho.
47. Cf. Elizabeth C. Corey, *Michael Oakeshott on Religion, Aesthetics, and Politics* (Columbia: University of Missouri Press, 2006, p. 165-7).
48. F. A. Hayek, *O caminho da servidão* (São Paulo: Instituto Mises Brasil, 2010, p. 52).
49. Larry Siedentop, *Inventing the Individual* (Belknap Press, 2014).
50. Idem, p. 62.
51. Jacob L. Talmon, *Los Origenes de la Democracia Totalitaria* (México, D.F.: Aguillar, 1956, p. 44).
52. Ibidem.
53. Michel Henry, op. cit., p. 43.
54. Idem, p. 26-7.
55. Idem, p. 49.
56. David Chalmers, *The Conscious Mind* (Nova York: Oxford University Press, 1996).
57. O termo "ontológico" tem origem no vocabulário técnico da filosofia e significa, *grosso modo*, aquilo que diz respeito à realidade enquanto tal e não dada nos seus diferentes aspectos para a percepção. Portanto, perguntar pelo "estatuto ontológico" seria como perguntar pela "forma" da realidade, isto é, sua essência.
58. Michel Henry, op. cit., p. 73.

2. O conhecimento totalitário

1. Ralf Dahrendorf, *Reflexões sobre a revolução na Europa* (Rio de Janeiro: Jorge Zahar, 1991, p. 38).
2. Nassim N. Taleb, *Antifrágil: Coisas que se beneficiam com o caos* (Rio de Janeiro: Best Seller, 2012, p. 27).
3. Isaiah Berlin, *Four Essays on Liberty* (Nova York: Oxford University Press, 1969, p. 172).

302 FRANCISCO RAZZO

4. Ibidem.
5. Isaiah Berlin, citado por John Gray em *Isaiah Berlin* (Rio de Janeiro: Difel, 2000, p. 164).
6. Paolo Rossi, *Esperanças* (São Paulo: Unesp, 2010, p. 19).
7. Cf. Marilia Fiorillo, *O Deus exilado: Breve história de uma heresia* (Rio de Janeiro: Record, 2008).
8. Idem; *Apontamentos sobre o enigma gnóstico*, p. 135. Disponível em: <www.pucsp.br/rever/rv1_2008/i_fiorillo.pdf>.
9. Ibidem.
10. Essa é a definição de Deus na famosa "prova ontológica" de Santo Anselmo, em *Proslogion*. Um ótimo livro para a compreensão da natureza desse problema é o do historiador italiano Francesco Tomatis, *O argumento ontológico* (São Paulo: Paulus, 2003).
11. Mircea Eliade, *O sagrado e o profano* (São Paulo: Martins Fontes, 1992, p. 172).
12. George Steiner, *Nostalgia do absoluto* (Lisboa: Relógio D'Água, 2003, p. 12).
13. Cf. Charles Taylor, *Uma era secular* (São Leopoldo: Unisinos, 2010). O livro de Charles Taylor é um estudo aprofundado, talvez um dos mais detalhados, que procura entender basicamente duas perguntas: o que significa dizer que vivemos em uma era secular? E por que passamos de uma sociedade na qual era praticamente impossível não acreditar em Deus para uma sociedade na qual a fé representa uma entre tantas possibilidades humanas? Taylor se debruça em três formas de compreender o nosso tempo: a separação entre Igreja e Estado; o problema do abandono das convicções e práticas religiosas; e a compreensão da fé como uma opção entre outras para preencher o senso de plenitude no homem.
14. Cf. Juan J. Linz e Alfred Stepan, *A transição e consolidação da democracia* (São Paulo: Paz e Terra, 1999, p. 59). Linz e Stepan trabalham com o conceito do "tipo-ideal" para avaliar o totalitarismo, que é muito próximo do que estamos tentando descrever aqui. Segundo ele, talvez "com algumas aproximações históricas mais precisas" o conceito "tenha valor duradouro". Ora, "se um regime eliminou praticamente todo pluralismo político, econômico e social existente; possui uma ideologia unificada, articulada, norteadora e utópica; usa mobilização intensiva e extensiva; e possui uma liderança que governe, muitas vezes de forma carismática, sem limites definidos e acarretando grande imprevisibilidade e vulnerabilidade, tanto para as elites quanto para as não elites, parece-nos que ainda faz sentido histórico e conceitual denominá-lo de regime com for-

A IMAGINAÇÃO TOTALITÁRIA

tes tendências totalitárias" (p. 59). Nosso problema, portanto, não é com a descrição da tendência, mas com a descrição da forma da imaginação que forneceria as condições para tais tendências.

15. Robert O. Paxton, em *A anatomia do fascismo* (p. 358-9), descreve a formação da instauração da violência redentora nesse trecho bastante esclarecedor: "uma forma de comportamento político marcada por uma preocupação obsessiva com a decadência e a humilhação da comunidade vista como vítima, e por cultos compensatórios da unidade, da energia e da pureza, nas quais um partido de base popular formado por militantes nacionalistas engajados, operando em cooperação desconfortável, mas eficaz com as elites tradicionais, repudia as liberdades democráticas e passa a perseguir objetivos de limpeza étnica e expansão externa *por meio de uma violência redentora* e sem estar submetido a restrições éticas ou legais de qualquer natureza".

16. Jean-Jacques Wunenburger, *O imaginário* (São Paulo: Loyola, 2007, p. 62).

17. Michael Oakeshott, *On Human Conduct* (Oxford: Oxford University Press, 1975, p. 124-5).

18. Idem, p. 66.

19. Carl J. Friedrich e Zbigniew K. Brzezinski, *Totalitarismo e autocracia* (Rio de Janeiro: Edições GRD, 1965, p. 19).

20. Vladimir Ilitch Lenin, *Carta a um camarada*. Disponível em: <www.marxists.org/portugues/lenin/1902/09/carta.htm>.

21. Idem.

22. Orlando Figes, *Sussurros: A vida privada na Rússia de Stalin* (Rio de Janeiro: Record, 2010, p. 69).

23. Ibidem.

24. Saul Friedländer, *A Alemanha nazista e os judeus*, v. 1 (São Paulo: Perspectiva, 2012, p. 168).

25. Cf. Ian Kershaw, *Hitler* (São Paulo: Companhia das Letras, 2010).

26. Idem; "Working Towards the Führer", em *Contemporary European History*, v. 2, n. 2, p. 116. Citado por Saul Friedländer, op. cit., p. 168.

27. Saul Friedländer, op. cit., p. 48.

28. Robert Gellately, "Os marginais sociais e a consolidação da ditadura de Hitler, 1933-1939", em *A construção dos regimes autoritários*, v. 3 (Rio de Janeiro: José Olympio, 2010, p. 210-33).

29. Hannah Arendt, *Eichmann em Jerusalém* (São Paulo: Companhia das Letras, 1999, p. 153).

30. Robert Gellately, *Apoiando Hitler: Consentimento e coerção na Alemanha nazista* (Rio de Janeiro: Record, 2001, p. 149-92).

31. Jean-Jacques Wunenburger, op. cit, p. 54-63.

32. Cf. Stéphane Courtois, *Cortar o mal pela raiz! História e memória do comunismo na Europa* (Rio de Janeiro: Bertrand Brasil, 2006). Como explica o editor brasileiro do livro de Courtois, "o título original deste livro — *Du passé faisons table rasa!* [Façamos tábula rasa do passado!] — é retirado de um dos versos da *Internacional*, hino mundial dos comunistas e socialistas [...]. A ideia em questão é a de que chegava a hora de os oprimidos em geral se levantarem contra toda forma de exploração advinda do Estado capitalista e começarem a implantar as bases de um novo mundo, difundindo o socialismo pelo planeta, fazendo, assim, tábula rasa do passado".

33. Cf. Christian Ingrao, *Crer e destruir: Os intelectuais na máquina de guerra da SS nazista.* p. 20. (Rio de Janeiro: Zahar, 2015, p. 20).

34. Ibidem.

35. O conceito de "guerra total", até então vinculado às guerras do século XX, foi esmiuçado pelo historiador David A. Bell em seu livro *A primeira guerra total* (Rio de Janeiro: Record, 2012).

36. Idem, p. 21.

37. Jean-Jacques Wunenburger, op. cit., p. 69.

38. Timothy D. Snyder, *Terras de sangue* (Rio de Janeiro: Record, 2012, p. 69).

39. Cf. Jonathan I. Israel, *Iluminismo radical* (São Paulo: Madras, 2001). A tese de Israel é expor como o Iluminismo europeu pode ser pensado como "um único movimento bem integrado intelectualmente e em termos culturais"; ele busca comprovar que talvez "nenhuma transformação intelectual na Europa, desde a queda do Império Romano, tenha demonstrado algo comparável à impressionante coesão da cultura intelectual europeia no final do século XVIII até o começo do XIX". Esse Iluminismo não apenas teria atacado e extirpado "as raízes tradicionais com relação ao sagrado, à magia, à monarquia e à hierarquia, secularizando todas as instituições e ideias, mas demoliu, com efeito, a legitimidade da monarquia, da aristocracia, da subordinação da mulher ao homem, da autoridade eclesiástica, da escravatura, substituindo-as pelo princípio da universalidade, da igualdade e da democracia" (p. 8-9). Segundo Israel, o Iluminismo radical surgiu e amadureceu em menos de um século, culminando com os livros dos materialistas ateus La Mettrie e Diderot, na década de 1740: "esses homens escreveram obras que são em sua maioria

A IMAGINAÇÃO TOTALITÁRIA 305

um resumo do radicalismo filosófico, científico e político", ou seja, "eles representam a corrente mais extrema e descompromissada da tendência geral da cultura e ideias rumo à racionalização e secularização" da Europa.

40. Ernest Cassirer, *O mito do Estado* (São Paulo: Códex, 2003, p. 324 e 334).

41. Karl Marx, citado em Slavoj Žižek, *Robespierre, ou a "divina violência" do terror*, p. 9. Disponível em: <veja.abril.com.br/livros_mais_vendidos/trechos/robespierre.pdf>.

42. Robespierre, citado em Slavoj Žižek, op. cit.

43. Cf. Paulo Arantes, *O novo tempo do mundo* (São Paulo: Boitempo, 2014). Embora tratemos dessa questão com mais detalhes no último capítulo, vale a pena orientar para o problema de fundo. Esse livro de Paulo Arantes mostra como vivemos em uma nova era de percepção do tempo histórico. Ao adotar as categorias de Reinhart Koselleck de "espaço de experiência e horizonte de expectativas", Arantes descreve a novidade essencial de nossa época: a era da emergência. Essa característica diz respeito à coincidência do horizonte de expectativa com o nosso campo de experiência. Como se estivéssemos mergulhados em um presente perpétuo, único, sem qualquer possibilidade de construir expectativas, o futuro desaparece. Nossa época, portanto, é marcada por uma grande mudança, diz Paulo Arantes: "O que mudou? Pela primeira vez há uma coisa absolutamente nova: o campo da experiência e o horizonte de expectativa coincidem. Não há mais espaço entre eles, mas a expectativa continua. Isso se chama urgência. O presente passa a ser um campo emergencial que você projeta, você antecipa, você imagina e ao qual você vai de encontro. Pela primeira vez ele se estreita. Esse campo vai se estreitando a ponto de se superpor, de modo que todas as expectativas, todo horizonte de expectativas, que é próprio do ponto de vista antropológico, da sociedade moderna, ele é rebatido num único presente. E é isso que faz com o que a ideia de futuro — alguns autores chamam isso de ruína do futuro — mude completamente, desapareça completamente de cena, não objetivamente em suas dimensões do tempo [objetivo da física], mas desapareça como experiência política e histórica, que [são experiências] sociais. A ideia de você reportar para uma redenção futura e caminhar pelo desenvolvimento perpétuo e uma integração de inclusão social a perder de vista, esquece, *nonsense*. Há uma sensação de que há um risco, há uma urgência que tira do seu horizonte a ideia de futuro e rebate para o agora" (esse comentário foi transcrito da palestra sobre o

lançamento do livro *O novo tempo do mundo*, e pode ser conferido em: https://www.youtube.com/watch?v=6Hq6VPYQ_-0). É assim que Paulo Arantes justifica, por exemplo, as ações terroristas black blocs. Uma interessante crítica ao livro de Arantes foi feita por Ruy Fausto no artigo "A esquerda encapuçada", publicado na edição 99 da revista *Piauí*, e pode ser lido em: <revistapiaui.estadao.com.br/edicao-99/tribuna-livre-da--luta-de-classes/a-esquerda-encapucada>. Tratarei das consequências práticas dessa ideia no último capítulo.

44. Vladimir Safatle, *A esquerda que não teme dizer seu nome* (São Paulo: Três Estrelas, 2012, p. 15).
45. Roger Scruton, *Como ser um conservador* (Rio de Janeiro: Record, 2015, p. 95).
46. Michael Oakeshott, *Ser conservador* (Gabinete de Estudos Gonçalo Begonha, p. 28).
47. Idem, p. 28.
48. Ibidem.
49. Cf. Michael Burleigh, *Earthly Powers* (Nova York: Harper Collins, 2005).
50. Karl Popper, *A sociedade aberta e seus inimigos* (Belo Horizonte: Itatiaia, 1987, p. 288).
51. Jeremy Shearmur, "Popper, Hayek e o liberalismo clássico" (2 set. 2014). O artigo pode ser lido em: <www.libertarianismo.org/index.php/artigos/popper-hayek-liberalismo-classico>.
52. Karl Popper, op. cit., p. 286-7.
53. Cf. Mario Vegetti, *Um paradigma no céu* (São Paulo: Annablume, 2010, p. 189-191).
54. Peter Emberley e Barry Cooper, *Faith and Political Philosophy*, p. 66-8.
55. Idem, p. 67.
56. Idem, p. 68.
57. Idem, p. 67.
58. Idem, p. 68.
59. Martim Vasques da Cunha, "Exortação ao nada". Disponível em: <martimvasques.blogspot.com.br/2015/08/exortacao-ao-nada.html>.
60. Giovanni Casertano, *Paradigmas da verdade em Platão* (São Paulo: Loyola, 2010, p. 233).
61. Ibidem.
62. Ibidem.
63. Martim Vasques da Cunha, op. cit.
64. Idem.

A IMAGINAÇÃO TOTALITÁRIA

65. Idem.
66. Isaiah Berlin, citado por John Gray em *Isaiah Berlin* (Rio de Janeiro: Difel, 2000, p. 164).
67. Ibidem.
68. Ibidem.
69. Cf. George Steiner, op. cit., p. 12.
70. Cf. Rémi Brague, *Introdução ao mundo grego* (São Paulo: Loyola, 2005, p. 21).
71. Idem, p. 19.
72. William James, "A Pluralistic Universe", em *Writings, 1902-1910* (Nova York: Library Classics, 1987, p. 639).
73. Como explica Jean-Jacques Wunenburger, em *Uma utopia da razão* (p. 153-4), "ao procurar produzir uma representação ideal da paz em si, determinando-lhe *a priori* as condições de possibilidade, o pensamento político-jurídico moderno virou decididamente esta procura pluralista: apenas a Ideia de paz, entendida na perspectiva exclusiva de Kant, 'de um conceito racional necessário ao qual nenhum objeto adequado lhe pode ser atribuído pelos sentidos', permitirá ultrapassar o conceito empírico que reúne estados fenomenológicos heterogêneos. Tal é a Ideia que estará na base da efetivação contratual da paz entre os Estados, e que inspira ainda nos nossos dias as grandes instituições políticas internacionais. Contudo, em Kant, a Ideia especulativa deve conduzir a um Ideal, quer dizer, a uma Ideia compreendida *in individuo*, 'ou seja, como uma coisa singular determinável e completamente determinada apenas pela ideia. A própria reflexão racional sobre a paz deve se fazer acompanhar, então, de uma representação supraempírica não condicionada (próxima ao paradigma, no sentido platônico), de um tipo ideal (no sentido de Max Weber), à qual será atribuída, com conteúdo eidético, uma validade axiológica, uma legitimidade moral. À partida, esse Ideal alimenta um pensamento reflexivo regulador que, no mínimo, constitui um horizonte para as ações práticas, logo morais [e políticas]. Mas o imaginário ocidental [...] propõe, na realidade, diversas representações figurativas da paz: uma primeira, a da paz civil, retaguarda da filosofia jurídica e política moderna; e duas outras: a do mito antigo da Idade de Ouro e do mito monoteísta do reino de Deus, que pertencem a um plano ante ou pós-histórico e tiveram um destino sobretudo simbólico e religioso".
74. David A. Bell, op. cit., p. 18-19. Vale a pena ler as observações de Bell sobre a crença dos pensadores iluministas: "a transformação teve origem

no plano intelectual. Durante o grande movimento de ideias hoje chamado *Iluminismo*, pensadores influentes começaram a argumentar que o estado de guerra permanente talvez fosse, de fato, o destino inexorável da humanidade. As sociedades humanas, segundo eles, seguiam um mesmo caminho de evolução histórica, do princípio selvagem a níveis cada vez mais elevados de civilização, gentileza e comércio pacíficos. Desse ponto de vista, a situação então prevalecente de guerra restrita não representava um equilíbrio natural, mas sim um estágio no caminho rumo ao desaparecimento completo da guerra. Nos tempos modernos, a guerra logo se tornaria um estado de coisas detestável e excepcional, um vestígio grotesco da infância violenta do homem".

75. Eric Weil, *Problemas kantianos*. (São Paulo: É Realizações, 2012, p. 132-3). A observação crítica de Weil acerca do problema colocado por Kant é fundamental: "acreditou Kant que essa paz seria algum dia estabelecida? [...] É mais provável que uma das constantes do pensamento moral kantiano tenha agido: o homem, ser finito, pode e deve progredir indefinidamente, mas seu progresso deve permanecer progresso, não deve nunca se deter, não deve haver repouso para o ser moral. [...] Kant não alega essa dificuldade; a dificuldade é, por assim dizer, puramente técnica: um Estado mundial teria uma extensão muito grande para que pudesse ser governado de forma eficaz e para proteger realmente cada um de seus cidadãos. O raciocínio não é inteiramente convincente: um problema técnico corretamente posto é solúvel por princípio, mesmo que sua solução seja difícil e distante. Só se torna insolúvel se implica um problema filosófico (nesse caso, antropológico): a legalidade repousa sobre a coerção, esta é exercida por um homem ou homens que não se encontram a ela submetidos, o que tem por resultado que a perfeição da legalidade supõe, pelo menos da parte de alguns, a da moralidade".

76. Como irá explicar Jean-Jacques Wunenburger (op. cit., p. 155-6), "essa concepção racionalista de um ideal de paz civil fundada em um contrato, que se tornou a referência privilegiada da filosofia moderna, na verdade prefigura-se já no mito antigo da genealogia das primeiras sociedades, que teriam passado de uma idade pré-jurídica de nefasta violência a uma ordem jurídica marcada pela Lei. Em *Os trabalhos e os dias*, Hesíodo descreve, assim, a série das idades do mundo que chega à Idade de Ferro, um tempo de infelicidade e violência que só a Justiça, filha de Zeus soberano, consegue tornar suportável. Como desenvolverão Demócrito, Ésquilo, Protágoras, Epicuro, Lucrécio, Horácio etc., a violência natural da hu-

manidade não pode ser combatida senão pela instituição, pela mediação, de uma convenção política e jurídica. O nascimento da cidade data do momento em que o homem abandona o estado de natureza, marcado pelo caos destruidor, pela selvageria animal feita de ruídos e de fúrias, de violência ilimitada. A justiça e a paz só podem ser pensadas a partir de um paradigma evolucionista, que vê os homens passarem da desordem à ordem, da natureza à instituição. A paz civil é obra do Direito, e o Direito é a invenção que nos permite emanciparmo-nos de uma natureza hostil. Assim, a paz só poderá reinar pelo, e no, Direito, ou seja, numa Cidade dotada de leis. Fora da Cidade e do Direito (na Natureza, no mundo animal), continua a reinar a inexorável violência primitiva". Ver também as páginas 29-34 e 36-42.

77. Immanuel Kant, *Paz perpétua* (Universidade da Beira Interior: LusoSofia Press, 2008). Disponível em: <www.lusosofia.net/textos/kant_immanuel_paz_perpetua.pdf>.

78. Jean-Jacques Wunenburger, op. cit., p. 153.

79. Cf. Margaret MacMillan, *A Primeira Guerra Mundial* (São Paulo: Globo Livros, 2014). Entretanto, a ideia de uma guerra que colocaria fim a todas as guerras não é nova. David A. Bell (op. cit., p. 16) explica que "essas linguagens tomaram forma antes" e muitos "intelectuais políticos" com certa frequência defenderam a "ideia de que uma guerra final, aniquiladora, poderia paradoxalmente inaugurar o reino da paz perpétua. Para citar a mais famosa expressão dessa ideia, o tratado de H. G. Wells, *The War That Will End War*, de 1914: 'esta é agora uma guerra pela paz [...]. Esta é a maior de todas as guerras, não é apenas mais uma guerra — é a última guerra!'. Cento e vinte dois anos antes, o general político francês Charles François-Dumouriez prometeu de forma semelhante: 'esta será a última guerra'".

80. Cf. Pascal Bruckner, *Tirania da penitência* (Rio de Janeiro: Difel, 2008).

81. Cf. Walter Laqueur, *Os últimos dias da Europa* (São Paulo: Odisseia, 2007).

82. David A. Bell, op. cit., p. 15-16.

83. Cf. Mark Mazower, *No Enchanted Palace* (Reino Unido: Princeton University Press, 2009, p. 67).

84. Idem, p. 32.

85. A doutrina da vontade de crença de William James apresentada nesse famoso livro é, antes de tudo, uma resposta a todo tipo de sistema filosófico que se pretenda absolutamente certo e infalível, em geral, e uma crítica aberta ao positivismo cientificista, em particular. Uma vez que a crença

se define como a resposta que se opõe ao estado mental de dúvida e uma disposição voluntária para a ação, então, consequentemente, presume-se que há uma fragilidade intrínseca em toda concepção filosófica de mundo, e todo sistema filosófico, no limite, carece de um definitivo fundamento epistemológico último, estando por isso sujeito ao crivo da dúvida. Desse modo, a única maneira de enfrentá-la, quando estamos diante de situações extremas que carecem de evidências, é pressupor o direito de acreditar. Em última análise, a grande pergunta que James se propõe a responder no ensaio de 1896 é a seguinte: "Teria uma pessoa o direito de acreditar em alguma coisa mesmo quando lhe falta prova suficiente de sua verdade?".

86. William James, "The Will to Believe", em *Writings, 1878-1899* (Nova York: Library Classics, 1987, p. 464).

87. Idem, p. 524.

88. Ibidem.

89. Idem, p. 465.

90. Idem, p. 466.

91. Idem, p. 467.

92. Idem, p. 477-8.

93. A respeito dos limites do conhecimento metafísico, cf. Kant, *Crítica da razão pura*, B XXIV; TP 18. Kant expressou a natureza desses limites de maneira muita mais significativa ao afirmar que teve de "suprimir *o saber*, a fim de abrir espaço para a crença" (B XXX; TP 24).

94. Idem, p. 478-9.

95. Michael Polanyi, *A lógica da liberdade* (Rio de Janeiro: Topbooks, 2003, p. 55).

96. William James, *The Will to Believe*, op. cit., p. 524.

97. Johann Gottlieb Fichte, *Introducciones a la Doctrina de la Ciencia* (Madri: Tecnos, 1987, p. 20).

98. Cf. J. G. A. Popock, *Linguagem do ideário político* (São Paulo: Unesp, 2013).

99. William James, "Pragmatism", em *Writings, 1902-1910* (Nova York: Library Classics, 1987, p. 487).

100. Idem, p. 488.

101. Ibidem.

102. Ibidem.

103. Ibidem.

104. Ibidem.

105. Idem; "A Pluralistic Universe", em *Writings, 1902-1910* (Nova York: Library Classics, 1987, p. 633-4).

A IMAGINAÇÃO TOTALITÁRIA

106. Idem, p. 634.
107. Idem; "Essay in Radical Empiricism", em *Writings, 1902-1910* (Nova York: Library Classics, 1987, p. 1160).
108. Idem; "Pragmatism", em *Writings, 1902-1910* (Nova York: Library Classics, 1987, p. 542).
109. Ibidem.
110. Jacob L. Talmon, *Los Origenes de la Democracia Totalitaria* (México, D.F.: Aguillar, 1956, p. 41).
111. Irving Babbitt, *Democracia e liderança* (Rio de Janeiro: Topbooks, 2003, p. 110).
112. José Guilherme Merquior, *O liberalismo: antigo e moderno* (São Paulo: É Realizações, 2014, p. 54).
113. Zygmunt Bauman, *Em busca da política* (Rio de Janeiro: Zahar, 2000, p. 95).
114. Alexis Tocqueville, *Lembranças de 1948* (São Paulo: Companhia das Letras, 2011, p. 104).
115. Idem, p. 104.
116. Cf. Michael Oakeshott, *The Politics of Faith and the Politics of Scepticism* (New Haven: Yale University Press, 1996).
117. Idem, p. 97.
118. Idem, p. 32.

3. A política totalitária

1. Cf. Reinhart Koselleck, *Futuro passado* (Rio de Janeiro: Contraponto, 2006, p. 305-27).
2. Cf. Eric Voegelin, *Reflexões autobiográficas* (São Paulo: É Realizações, 2008, p. 114-5; 163-4). Segundo Voegelin, inspirado nas concepções de William James sobre a consciência compreendida como *fluxo*, "a consciência não pode significar uma consciência humana que está consciente de uma realidade exterior à consciência do homem; precisava significar a realidade do *Intermédio* — uma relação —, da experiência pura de participação que podemos analisar criticamente usando conceitos como o dos polos da tensão experiencial e o da realidade da tensão experiencial no *metaxo* (intermédio). A expressão *luminosidade da consciência*, que tenho empregado com crescente frequência, é uma tentativa de enfatizar esse caráter de Intermédio da consciência contra a noção imanentista da consciência humana que, como sujeito, se opõe a um objeto da experiência".

3. Cf. Eric Voegelin, *Ordem e história* (São Paulo: Loyola, 2009, p. 45-55). Para compreender com precisão o sentido de que não participamos em plenitude dessa realidade histórica, de que não somos seres autossuficientes, a descrição de Voegelin é precisa: "a perspectiva da participação [do homem no Ser] deve ser entendida na plenitude de sua qualidade perturbadora. Não significa que o homem, localizado mais ou menos confortavelmente no cenário do ser, possa olhar ao redor e avaliar o que vê na medida em que possa ver. Essa metáfora ou variações comparáveis sobre o tema das limitações do conhecimento humano destruiriam o caráter *paradoxal da situação*. Sugeririam um espectador autossuficiente, de posse de e com conhecimento de suas faculdades, no centro do horizonte do ser, ainda que o horizonte fosse restrito. Mas o homem não é um espectador autossuficiente. Ele é um ator, desempenhando um papel no drama do ser e, pelo simples fato de sua existência, comprometido a desempenhá-lo sem saber qual ele é".

4. Carl Schmitt, *Der Begriff des Politischen* (1932) (Berlim: Duncker & Humblot, 2002, p. 26).

5. Idem, p. 38.

6. Cf. Jean-Jacques Wunenburger, *Uma utopia da razão* (Lisboa: Instituto Piaget, 2002, p. 158).

7. Cf. Bernard Baertschi, *Ensaio filosófico sobre a dignidade humana* (São Paulo: Loyola, 2009, p. 13).

8. Noël O'Sullivan, *Fascism* (Londres: Dent, 1983, p. 33-69).

9. Jean-Jacques Wunenburger, op. cit., p. 158-9.

10. Diz Carl Schmitt em *O guardião da Constituição*: "sob a impressão desta dissolução irresistível das diferenças e dos limites tradicionais no direito das pessoas, e da *mesma dissolução das diferenças* no plano do direito constitucional e estatal (assim Estado e sociedade, Estado e economia, política e cultura etc.), seguiu-se a fórmula do Estado Total". A tese de Carl Schmitt é de que há um desenvolvimento dialético histórico entre a formação do Estado absolutista moderno até o Estado total: "num desenvolvimento dialético: do Estado absoluto dos séculos XVII e XVIII, passando pelo Estado neutro do século XIX, até o Estado total da identidade entre sociedade e o Estado". Essa fórmula, "Estado total", tornou--se usual após a publicação do livro de Schmitt, em 1931. Como explica Jean-Pierre Faye em *Introdução às linguagens totalitárias*, "o livro do ano de 1931 precisava justamente que a fórmula ganhava sentido por oposição à de *neutrale Staat* ou, sublinhava ao restituir a versão italiana, o

A IMAGINAÇÃO TOTALITÁRIA

Stato neutrale ed agnostico. Ora, esse Estado agnóstico não é nada mais do que aquilo que a doutrina do fascismo, e mais precisamente os textos de Mussolini ou de Gentile que a acompanham, designavam como seu oposto pelo neologismo enigmático de *Stato totalitario*" (p. 53).

11. Carl Schmitt, "Weiterentwicklung des totalen Staates", em *Verfassungsrechtliche Aufsätze aus den Jahren 1924-1954* (Berlim: 2003, p. 360-1).

12. Cf. Carl Schmitt, *Der Hüter der Verfassung* (Berlim: 2006, p. 111).

13. Michael Mann alinha-se ao grupo de estudiosos do fascismo que tratam desse movimento não só como uma forma histórica específica na Itália, mas de forma genérica. Segundo ele, a definição "genérica" de fascismo teria uma "utilidade heurística ao longo do período entreguerras na Europa". Para Michael Mann, a grande chave de compressão está na tese de que para entender o fascismo é preciso compreender "os movimentos fascistas" e de que esses movimentos foram "não apenas um aspecto marginal no desenvolvimento da sociedade moderna", mas "disseminou-se por boa parte do núcleo da modernidade da Europa. Com o ambientalismo, foi a principal doutrina política de alcance histórico mundial surgida no século XX"; em outras palavras, "os fascistas estão no próprio cerne da modernidade" (p. 11). O conceito de totalitarismo que estou adotando seria uma chave que antecede o fascismo histórico, ou seja, um conceito muito mais analítico e que permeia outros movimentos políticos, como é o caso do stalinismo ou alguns movimentos socialistas ou anarquistas, bem como a mentalidade que poderá ser encontrada inclusive em certos liberais.

14. Michael Mann, *Fascistas* (Rio de Janeiro: Record, 2004, p. 20).

15. Wilhelm von Humboldt, *Os limites da ação do Estado* (Rio de Janeiro: Topbooks, 2004, p. 159).

16. Idem, p. 160.

17. Cf. Rudolf Otto, *O sagrado* (Lisboa: Edições 70, 1992).

18. Cf. Platão, *Fédon*, 69c; *República*, VII, 533 d, 535 d, II, 363 d.

19. Idem; *Estratos do tempo* (Rio de Janeiro: Contraponto, 2014, p. 10).

20. Cf. Arthur O. Lovejoy, *A grande cadeia do ser* (São Paulo: Polindromo, 2005).

21. Cf. Franco Volpi, *O niilismo* (São Paulo: Loyola, 1999).

22. Gilles Lipovetsky, *A era do vazio*, p. 19.

23. Scarlett Marton, *Nietzsche*, 3. ed. (Belo Horizonte: Editora UFMG, 2013, p. 64).

24. Ibidem.

314 FRANCISCO RAZZO

25. O mundo "vontade de potência" resume a concepção cosmológica de Nietzsche. Segundo sua interpretação, a potência aumenta ou diminui numa eternidade imanente, um mundo que "eternamente tem de retornar". Diz o próprio Nietzsche: "o mundo pode ser pensado como grandeza determinada de força e como número determinado de centros de força — e toda outra representação permanece indeterminada e consequentemente inutilizável —, disso se segue que ele tem de passar por um número calculável de combinações, no grande jogo de dados de sua existência. Em um tempo infinito, cada combinação possível estaria alguma vez alcançada; mais ainda: estaria alcançada infinitas vezes".

26. Michael Mann, op. cit., p. 18.

27. Mario Vieira de Mello, *Nietzsche: O Sócrates de nossos tempos* (São Paulo: Edusp, 1993, p. 65).

28. Friedrich Nietzsche, *Assim falou Zaratustra* (Rio de Janeiro: Civilização Brasileira, p. 75).

29. Idem; *Genealogia da moral* (São Paulo: Companhia das Letras, 1998, p. 75).

30. Cf. Santo Agostinho, *A cidade de Deus* (Petrópolis: Vozes, 2002, p. 153).

31. Friedrich Nietzsche, *Assim falou Zaratustra*., p. 75.

32. Idem; *Humano, demasiado humano* (São Paulo: Companhia das Letras, 2000, p. 162-163).

33. Cf. Jean Pierre Faye, *O século das ideologias* (Lisboa: Instituto Piaget, 1996, p. 29-39).

34. Mario Vieira de Mello, op. cit., p. 174.

35. Idem, p. 180.

36. John Gray, *Missa negra* (Rio de Janeiro: Record, 2007, p. 92).

37. Para esse debate recomendo o excelente livro de Dominique Lambert, *Ciências e teologia* (São Paulo: Loyola, 2002, p. 67-113).

38. Jean-Jacques Wunenburger, *O imaginário* (São Paulo: Loyola, 2003, p. 53-72).

39. Edmund Burke, *Reflexões sobre a revolução na França* (Rio de Janeiro: Topbooks, 2012, p. 245).

40. Idem, p. 246.

41. Russell Kirk, *The Moral Imagination*. Disponível em: <www.kirkcenter. org/index.php/detail/the-moral-imagination>. Outro texto de Kirk sobre a imaginação moral é *A era de T. S. Eliot* (São Paulo: É Realizações, 2011). Como explica Kirk (p. 140-1): "T. S. Eliot foi o principal defensor da imaginação moral no século XX. Ora, o que é a imaginação

A IMAGINAÇÃO TOTALITÁRIA

moral? A expressão é de Edmund Burke. Por ela, Burke queria indicar a capacidade de percepção ética que transpõe as barreiras da experiência privada e dos acontecimentos do momento — 'especialmente', como o dicionário a descreve, 'as mais altas formas dessa capacidade praticadas na poesia e na arte'. A imaginação moral aspira apreender a justa ordem da alma e a justa ordem da comunidade. Foi o dom e a obsessão de Platão, Virgílio e Dante. Na retórica de Burke, o ser civilizado se distingue do selvagem por possuir imaginação moral, por 'todas as ideias decorrentes disso, guarnecidas pelo guarda-roupa da imaginação moral, que vêm do coração e que o entendimento ratifica como necessárias para dissimular os defeitos de nossa natureza nua e elevá-la à dignidade de nossa estima'. Inferidas dos séculos de experiência humana, essas ideias de imaginação moral são novamente expressas de uma era para a outra. Portanto, é assim que os homens de literatura e humanidades de nosso século, cujos trabalhos parecem ter mais chances de perdurar, não são 'novilinguistas', mas portadores de um padrão antigo, agitado pelos ventos modernos da doutrina: os nomes de Eliot, Frost, Faulkner, Waugh e Yeats devem bastar para dar a entender a variedade dessa imaginação moral na era moderna. A imaginação moral de Burke é realçada pela reflexão do professor de Eliot, Irving Babbitt — que provavelmente foi quem apresentou a Eliot esse aspecto de Burke —, sobre a imaginação idílica de Rousseau. No século XX, a imaginação idílica pode estar dando lugar à imaginação diabólica. Eliot iria lutar tanto com os discípulos de Rousseau como com os discípulos de D. H. Lawrence — em oposição ao culto de deuses estranhos".

42. Alex Catharino, "Russell Kirk e a filosofia conservadora da cultura". Disponível em: <dialogosexemplares.wordpress.com/2011/11/29/entrevista-com-alex-catharino>.

43. Idem.

44. Irving Babbitt, op. cit., p. 101.

45. Russell Kirk, *The Essential Russell Kirk* (ISI Books, p. 208).

46. Idem, p. 208-209.

47. Alex Catharino, op. cit.

48. Benito Mussolini, "La Dottrina del Fascismo", em idem, *Opera omnia*, v. XXXIV (Firenze: La Fenice, 1961, p. 115-38).

49. Idem, p. 117-8.

50. Ludwig von Mises, *Omnipotent Government* (Yale: Yale University Press, 1944). Uso a versão da Liberty Fund, de 2010.

FRANCISCO RAZZO

51. Cf. Arthur Herman, *A ideia de decadência da história ocidental* (Rio de Janeiro: Record, 1999).

52. Reinhart Koselleck, *Futuro passado: contribuição à semântica dos tempos históricos* (Rio de Janeiro: Contraponto, 2006, p. 10).

53. Idem, p. 13.

54. Ibidem.

55. Slavoj Žižek, "Problemas no paraíso", em *Cidades rebeldes* (São Paulo: Boitempo, 2013, p. 107).

56. Idem, p. 105.

57. Em "Utopias Reais para uma sociologia global", o filósofo marxista Erik Olin Wright, defensor do termo "utopias reais", diz claramente que "a ideia de utopias reais está enraizada no que pode ser denominado de reivindicação fundamental de todas as formas de sociologia crítica: nós vivemos em um mundo em que formas de sofrimento humano e os déficits de florescimento humano são o resultado da organização de nossas estruturas e instituições sociais. Pobreza em meio à abundância não reflete alguma lei inalterável da natureza; ela é o resultado do caminho existente de organizações sociais de poder e desigualdade que afetam massivamente as possibilidades de florescimento humano". Disponível em: <isa-global-dialogue.net/wp-content/uploads/2013/07/v1i5-portuguese.pdf>.

58. Idem, p. 104-5.

59. Pedro Casaldáliga, *Declaração de amor à Revolução Total de Cuba*. O texto pode ser encontrado no site do Psol, em: <psol50sp. org.br/osasco/tag/d-p-casaldaliga-declaracao-de-amor-a-revolucao-total-de-cuba>.

60. Idem.

61. Cf. BBC-Brasil. Disponível em: <www.bbc.com/portuguese/noticias/2013/10/131014_black_bloc_entrevista_mm>.

62. Idem.

63. Idem.

64. Joseph Ratzinger, "Instrução sobre alguns aspectos da *teologia da libertação*" (Vaticano: Sagrada Congregação para a Doutrina da Fé, p. 1984).

65. Joseph Ratzinger, *Jesus de Nazaré* (São Paulo: Planeta, 2007, p. 45).

66. Idem, p. 48.

67. Russell Kirk, *Política da prudência* (São Paulo: É Realizações, 2013, p. 95).

68. Joseph Ratzinger, op. cit., p. 50.

69. Idem; *Discurso do papa Bento XVI no Palácio Reichstag de Berlim* (22 set. 2011). Disponível em: <w2.vatican.va/content/benedict-xvi/pt/spee-

A IMAGINAÇÃO TOTALITÁRIA

ches/2011/september/documents/hf_ben-xvi_spe_20110922_reichs-tag-berlin.html>.

70. Russell Kirk, op. cit., p. 95.

71. Miguel de Unamuno, *O sentimento trágico da vida* (São Paulo: Martins Fontes, 1996, p. 44).

72. Idem, p. 45.

73. Joseph Conrad, *Coração das trevas* (São Paulo: Companhia de Bolso, 2008, p. 110).

74. Miguel de Unamuno, op. cit., p. 45.

75. Cf. Gabriel Ferreira, *Esculpir em argila* (São Paulo: Educ, 2014). A filosofia de Albert Camus seria um ponto extremamente rico para compreensão dessa noção de existência como absurdo.

76. Idem, p. 90.

77. Roger Scruton, *O belo e a consolação*. Disponível em: <www.youtube.com/watch?v=5eBesqSRBoo>.

78. Ernst Cassirer, *Esencia y Efecto del Concepto de Símbolo* (México: Fondo de Cultura Económica, 1975, p. 163).

79. Idem, p. 165.

80. Hannah Arendt, *A dignidade da política* (Rio de Janeiro: Relume Dumará, 1993, p. 53).

81. Ernest Cassirer, *Ensaio sobre o homem* (São Paulo: Martins Fontes, 2012, p. 50).

82. Eric Voegelin, *Reflexões autobiográficas* (São Paulo: É Realizações, 2008, p. 173).

83. Idem, p. 174.

84. Ibidem.

85. Segundo Max Weber, em seu clássico *A política como vocação*: "o Estado é uma comunidade humana que pretende, com êxito, o monopólio do uso legítimo da força física dentro de um determinado território [...]. O Estado é uma relação de homens dominando homens, relação mantida por meio da violência legítima". Minha intenção foi mostrar como a imaginação totalitária inverte essa fórmula weberiana e assume para si o Estado "como detentor do monopólio simbólico da imortalidade e de verdade absoluta".

86. Oakeshott, em *The Politics of Faith and the Politics of Scepticism* (New Haven: Yale University Press, 1996, p. 23, 114), afirma com todas as letras: "política da fé é a política de imortalidade, construindo para a eternidade".

87. Elizabeth C. Corey, op. cit., p. 168.

318 FRANCISCO RAZZO

88. Referência ao conceito de "tempo" de Platão em *Timeu* (37d): "o tempo como a imagem em movimento da eternidade". Um excelente estudo sobre esse tema pode ser encontrado em Rémi Brague, *O tempo em Platão e Aristóteles* (São Paulo: Loyola, 2006).
89. Zygmunt Bauman, op. cit., p. 95.
90. Angelo Segrillo, *O fascismo como "totalizante"*. Disponível em: <www. revistaintellector.cenegri.org.br/ed2006-04/segrillo.pdf>. Embora discorde do professor Segrillo em diversos momentos de sua avaliação do fascismo, a tese do seu artigo é bastante esclarecedora sob vários aspectos, sobretudo o de não reduzir os regimes totalitários a uma espécie de identidade. Segundo o historiador, nenhum desses regimes totalitários controlou de "forma total suas sociedades". Mas eles controlaram tanto quanto possível na medida em que se basearam num postulado, metaforicamente empregado por ele, da razão prática fascista e stalinista, ou seja, "um princípio orientador que acima de outros constituintes ideológicos daqueles regimes os faz tentar impor sua *Weltanschauung* (visão de mundo) aos cidadãos de uma forma tão abrangente e excludente como ainda não se tinha visto anteriormente". Esse princípio orientador, no meu modo de compreender, não é um postulado da "razão", mas da "imaginação prática totalitária".
91. Carl J. Friedrich e Zbigniew K. Brzezinski, op. cit., p. 73.
92. Ibidem.
93. Idem, p. 83.
94. Jean Pierre Faye, *O século das ideologias* (Lisboa: Instituto Piaget, 1996, p. 13).
95. J. G. A. Pocock, *As linguagens do ideário político* (São Paulo: Edusp, 2003, p. 28).
96. Idem, p. 43. Segundo Pocock, e me alinho a ele nesse sentido, "a história do discurso torna-se agora visível como uma história da *traditio*, no sentido de transmissão e, ainda mais, de tradução. Textos compostos de *langues* e *paroles*, de estruturas de linguagem estáveis e de atos de fala e inovações que as modificam são transmitidos e reiterados, e seus componentes são rigorosamente transmitidos e reiterados, primeiro por atores não idênticos em contextos históricos partilhados e depois por atores em contextos historicamente desconectados. Sua história é, primeiro, a da constante adaptação, tradução e re-performance do texto, em uma sucessão de agentes; e segundo, sob um exame mais minucioso, a das inovações e modificações efetuadas em tantos idiomas distinguíveis

A IMAGINAÇÃO TOTALITÁRIA

quantos os que originalmente se articulavam para formar o texto e que, subsequentemente, formam a sucessão de contextos linguísticos em que o texto foi interpretado". Como avalia corretamente um de seus intérpretes: "os trabalhos de filosofia política seriam elaborados como atos de fala de atores particulares, em resposta a conflitos também particulares, em contextos políticos específicos no interior de linguagens próprias ao tempo de sua formulação" (Jasmin, M., "História dos conceitos e teoria política e social: referências preliminares", em *Revista Brasileira de Ciências Sociais*, v. 20, n. 57, 2005, p. 27-38).

97. Angelo Segrillo, op. cit., p. 5.

98. Zygmunt Bauman, op. cit., p. 97.

99. Referência ao famoso texto do filósofo alemão da Escola de Frankfurt, Max Horkheimer. Cf. *Eclipse da razão* (São Paulo: Centauro, 2007).

100. A defesa de uma política da prudência pode ser encontrada em *Política da prudência*, de Russell Kirk. Como ele mesmo defende, o livro pretende "persuadir a geração emergente a se firmar contra o fanatismo político e esquemas utópicos, pelos quais o mundo tem sido afligido desde 1914. 'A política é a arte do possível', diz o conservador" (p. 91), ao contrário do fanático que pensa a política como a arte da utopia real, isto é, todo "ideólogo pensa a política como instrumento revolucionário para transformar a sociedade e até mesmo a natureza humana" (p. 91).

101. Jacques Sémelin, op. cit., p. 353.

102. Ibidem.

103. Quando uma professora de filosofia como Marilena Chauí diz, claramente, em discurso, que "a classe média é uma abominação política porque é fascista, é uma abominação ética porque é violenta, e é uma abominação cognitiva porque é ignorante", e termina, aos berros, "Eu odeio a classe média", isso não demonstra outra coisa senão esse imaginário totalitário em seu mais alto nível. O ódio está justificado. Informações sobre o discurso podem ser encontradas em: <www.brasil247.com/pt/247/poder/102096/Chau%C3%AD-classe-m%C3%A9dia-%C3%A9-fascista--violenta-e-ignorante.htm>.

104. Karl Marx, "Luta de classes e luta política", em *Miséria da filosofia*. Disponível em: <www.marxists.org/portugues/marx/1847/04/luta-class--luta-polit.htm>.

105. Idem.

106. Idem.

107. Idem.

108. Cf. Stéphane Courtois, *O livro negro do comunismo* (Rio de Janeiro: Record, 2015).
109. Cf. Jean-Pierre Faye, *Introdução às linguagens totalitárias* (São Paulo: Perspectiva, 2009, p. 47).
110. Emilio Gentile, *La via italiana al totalitarismo* (Roma: Carocci, 2008, p. 148). Gentile sugere que o fascismo é "um tipo de ditadura carismática cesarista que foi integrado a uma estrutura institucional com base em um partido único e na mobilização das massas. Ele passou por um processo de construção contínua que visa torná-lo a corresponder ao mito do Estado totalitário. Este mito foi conscientemente adotado como um modelo de organização do sistema político e funcionava em um sentido concreto como um credo fundamental e código de comportamento imposto sobre os indivíduos e as massas".
111. Benito Mussolini, op. cit., p. 119.
112. Idem, p. 115.
113. Idem, p. 116.
114. Idem, p. 118.
115. Idem, p. 119.
116. Idem, p. 130.
117. Eric Weil, *Lógica da filosofia* (São Paulo: É Realizações, 2012, p. 88-90). Ver também o excelente livro de Marcelo Perine, *Filosofia e violência* (São Paulo: Loyola, 2013, p. 130-41).
118. Ibidem.
119. Patrick Vignoles, *A perversidade* (São Paulo: Papirus, 1988, p. 63).
120. Ibidem.
121. Ibidem.
122. Cf. Vladimir Jankélévitch, *L'imprescriptible*. Citado por Patrick Vignoles em *A perversidade*, p. 64.
123. Patrick Vignoles, op. cit., p. 64.
124. Idem, p. 67.
125. Eric Weil, op. cit., p. 149.
126. Potência anárquica, aliás, muito presente nas manifestações de junho de 2003 por meio do imaginário daqueles que usavam a máscara de Guy Fawkes e foram inspirados, involuntária ou voluntariamente, pelo filme *V de Vingança*, baseado na história em quadrinhos de Alan Moore, um anarquista alquímico ligado ao ocultismo do movimento conhecido como Chaos Magic.
127. Silvio Mieli, "Black Blocs", 25-31 jun. 2013, p. 3. Disponível em: <www.brasildefato.com.br/node/14428>.

A IMAGINAÇÃO TOTALITÁRIA

128. Paulo Arantes, op. cit., p. 388.

129. Idem, p. 393.

130. Silvio Mieli, op. cit.

131. Idem.

132. A famosa frase do poeta alemão é "Aqueles que queimam livros, acabam cedo ou tarde por queimar homens" e foi escrita em 1821. Os livros de Heine não escaparam das fogueiras nazistas.

133. Silvio Mieli, op. cit.

134. Na visita do papa Francisco ao Brasil, coincidentemente em julho de 2013, o grupo conhecido como Marcha das Vadias realizou um ato de protesto. Segundo uma reportagem do jornal *O Globo*, assinada por Raphael Oliveira e Fábio Vasconcellos: "Manifestantes que participam da 'Marcha das Vadias' na tarde deste sábado quebraram imagens sacras na Praia de Copacabana, onde milhares de peregrinos aguardam o início da vigília da Jornada Mundial da Juventude (JMJ). A ação partiu de um casal que estava pelado, tapando os órgãos sexuais com símbolos religiosos, como um quadro com a pintura de Jesus Cristo. Esculturas de Nossa Senhora Aparecida e Nossa Senhora de Fátima foram destruídas. Em um ponto do protesto, eles juntaram cruzes, jogaram camisinhas em cima e começaram a pisar nos artigos religiosos. Um dos manifestantes chegou a botar um preservativo na cabeça de Nossa Senhora." Leia mais sobre o assunto em: <oglobo.globo.com/rio/manifestantes-quebram-imagens--sacras-na-praia-de-copacabana-9220356#ixzz3jTYn3FMx>.

135. Na missa de Natal de 2013, segundo a edição on-line da revista *Spiegel*, "a ativista do Femen Josephine Witt (20) arrojou-se da primeira fileira e pulou em cima do altar vestindo apenas uma roupa íntima [com os seios de fora]. Ela havia pintado a expressão 'Eu sou Deus' em seu peito. A mulher foi retirada das vistas do Arcebispo Cardeal Joachim Meisner pelo serviço de segurança da Catedral". Disponível em: <www.spiegel.de/panorama/gesellschaft/femen-aktivistin-springt-bei-weihnachts-gottesdienst-nackt-auf-altar-a-940838.html>.

136. Paulo Arantes, op. cit., p. 95.

137. Idem, p. 96.

138. Ibidem.

139. Ibidem.

140. Frederico Augusto Voigt, *Unto Caesar* (Londres: Constable, 1938, p. 49-50).

141. A discussão da abordagem *decisionista* do direito aqui nos remete a Carl Schmitt. Paulo Arantes é leitor de Schmitt por meio do filósofo italia-

no Giorgio Agamben. Inclusive é o responsável pela coleção "Estado de Sítio", da editora Boitempo. O conceito de "estado de sítio", ou "estado de exceção", é importante justamente porque dele deriva a ideia de uma "era de emergência". Paulo Arantes vai buscar em Walter Benjamin a ideia de que "a tradição dos oprimidos nos ensina que o 'estado de exceção' em que vivemos é na verdade a regra geral. Precisamos construir um conceito de história que corresponda a essa verdade". Agamben tem um importante estudo sobre o "estado de exceção", título do seu livro. Diz ele: "o estado de exceção tende sempre mais a se apresentar como o paradigma de governo dominante na política contemporânea. Esse deslocamento de uma medida provisória e excepcional para uma técnica de governo ameaça transformar radicalmente — e, de fato, já transformou de modo muito perceptível — a estrutura e o sentido da distinção tradicional entre os diversos tipos de constituição. O estado de exceção apresenta-se, nessa perspectiva, como um patamar de indeterminação entre democracia e absolutismo". Na base da noção de estado de sítio está a concepção decisionista de Schmitt, e esse seria o postulado fundamental da problemática decisionista. Segundo afirma ele em *Politische Theologie* (Berlim: 2004, p. 16), "toda ordem se baseia em uma decisão, e o conceito de ordem jurídica, que a ausência de pensamento faz aplicar como sendo evidente, contém também em si a oposição dos dois elementos distintos do jurídico. A ordem jurídica se baseia como toda ordem numa decisão e não numa norma". Segundo análise de Paulo Arantes, o estado de exceção é o modo predominante de governo e toda ideia de insurgência tem como reserva essa discussão de fundo. Ver Paulo Arantes, op. cit., p. 317.

142. Paulo Arantes, op. cit., p. 317.

143. Cf. Paul Virilio, "O crash atual representa o acidente integral por natureza" (entrevista concedida a Gérard Courtois e Michel Guerrin para o jornal *Le Monde* e publicada pela *Carta Maior* em 19 de outubro de 2008). Disponível em: <www.cartamaior.com.br/?/Editoria/Economia/%27O-crash-atual-representa-o-acidente-integral-por--natureza%27%0D%0A/7/14361>.

144. Paul Virilio e Sylvère Lotringer, *Guerra pura* (São Paulo: Brasiliense, 1989, p. 40).

145. Um estudo mais detalhado da obra de Agamben precisa ser feito, principalmente no que se refere ao ponto nevrálgico de suas reflexões: a compreensão de como funciona a política como governo, a máquina governamental e a relação entre "política" e "direito" no âmbito da noção

A IMAGINAÇÃO TOTALITÁRIA

de "estado de exceção", que pensa o Estado não a partir do pressuposto de sua forma — a constituição —, mas de *quem governa*: o modo como funcionam as estruturas jurídicas que normatizam o campo da política e da ação social. Não é uma reflexão que cabe neste livro, mas ela deve ser tomada como um ponto de partida para novas discussões.

146. Murray N. Rothbard, *Anatomia do Estado* (São Paulo: Instituto Ludwig von Mises Brasil, 2012, p. 16-7).

147. Paulo Arantes, op. cit., p. 394.

148. Cf. Ruy Fausto, op. cit. Como denuncia o autor: "É fantasma ideológico, percepção errada ou coisa semelhante. Apesar de tudo o que representam capital e capitalismo, insisto, há aí erro de fato e erro de lógica".

149. Idem.

150. F. M. Dostoievski, op. cit., p. 426.

151. Jacques Sémelin, *Purificar e destruir* (Rio de Janeiro: Difel, 2009).

152. Cf. Hannah Arendt, *Eichmann em Jerusalém* (São Paulo: Companhia das Letras, 1999). Em 11 de abril de 1961, Karl A. Eichmann foi acusado de cometer crimes contra o povo judeu, crimes contra a humanidade e crimes de guerra. A pena prevista para tais crimes era a morte. No entanto, para cada acusação, um dos principais responsáveis pela logística dos campos de extermínio nazista se declarou inocente. Pois se considerava, no máximo, culpado perante Deus, mas não perante as leis dos homens. Sua inocência era baseada no fato de que seus crimes constituíam "atos do Estado" sobre os quais nenhum outro Estado tinha jurisdição. Em outras palavras, ele só estava cumprindo com o seu dever de cidadão do Terceiro Reich.

153. Em *Envisioning Real Utopias*, o filósofo marxista norte-americano Erik Olin Wright propõe o conceito de "utopia real" como projeto de uma "ciência social emancipatória". "O que precisamos é o que eu chamo utopia real. Ideais utópicos que se fundamentam no real potencial da humanidade. Destinos utópicos que têm estações ou paragens acessíveis, projetos utópicos de instituições que podem informar nossas tarefas práticas através de um mundo de condições imperfeitas para a mudança social, e isso é o que eu quero dizer com a palavra 'imaginando utopias reais'." Erik Olin Wright é bastante usado por intelectuais de esquerda no Brasil para justificar o projeto do Movimento Passe Livre. Cf. *Cidades rebeldes*, op. cit., p. 59-63.

154. F. M. Dostoievski, *Crime e castigo* (São Paulo: Editora 34, 2001, p. 270). Um excelente estudo sobre essa obra e sobre o problema da distinção entre homens extraordinários e homens ordinários pode ser encontrada

em *Crítica e profecia* (São Paulo: Editora 34, 2003, p. 215-230), de Luiz Felipe Pondé.

155. F. M. Dostoievski, op. cit., p. 270.
156. Idem, p. 271.
157. João Pereira Coutinho, "Da grandeza e da miséria", em *Folha de S.Paulo*, Caderno Ilustrada, 4 maio 2010. Disponível em: <www1.folha.uol.com.br/fsp/ilustrad/fq0405201022.htm>.
158. Luiz Felipe Pondé, op. cit., p. 229.

Bibliografia

Acton, L. *Ensaios: Uma antologia*. Rio de Janeiro: Topbooks, 2014.

Agostinho, S. *A cidade de Deus*. Petrópolis: Vozes, 2002.

_____. *Confissões*. Petrópolis: Vozes, 2013.

Arantes, P. *O novo tempo do mundo: Estudos sobre a era da emergência*. São Paulo: Boitempo, 2014.

Arendt, H. *As origens do totalitarismo*. São Paulo: Companhia das Letras, 1989.

_____. *Eichmann em Jerusalém: Um relato sobre a banalidade do mal*. São Paulo: Companhia das Letras, 1999.

_____. *A dignidade da política*. São Paulo: Relume Dumará, 2009.

Babbitt, I. *Democracia e liderança*. Rio de Janeiro: Topbooks, 2003.

Bacon, F. *A Critical Edition of the Major Works*. Nova York: Oxford University Press, 2000.

Baczko, B. Imaginação social. In: L. Edmund, *Anthropos-Homem*. Lisboa: Imprensa Nacional/Casa da Moeda, 1985.

Baertschi, B. *Ensaio filosófico sobre a dignidade humana*. São Paulo: Loyola, 2009.

Bauman, Z. *Em busca da política*. Rio de Janeiro: Zahar, 2000.

_____. *Modernity and the Holocaust*. Cambridge: Polity Press, 2000.

Bell, D. A. *A primeira guerra total*. Rio de Janeiro: Record, 2012.

Bergson, H. *As duas fontes da moral e da religião*. São Paulo: Almedina Brasil, 2005.

Berlin, I. *Four Essays on Liberty*. Nova York: Oxford University Press, 1969.

FRANCISCO RAZZO

Berman, M. *Tudo que é sólido desmancha no ar.* São Paulo: Companhia das Letras, 1986.

Bottici, C. *Imaginal Politics: Beyond Imagination and the Imaginary.* Nova York: Columbia University Press, 2014.

Bottomore, T. (org.). *Dicionário do pensamento marxista.* Rio de Janeiro: Zahar, 2001.

Brague, R. *Introdução ao mundo grego: Estudos de história da filosofia.* São Paulo: Loyola, 2005.

_____. *O tempo em Platão e Aristóteles.* São Paulo: Loyola, 2006.

Brown, A. *Ascensão e queda do comunismo.* Rio de Janeiro: Record, 2010.

Bruckner, P. *Tirania da penitência: Ensaio sobre o masoquismo ocidental.* Rio de Janeiro: Difel, 2008.

Burke, E. *Reflexões sobre a revolução na França.* Rio de Janeiro: Topbooks, 2012.

Burleigh, M. *The Third Reich: A New History.* Nova York: Hill and Wang, 2000.

_____. *Earthly Powers: Religion and Politics in Europe from the Enlightenment to the Great War.* Londres: Harper Perennial, 2007.

_____. *Sacred Causes: The Clash of Religion and Politics from the Great War to the War on Terror.* Nova York: HarperCollins, 2007.

Casaldáliga, P. *Declaração de amor à Revolução Total de Cuba.* São Félix do Araguaia, 1999. Disponível em: <servicioskoinonia.org/Casaldaliga/cartas/DeclaracaoDeAmor.htm>.

Casertano, G. *Paradigma da verdade em Platão.* São Paulo: Loyola, 2010.

Cassirer, E. *Esencia y Efecto del Concepto de Símbolo.* México: Fondo de Cultura Económica, 1975.

_____. *O mito do Estado.* São Paulo: Códex, 2003.

_____. *Linguagem e mito.* São Paulo: Perspectiva, 2006.

_____. *Filosofia das formas simbólicas,* v. 1. São Paulo: Martins Fontes, 2011.

_____. *Ensaio sobre o homem: Introdução a uma filosofia da cultura humana.* São Paulo: Martins Fontes, 2012.

Catharino, A. *Diálogos exemplares,* 29 nov. 2011. Disponível em: <dialogosexemplares.wordpress.com/2011/11/29/entrevista-com-alex-catharino>.

Chalmers, D. *The Conscious Mind: In Search of a Fundamental Theory.* Nova York: Oxford University Press, 1996.

Conquest, R. *The Harvest of Sorrow: Soviet Collectivization and the Terror-Famine.* Nova York: Oxford University Press, 1986.

_____. *The Great Terror: A Reassessment.* Nova York: Oxford University Press, 2008.

Conrad, J. *Coração das trevas.* São Paulo: Companhia de Bolso, 2008.

A IMAGINAÇÃO TOTALITÁRIA

Corey, E. C. *Michael Oakeshott on Religion, Aesthetics, and Politics.* New Haven: Yale University Press, 1996.

Courtois, S. *Cortar o mal pela raiz! História e memória do comunismo na Europa.* Rio de Janeiro: Bertrand Brasil, 2006.

_____. *O livro negro do comunismo.* Rio de Janeiro: Bertrand Brasil, 2015.

Coutinho, J. P. "Da grandeza e da miséria". *Folha de S.Paulo,* 4 maio 2010. Disponível em: <www1.folha.uol.com.br/fsp/ilustrad/fq0405201022.htm>.

Cunha, M. V. *Crise e utopia.* São Paulo: Vide Editorial, 2012.

_____. "Exortação ao nada". 3 ago. 2105. Disponível em: <martimvasques.blogspot.com.br/2015/08/exortacao-ao-nada.html>.

Cusa, N. *Douta ignorância.* Porto Alegre: EdiPUCRS, 2002.

Dahrendorf, R. *Reflexões sobre a revolução na Europa.* Rio de Janeiro: Jorge Zahar, 1991.

Dalrymple, T. *Podres de mimados: As consequências do sentimentalismo tóxico.* São Paulo: É Realizações, 2015.

Dostoievski, F. M. *Crime e castigo.* São Paulo: Editora 34, 2001.

Eatwell, R. *Fascism: A History.* Londres: Penguin, 1996.

Eliade, M. *O sagrado e o profano.* São Paulo: Martins Fontes, 1992.

Emberley, P. e Cooper, B. *Faith and Political Philosophy: The Correspondence between Leo Strauss and Eric Vogelin.* Columbia: University of Missouri, 1993.

Evans, R. J. *A chegada do Terceiro Reich.* São Paulo: Planeta do Brasil, 2013.

Fausto, R. "A esquerda encarapuçada: As cegueiras do niilismo neomarxista de Paulo Arantes". *Revista Piauí* (99), 2014. Disponível em: <revistapiaui.estadao.com.br/edicao-99/tribuna-livre-da-luta-de-classes/a-esquerda--encapucada>.

Faye, J. P. *O século das ideologias.* Lisboa: Instituto Piaget, 1996.

_____. *Introdução às linguagens totalitárias.* São Paulo: Perspectiva, 2009.

Fichte, J. G. *Introducciones a la Doctrina de la Ciencia.* Madri: Tecnos, 1987.

Figes, O. *Sussurros: A vida privada na Rússia de Stalin.* Rio de Janeiro: Record, 2010.

Fiorillo, M. *O Deus exilado: Breve história de uma heresia.* Rio de Janeiro: Record, 2008.

Friedländer, S. *A Alemanha nazista e os judeus,* v. 1. São Paulo: Perspectiva, 2012.

Friedrich, C. J. e Brzezinski, Z. *Totalitarian Dictatorship and Autocracy.* Nova York: Praeger, 1996.

_____. *Totalitarismo e autocracia.* Rio de Janeiro: GRD, 1965.

Furet, F. *O passado de uma ilusão.* Lisboa: Presença, 1996.

Furet, F. e Nolte, E. *Fascismo e comunismo.* Lisboa: Gradiva, 1998.

Gearon, L. "The Totalitarian Imagination: Religion, Politics and Education". In: K. Engebretson, M. de Souza, G. Durka e L. Gearon (orgs.), *International Handbook of Inter-religious Education.* Nova York: Springer Dordrecht Heidelberg, 2010.

Gellately, R. *Lenin, Stalin e Hitler.* Rio de Janeiro: Record, 2010.

_____. "Os marginais sociais e a consolidação da ditadura de Hitler, 1933-1939". In: D. Rollemberg, *A construção dos regimes autoritários,* v. 3. Rio de Janeiro: José Olympio, 2010.

_____. *Apoiando Hitler: Consentimento e coerção na Alemanha nazista.* Rio de Janeiro: Record, 2011.

Gentile, E. *The Struggle for Modernity: Nationalism, Futurism, and Fascism.* Londres: Praeger, 2003.

_____. *Politics as Religion.* Princeton: Princeton University Press, 2006.

_____. *La via italiana al totalitarismo. Il partito e lo Stato nel regime fascista.* Roma: Carocci, 2008.

Gray, J. *Isaiah Berlin.* Rio de Janeiro: Difel, 2000.

_____. *Missa negra.* Rio de Janeiro: Record, 2007.

Gregor, A. J. *Marxism, Fascism and Totalitarianism.* California: Stanford University Press, 2009.

Griffin, R. *The Nature of Fascism.* Nova York: Routledge, 1993.

_____. *Modernism and Fascism. The Sense of a Beginning under Mussolini and Hitler.* Nova York: Palgrave Macmillan, 2007.

Hayek, F. A. *A arrogância fatal: Os erros do socialismo.* Rio de Janeiro: IEE, 1995.

_____. *O caminho da servidão.* São Paulo: Instituto Ludwig von Mises Brasil, 2010.

Henry, M. *A barbárie.* São Paulo: É Realizações, 2012.

Herman, A. *A ideia de decadência da história ocidental.* Rio de Janeiro: Record, 1999.

Horkheimer, M. *Eclipse da razão.* São Paulo: Centauro, 2007.

Humboldt, W. *Os limites da ação do Estado.* Rio de Janeiro: Topbooks, 2004.

Hume, D. *Investigações sobre o entendimento humano.* São Paulo: Hedra, 2009.

_____. *Tratado da natureza humana.* São Paulo: Unesp, 2009.

Ingrao, C. *Crer e destruir: Os intelectuais na máquina de guerra da SS nazista.* Rio de Janeiro: Zahar, 2015.

Israel, J. I. *Iluminismo radical.* São Paulo: Madras, 2001.

James, W. *The Principles of Psychology,* v. 2. Nova York: Henry Holt and Company, 1890.

A IMAGINAÇÃO TOTALITÁRIA

_____. *Writings, 1902-1910*. Nova York: Library Classics, 1987.

Jasmin, M. "História dos conceitos e teoria social e política". *Revista Brasileira de Ciências Sociais*, 20(57), 2005, p. 27-38.

Kant, I. *Crítica da razão pura*. Lisboa: Calouste Gulbenkian, 2001.

_____. *Paz perpétua: Um projeto filosófico*. Universidade da Beira Interior: LusoSofia Press, 2008. Disponível em: <www.lusosofia.net/textos/kant_immanuel_paz_perpetua.pdf>.

Kershaw, I. *Hitler*. São Paulo: Companhia das Letras, 2010.

Kirk, R. The Moral Imagination. In: ____, *The Essential Russell Kirk: Selected Essays*. Wilmington: Intercollegiate Studies Institute, 2006.

_____. *A era de T. S. Eliot*. São Paulo: É Realizações, 2011.

_____. *Política da prudência*. São Paulo: É Realizações, 2013.

Kolakowski, L. *O espírito revolucionário*. Brasília: Universidade de Brasília, 1985.

_____. *Main Currents of Marxism*. Nova York: Oxford University Press, 2008.

Koselleck, R. *Futuro passado: Contribuição à semântica dos tempos históricos*. Rio de Janeiro: Contraponto, 2006.

_____. *Estratos do tempo*. Rio de Janeiro: Contraponto, 2014.

Kraut, R. *The Cambridge Companion to Plato*. Cambridge: Cambridge University Press, 1992.

Lambert, D. *Ciências e teologia*. São Paulo: Loyola, 2002.

Laqueur, W. *O fim de um sonho*. Rio de Janeiro: BestSeller, 1994.

_____. *Fascism: Past, Present, Future*. Nova York: Oxford University Press, 1996.

_____. *Os últimos dias da Europa: epitáfio para um velho continente*. São Paulo: Odisseia, 2007.

Lefort, C. *A invenção democrática. Os limites da dominação totalitária*. São Paulo: Autêntica, 2011.

Lenin, V. I. *Carta a um camarada*, s.d. Disponível em: <www.marxists.org/portugues/lenin/1902/09/carta.html>.

Levi, P. *É isto um homem?* Rio de Janeiro: Rocco, 1988.

Linz, J. J. *Totalitarian and Authoritarian Regimes*. Londres: Lynne Rienner, 2000.

Linz, J. J. e Stepan, A. *A transição e consolidação da democracia*. São Paulo: Paz e Terra, 1999.

Lipovetsky, G. *A era do vazio: Ensaios sobre o individualismo contemporâneo*. São Paulo: Manole, 2005.

Lovejoy, A. O. *A grande cadeia do ser: Um estudo sobre a história de uma ideia*. São Paulo: Palíndromo, 2005.

Luxemburgo, R. *A socialização da sociedade*. Luxemburg Internet Archive, 1999. Disponível em: <www.marxists.org/portugues/luxemburgo/1918/12/socializacao.htm>.

MacMillan, M. *A Primeira Guerra Mundial*. São Paulo: Globo, 2014.

Mann, M. *Fascistas*. Rio de Janeiro: Record, 2004.

_____. *The Dark Side of Democracy*. Nova York: Oxford University Press, 2004.

Marion, J.-L. *O visível e o revelado*. São Paulo: Loyola, 2010.

Marton, S. *Nietzsche: Das forças cósmicas aos valores humanos*. Belo Horizonte: UFMG, 2013.

Marx, K. *Teses sobre Feurbach*. Lisboa: Editorial Avante, 1982. Disponível em: <www.marxists.org/portugues/marx/1845/tesfeuer.htm>.

_____. *Manifesto do Partido Comunista*. Lisboa: Editorial Avante, 1997. Disponível em: <www.marxists.org/portugues/marx/1848/ManifestoDoPartidoComunista/index.htm>.

_____. *Para a crítica da filosofia do direito de Hegel*. Covilhã: Universidade da Beira Interior, 2008. Disponível em: <www.lusosofia.net/textos/marx_karl_para_a_critica_da_filosofia_do_direito_de_hegel.pdf>.

Mattéi, J.-F. *Barbárie interior*. São Paulo: Unesp, 2002.

Mazower, M. *No Enchanted Palace: The End Empire and the Ideological Origins of the United Nations*. Reino Unido: Princeton University Press, 2009.

_____. *O império de Hitler*. São Paulo: Companhia das Letras, 2013.

McGinn, B. *The Foundations of Mysticism: Origins to the Fifth Century (The Presence of God: A History of Western Christian Mysticism, v. 1)*. Nova York: The Crossroad Publishing Company, 2004.

Mello, M. V. *Nietzsche: O Sócrates de nossos tempos*. São Paulo: Edusp, 1993.

_____. *O humanista*. Rio de Janeiro: Topbooks, 1996.

Merquior, J. G. *O liberalismo: antigo e moderno*. São Paulo: É Realizações, 2014.

Mieli, S. *Black Blocs*. 25-31 jun. 2013. Disponível em: <www.brasildefato.com.br/note/14428>.

Mises, L. *Omnipotent Government: The Rise of the Total State and Total War*. Yale: Yale University Press, 2010.

Moraes, M. "Estamos lutando por algo que ainda não sabemos o que é", diz Black Bloc. São Paulo: 15 out. 2013. Disponível em: <www.bbc.com/portuguese/noticias/2013/10/131014_black_bloc_entrevista_mm>.

A IMAGINAÇÃO TOTALITÁRIA 331

Mussolini, B. La Dottrina del Fascismo. In: B. Mussolini, *Opera ominia*, v. 34. Firenze: La Fenice, 1961.

Nietzsche, F. *Assim falou Zaratustra*. Rio de Janeiro: Civilização Brasileira, 1998.

—————. *Genealogia da moral*. São Paulo: Companhia das Letras, 1998.

—————. *Humano, demasiado humano*. São Paulo: Companhia das Letras, 2000.

Oakeshott, M. *On Human Conduct*. Oxford: Oxford University Press, 1975.

—————. *The Politics of Faith and the Politics of Scepticism*. New Haven: Yale, 1996.

—————. *Ser conservador*. Gabinete de Estudos Gonçalo Begonha, s.d. Disponível em: <direitasja.files.wordpress.com/2012/04/serconservador_oakeshott.pdf>.

O'Sullivan, N. *Fascism*. Londres: Dent, 1983.

Otto, R. *O sagrado*. Lisboa: Edições 70, 1992.

Passmore, J. *A perfectibilidade do homem*. Rio de Janeiro: Topbooks, 2004.

Paxton, R. O. *A anatomia do fascismo*. São Paulo: Paz e Terra, 2007.

Payne, S. G. *A History of Fascism 1914-1945*. Taylor & Francis e-Library, 2003.

Perine, M. *Filosofia e violência*. São Paulo: Loyola, 1987.

Pessoa, F. "Não estou". Disponível em: <www.jornaldepoesia.jor.br/facam63.html>.

Petrovic, G. Práxis. In: Bottomore, T. (org.), *Dicionário do pensamento marxista*. Rio de Janeiro: Zahar, 2001.

Platão. *The Republic*. In: Cooper, John M. (org.). *Plato: Complete Works*. Indianapolis: Hacket, 1997.

Polanyi, M. *A lógica da liberdade*. Rio de Janeiro: Topbooks, 2003.

Pondé, L. F. *Crítica e profecia: A filosofia da religião em Dostoievski*. São Paulo: Editora 34, 2003.

Pons, S. *Revolução global: A história do comunismo internacional (1917-1991)*. Rio de Janeiro: Contraponto, 2014.

Popock, J. G. *Linguagem do ideário político*. São Paulo: Unesp, 2013.

Popper, K. *A sociedade aberta e seus inimigos*. Belo Horizonte: Itatiaia, 1987.

Priestland, D. *A bandeira vermelha*. São Paulo: Leya Brasil, 2012.

—————. *Uma nova história do poder*. São Paulo: Companhia das Letras, 2014.

Quinn, M. "Occupying the Totalitarian Imagination". Romanian Cultural Institute, 2008.

Ratzinger, J. "Instrução sobre alguns aspectos da *Teologia da Libertação*". Vaticano: 1984. Disponível em: <www.vatican.va/roman_curia/congrega-

tions/cfaith/documents/rc_con_cfaith_doc_19840806_theology-liberation_po.html>.

_____. *Jesus de Nazaré*. São Paulo: Planeta, 2007.

Rossi, P. *Esperanças*. São Paulo: Unesp, 2010.

Rothbard, M. N. *Anatomia do Estado*. São Paulo: Instituto Ludwig von Mises Brasil, 2012.

Safatle, V. *A esquerda que não teme dizer seu nome*. São Paulo: Três Estrelas, 2012.

Schmitt, C. *Der Begriff des Politischen*. Berlim: Duncker & Humblot, 1932.

_____. *Der Hüter der Verfassung*. Berlim: 2003.

_____. Weiterentwicklung des totalen Staates. In: _____, *Verfassungsrechtliche Aufsätze aus den Jahren 1924–1954*. Berlim: 2003.

Scruton, R. O belo e a consolação (entrevista a W. Kayzer para a TV holandesa, 1º jul. 2000). Disponível em: <www.youtube.com/watch?v=0amDwXHr0v4>.

_____. *Pensadores da nova esquerda*. São Paulo: É Realizações, 2014.

_____. *Como ser um conservador*. Rio de Janeiro: Record, 2015.

_____. *O que é conservadorismo*. São Paulo: É Realizações, 2015.

Segrilo, A. "O fascismo como 'totalizante': Uma herética tentativa de inflexão marxista em um conceito eminentemente liberal". *Revista Intellector*, jan.--jun. 2006.

Sémelin, J. *Purificar e destruir: Usos políticos dos massacres e dos genocídios*. Rio de Janeiro: Difel, 2009.

Service, R. *Camaradas: Uma história do comunismo mundial*. Rio de Janeiro: Difel, 2015.

Shearmur, J. "Popper, Hayek e o liberalismo clássico". Set. 2014. Disponível em: <www.libertarianismo.org/index.php/artigos/popper-hayek-liberalismo-classico>.

Siedentop, L. *Inventing the Individual: The Origins of Western Liberalism*. Belknap Press, 2014.

Silva, F. L. "O mediador e a solidão". *Revista Cult*. 2010. Disponível em: <revistacult.uol.com.br/home/2010/03/o-mediador-e-a-solidao>.

Silva, G. F. *Esculpir em argila: Albert Camus, uma estética da existência*. São Paulo: Educ, 2014.

Skinner, Q. *As fundações do pensamento político moderno*. São Paulo: Companhia das Letras, 1996.

Snyder, T. *Terras de sangue: A Europa entre Hitler e Stalin*. Rio de Janeiro: Record, 2012.

A IMAGINAÇÃO TOTALITÁRIA

Stalin, J. *A classe dos proletários e o partido dos proletários*. Editorial Vitória, 1954. Disponível em: <www.marxists.org/portugues/stalin/1905/01/01. htm>.

Steiner, G. *Nostalgia do absoluto*. Lisboa: Relógio D'Água, 2003.

Taleb, N. N. *Antifrágil: Coisas que se beneficiam com o caos*. Rio de Janeiro: Best-Seller, 2012.

Talmon, J. L. *Los Origenes de la Democracia Totalitaria*. México, D.F.: Aguillar, 1956.

Taylor, C. *Uma era secular*. São Leopoldo: Unisinos, 2010.

Tocqueville, A. *O Antigo Regime e a Revolução*. São Paulo: Martins Fontes, 2009.

_____. *Lembranças de 1984: As jornadas revolucionárias em Paris*. São Paulo: Companhia das Letras, 2011.

_____. *A democracia na América*, v. 1. São Paulo: Martins Fontes, 2013.

_____. *A democracia na América*, v. 2. São Paulo: Martins Fontes, 2013.

Tomatis, F. *O argumento ontológico: A existência de Deus de Anselmo a Schelling*. São Paulo: Paulus, 2003.

Unamuno, M. *O sentimento trágico da vida*. São Paulo: Martins Fontes, 1996.

Vanzago, L. *Breve história da alma*. São Paulo: Loyola, 2010.

Vaz, C. H. *Antropologia filosófica*. São Paulo: Loyola, 1991.

Vegetti, M. *Um paradigma no céu: Platão, de Aristóteles ao século XX*. São Paulo: Annablume, 2005.

Vignoles, P. *A perversidade*. São Paulo: Papirus, 1988.

Virilio, P. "O crash atual representa o acidente integral por natureza". *Carta Maior*. 19 out. 2008. Disponível em: <www.cartamaior.com.br/?/Editoria/Economia/%27O-crash-atual-representa-o-acidente-integral-por--natureza%27%0D%0A/7/14361>.

Virilio, P. e Lotringer, S. *Guerra pura: A militarização do cotidiano*. São Paulo: Brasiliense, 1989.

Voegelin, E. *Hitler e os alemães*. São Paulo: É Realizações, 2008.

_____. *Reflexões autobiográficas*. São Paulo: É Realizações, 2008.

_____. *Ordem e história: Israel e a revelação*, v. 1. São Paulo: Loyola, 2009.

_____. *Ordem e história: O mundo da polis*, v. 2. São Paulo: Loyola, 2009.

_____. *Ordem e história: Platão e Aristóteles*, v. 3. São Paulo: Loyola, 2009.

_____. *Ordem e história: Era ecumênica*, v. 4. São Paulo: Loyola, 2009.

_____. *Ordem e história: Em busca da ordem*, v. 5. São Paulo: Loyola, 2009.

Voigt, F. A. *Unto Caesar*. Londres: Constable, 1938.

Volpi, F. *O niilismo*. São Paulo: Loyola, 1999.

Webb, E. *Filósofos da consciência*. São Paulo: É Realizações, 2013.
Weber, M. Política como vocação. In: _____, *Ensaios de sociologia*. São Paulo: LTC, 1982.
Weil, E. *Filosofia moral*. São Paulo: É Realizações, 2011.
_____. *Hegel e o Estado*. São Paulo: É Realizações, 2011.
_____. *Lógica da filosofia*. São Paulo: É Realizações, 2012.
_____. *Problemas kantianos*. São Paulo: É Realizações, 2012.
Weil, S. *La pesanteur et la grâce*. Paris: Plon, 1947 e 1988.
_____. *Écrits politiques et historiques*. Paris: Gallimard, 1960.
Wojtyła, K. J. *Cartas apostólicas: Salvifici Doloris*. Vaticano: Libreria Editrice Vaticana, 1984. Disponível em: <w2.vatican.va/content/john-paul-ii/pt/apost_letters/1984/documents/hf_jp-ii_apl_11021984_salvifici-doloris.html>.
Wright, E. O. "Utopias Reais para uma sociologia global". *Diálogo global*, vol. 1, n. 5, jul. 2011. Disponível em: <isa-global-dialogue.net/wp-content/uploads/2013/07/v1i5-portuguese.pdf>.
Wunenburger, J.-J. *Uma utopia da razão*. Lisboa: Instituto Piaget, 2004.
_____. *O imaginário*. São Paulo: Loyola, 2007.
Žižek, S. Robespierre, ou a "divina violência" do terror. In: M. Robespierre, *Virtude e terror*. Rio de Janeiro: Zahar, 2008. Disponível em: <veja.abril.com.br/livros_mais_vendidos/trechos/robespierre.pdf>.
_____. *Alguém disse totalitarismo?* São Paulo: Boitempo, 2013.
_____. "Problemas no paraíso". In: M. P. Livre, *Cidades rebeldes*. São Paulo: Boitempo, 2013.

Este livro foi composto na tipologia Bell MT Std,
em corpo 12/16,8, e impresso em papel off-white,
no Sistema Cameron da Divisão Gráfica
da Distribuidora Record.